国家铁路局规划教材

职业教育高速铁路客运服务专业系列教材

U0648906

高速铁路
行车技术管理

第 2 版

李一龙　汪　洋　主编

冯双洲　徐　伟　谢晓东　主审

人民交通出版社股份有限公司

北 京

内 容 提 要

本书为国家铁路局规划教材、职业教育高速铁路客运服务专业系列教材,经铁路行业专家审定。本书系统地介绍了高速铁路行车技术管理的基础知识、基本理论和基本方法。主要内容包括高速铁路技术设备、行车组织基础、编组列车、调车工作、列车运行、调度指挥、非正常行车与救援和施工维修 8 个项目 33 个工作任务。

本书为职业院校高速铁路客运服务专业教材,也可作为铁路运输企业员工培训教材,并可供铁路运输管理人员、专业技术人员参考使用。

* 本书配有教学课件等丰富教学资源,任课教师可通过加入"职教铁路教学研讨群"(教师专用 QQ 群号:211163250)获取。

图书在版编目(CIP)数据

高速铁路行车技术管理/李一龙,汪洋主编. —2
版. —北京:人民交通出版社股份有限公司,2024.1
ISBN 978-7-114-19027-8

Ⅰ.①高…　Ⅱ.①李…②汪…　Ⅲ.①高速铁路—铁
路行车—技术管理　Ⅳ.①U238

中国国家版本馆 CIP 数据核字(2023)第 201551 号

国家铁路局规划教材
职业教育高速铁路客运服务专业系列教材
Gaosu Tielu Xingche Jishu Guanli

书　　　名:**高速铁路行车技术管理**(第 2 版)
著 作 者:李一龙　汪　洋
责任编辑:杨　思
责任校对:孙国靖　宋佳时
责任印制:张　凯
出版发行:人民交通出版社股份有限公司
地　　　址:(100011)北京市朝阳区安定门外外馆斜街 3 号
网　　　址:http://www.ccpcl.com.cn
销售电话:(010)59757973
总 经 销:人民交通出版社股份有限公司发行部
经　　　销:各地新华书店
印　　　刷:北京虎彩文化传播有限公司
开　　　本:787×1092　1/16
印　　　张:13.5
字　　　数:315 千
版　　　次:2020 年 8 月　第 1 版
　　　　　2024 年 1 月　第 2 版
印　　　次:2024 年 1 月　第 2 版　第 1 次印刷　总第 4 次印刷
书　　　号:ISBN 978-7-114-19027-8
定　　　价:42.00 元
(有印刷、装订质量问题的图书,由本公司负责调换)

第 2 版前言

　　铁路是国民经济大动脉、国家重要基础设施和大众化交通工具,是综合交通运输体系的骨干、重要的民生工程和资源节约型、环境友好型运输方式,在我国经济社会发展中的地位至关重要。铁路运输具有点多线长,既要多工种协同动作又要高度集中的特点,各工作环节须紧密联系、协同配合。为确保铁路安全正点、方便快捷、高速高效,必须依法依规加强铁路技术管理。铁路相关法律法规体系一般分为三个层次:一是由国家的专门立法机关制定的法律,如全国人大常委会颁布的《中华人民共和国铁路法》等;二是由国家的最高行政机关制定的行政法规,如国务院颁布的《铁路安全管理条例》等;三是由国务院铁路主管部门发布的规章。依法就是严格遵守法律、法规和规章,依规就是要执行铁路运输相关国家标准、行业标准和技术规范(技术管理的规范性文件)。

　　铁路运输技术规章是铁路技术设备完成施工和制造并且交付运营后,涉及行车组织和信号显示及技术设备运用、管理、维修等方面规章制度的统称。铁路行车技术规章(简称铁路行车规章)是指铁路运输技术规章中涉及行车组织的有关内容,是铁路运输技术规章的重要组成部分,是铁路运输企业安全、正点、优质、高效完成运输任务,组织运输生产活动,约束经营行为的规范和准则。中国国家铁路集团有限公司(简称国铁集团)行车规章主要包括《铁路技术管理规程》(简称《技规》)、《铁路运输调度规则》(简称《调规》)等有关内容。

在铁路运输生产过程中,正确合理地制定行车规章,全面有效地实施行车规章,是铁路运输企业科学规范地进行行车技术管理的保障。因此,铁路行车规章的科学性、先进性及实施中的权威性、实效性是衡量铁路运输企业管理水平的一个重要标志。同时,铁路行车规章是铁路安全正点组织行车的重要内容,是规范安全生产和组织运输生产活动的基本依据和行为准则,是在实践中不断总结、不断完善,形成的科学严密、统一规范、动态优化、具体可行的技术规章体系。

本教材由国家铁路局统一规划,根据教育部制定的高速铁路客运服务专业教学标准,在广泛征求国铁集团、铁路局集团公司、运输站段专业技术人员的意见和建议的基础上编写而成。教材对传统教学内容进行了重构,以任务驱动的模式编写,突出实践技能,根据职业要求组织教学内容,体现了"工学结合"。

本书共分为 8 个项目 33 个工作任务。项目 1 技术设备,主要介绍线路及站场设备、列车运行控制系统、调度集中系统、动车组、铁路安全设备设施等 5 个工作任务;项目 2 行车组织基础,主要介绍铁路行车组织认知、车站技术管理、列车运行图、铁路区间通过能力等 4 个工作任务;项目 3 编组列车,主要介绍编组列车的基本要求、列车中机车车辆的编挂和连挂、列车中车辆的检查、列车制动等 4 个工作任务;项目 4 调车工作,主要介绍调车工作的一般要求、调车作业计划、调车作业、机车车辆停留等 4 个工作任务;项目 5 列车运行,主要介绍行车闭塞、接发列车作业、接发列车作业程序图、列车区间运行等 4 个工作任务;项目 6 调度指挥,主要介绍铁路运输调度机构、调度日计划、调度命令、调度指挥方法等 4 个工作任务；项目7非正常行车与救援，主要介绍灾害天气行车、设备故障行车、非正常行车、高速铁路救援等4个工作任务；项目8施工维修，主要介绍施工维修认知、施工维修防护、路用列车和确认列车开行、设备故障及抢修等4个工作任务。

本书由湖南铁路科技职业技术学院李一龙、国家铁路局汪洋担任主编，由国家铁路局冯双洲、国铁集团徐伟、国家铁路局谢晓东担任主审。具体编写分工如下：国家铁路局许维高编写项目1(任务1、任务5)，包头铁道职业技术学院刘东华编写项目1(任务3)，汪洋编写项目1(任务2、任务4)、项目2(任务1、任务3、任务4)，中国铁路广州局集团有限公司颜海波编写项目3，中国铁路广州局集团有限公司刘俊良编写项目4，李一龙编写项目5，湖南铁路科技职业技术学院杨辉编写项目2(任务2)、项目6、项目7，国家铁路局张建平编写项目8。

本书的出版，得到了国家铁路局、国铁集团、中国铁路广州局集团有限公司等单位的帮助，以及人民交通出版社股份有限公司的大力支持，在此表示衷心的感谢。

本书在编写进程中，坚持以国家有关法律法规、铁路现行规章制度、作业标准为依据，突出了对规章及作业标准的介绍，力求在强化岗位操作技能训练的同时，加强对规章的理解和作业标准的训练。通过学习，可使读者全面系统地了解和掌握高速铁路行车技术管理的基础知识、基本理论和基本方法。本教材配套在线课程，可扫描二维码加入课程学习。

在线课程

由于编者水平有限，书中难免有疏漏之处，恳请读者和专家批评指正。

编 者
2023年6月

目录

技术设备

❀ 项目内容

本项目主要介绍高速铁路线路站场、列车运行控制系统、调度集中系统、动车组及铁路安全防护等设备设施。

◎ 学习目标

1. 能力目标

能够认识高速铁路运输主要基本设备、设施在运输生产过程中的作用。

2. 知识目标

了解运输设备的功能、特点和使用方法。

3. 素质目标

培养安全生产意识,树立高速铁路设备保安全的思想。

✵ 建议学时

4~6学时。

任务 1 线路及站场设备

铁路是一个复杂庞大的系统,涉及的专业多,技术面宽,产品种类多、范围广。为确保整个系统协调运转,其技术设备必须实行标准化、系列化、模块化和信息化。

标准化是指各项技术设备应有统一的规格和技术标准;系列化是指同类技术设备应根据使用要求,将其主要参数和性能指标按一定的规律排列起来,形成多级型号;模块化是指各项技术设备要尽量向模块组装结构发展,以便于实行换件修,从而简化维修作业,减少维修工作量,延长设备整体使用寿命;信息化是指应用于铁路调度指挥、客货营销和运营管理的技术设备,都要采用计算机、网络传输技术,以实现铁路管理的现代化。

新设备在管理、使用和养护维修上都有新的技术要求,如违反或不认真执行这些要求,不仅可能损坏设备,甚至危及行车及人身安全。因此,在新设备使用前,有关单位必须根据施工部门和设备供应商提供的操作规程、竣工图纸等技术文件,制定保证安全生产的作业办法、设备养护维修办法和管理细则,供有关人员学习、执行。新设备正式使用前应进行技术测验,测验合格方可使用;设备使用和检修人员应进行技术培训,熟悉新设备性能和操作程序以及养护维修、排除故障等办法后,方可担任操作和检修工作。

铁路机车车辆、线路、桥隧、通信、信号、牵引供电、电力、信息、安全、给水、房建等技术设备,直接关系铁路运输安全,应全面管理并及时掌握其技术状态,因此均须有完整和正确反映其技术状态的文件及技术履历等有关资料。建立技术履历的目的是掌握技术设备的来历、历次检修情况和技术状态的变化过程,以便查询、使用和管理。

一、铁路建筑限界

建筑限界是一个和线路中心线垂直的极限横断面轮廓。建筑限界是确保机车车辆和装载货物在运行时不与线路上的设备和建(构)筑物发生剐蹭、碰撞,能够安全通过的空间。为确保列车运行安全,除与机车车辆有直接相互作用的设备(如车辆减速器、接触线等)外,一切建(构)筑物、设备均不得侵入铁路建筑限界。且此类设备必须符合有关技术标准,在使用中不得超过规定的侵入范围。

由于建筑限界是以钢轨顶面为基准,因此在设计建(构)筑物或设备时,必须考虑钢轨顶面标高可能产生的变动量,例如站台的高度应考虑路基沉降带来的轨道的下沉量,跨线桥、雨棚应考虑加厚道床、更换重轨带来的轨道的抬高量,使其在轨顶标高变化后,仍不侵入建筑限界轮廓。

我国高速铁路建筑限界(适用于 $200\text{km/h} \leqslant v \leqslant 350\text{km/h}$ 的客运专线),如图 1-1 所示。

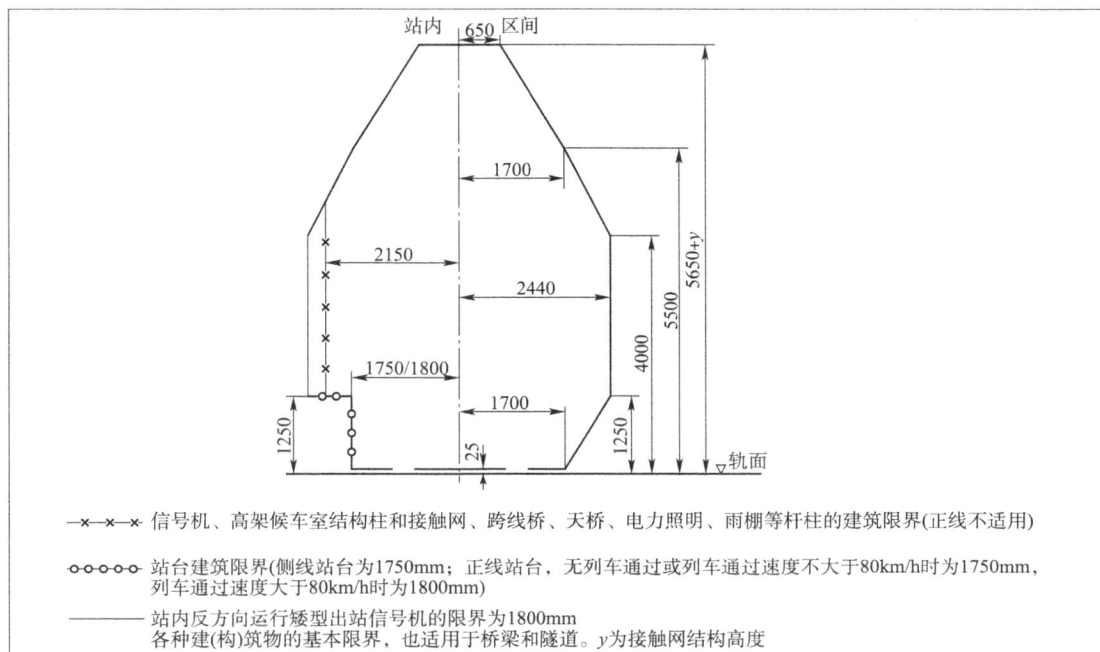

图 1-1　高速铁路建筑限界图(尺寸单位:mm)

二、机车车辆限界

机车车辆限界是一个和线路中心线垂直的极限横断面轮廓。机车车辆限界为静态限界轮廓,规定了机车车辆不同部位的宽度、高度的最大尺寸和其零部件至轨面的最小距离。机车车辆无论是空车或重车,无论是具有最大标准公差的新车,或是具有最大标准公差和磨耗限度的旧车,停放在水平直线上,无侧向倾斜与偏移,除使用中需要探出的部分(如受电弓、后视镜、塞拉门等)需符合其他相关规定外,任何部分都应容纳在限界内,不得超越。机车车辆在新造、技术改造、加装附属品或日常运用中,都须严格注意各部尺寸,不得超出限界规定的要求。

客运专线铁路机车车辆限界包括机车车辆上部限界(图 1-2)和机车车辆下部限界(图 1-3)。客运专线铁路机车车辆限界适用于在客运专线运行的机车车辆的设计、制造。由于客运专线铁路机车车辆下部限界在轨面以上 $300 \sim 350\text{mm}$ 间的最大半宽为 1700mm,大于客货共线铁路机车车辆下部限界尺寸的最大半宽 1600mm;若在客货共线铁路运用时,在距线路中心线 1500mm(轨面以上 200mm)和 1600mm(轨面以上 300mm)左右处会分别侵入客货共线铁路的基本建筑限界轮廓和车库门等基本建筑限界轮廓。因此,客运专线铁路的机车车辆在客货共线铁路运用时,还应符合客货共线铁路机车车辆限界要求。

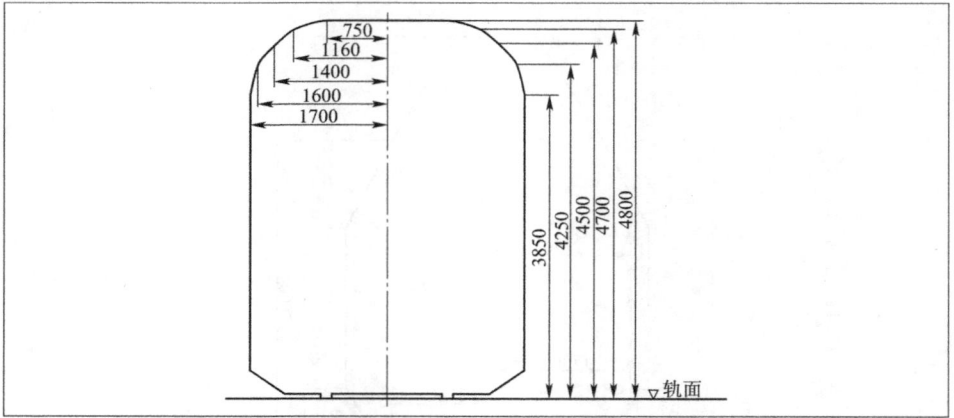

图1-2　客运专线铁路机车车辆上部限界图(尺寸单位:mm)

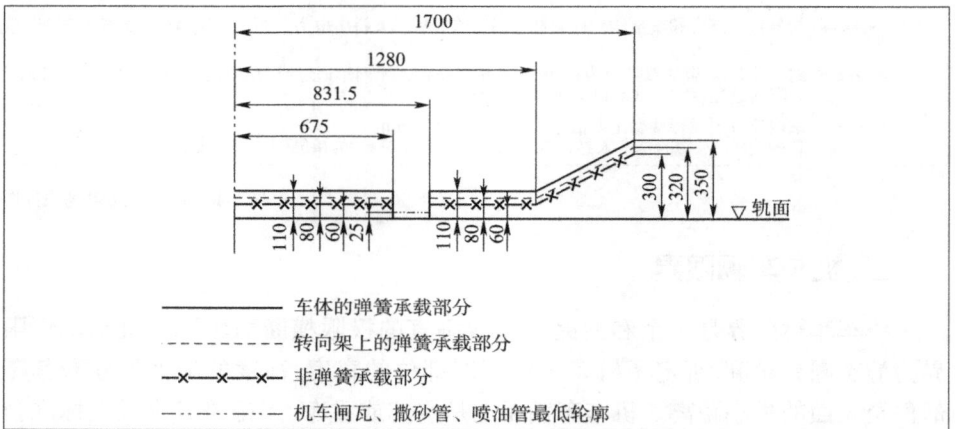

图1-3　客运专线铁路机车车辆下部限界图(尺寸单位:mm)

三、线路分类

高速铁路线路分为正线、站线、段管线、岔线及安全线等。

1. 正线

正线是指连接车站并贯穿或直股伸入车站的线路。正线可分为区间正线及站内正线。连接车站的正线为区间正线,贯穿或直股伸入车站的部分为站内正线。但新建线路直股伸入站内正线外的其他股道时,若股道未按正线设计(改造),则该线路不作为正线管理。

2. 站线

车站内除设有正线外,还根据业务性质、运量大小及技术作业的需要,分别铺设其他配线,这些配线统称为站线,如到发线、调车线、折返线及指定用途的其他线路等。

（1）到发线是指供列车到达、出发使用的线路。

（2）调车线是指进行列车编组与解体作业使用的线路。

（3）折返线是指在有大量列车折返作业的车站,接车方向末端设置的供机车车辆从一股到发线转到另一股到发线的线路。

（4）指定用途的其他线路,如高速铁路部分车站的存车线等。

3. 段管线

段管线是指由机务、车辆、供电、工务、电务等段专用,以及动车段（所）专用,并由其管理的线路。

4. 岔线

岔线是指在区间或站内接轨,通往路内外单位（厂矿企业、砂石场、港湾、码头及货物仓库）的专用线路。

5. 安全线

安全线是指为防止列车或机车车辆从一进路进入另一列车或机车车辆占用的进路而发生冲突的一种安全隔开设备,为特殊用途线。

四、线间距

线间距是指相邻线路中心线间的距离。铁路线路无论在区间或站内,平行的两线路中心线间必须有一定的距离。这个距离,一方面要保证列车按规定速度运行的安全,另一方面还要满足车站平面布置和两线间装设设备的需要,车站线路间有作业（上水作业、排污作业、机车车辆检查、天窗时间线路维修）人员行走时,还应考虑作业人员的行走安全。

1. 直线部分

表 1-1 规定了客运专线铁路直线部分的线间距。

铁路线间距

表 1-1

序号	名称		最小线间距（mm）
1	区间双线	$v=160km/h$	4200
		$160km/h<v≤200km/h$	4400
		$200km/h<v≤250km/h$	4600
		$250km/h<v≤300km/h$	4800
		$300km/h<v≤350km/h$	5000
2	三线及四线区间的第二线与第三线		5300
3	站内正线	$v≤250km/h$	4600
		$250km/h<v≤300km/h$	4800
		$300km/h<v≤350km/h$	5000
4	站内正线与相邻到发线		5000

序号	名称	最小线间距(mm)
5	到发线与相邻到发线	5000
6	安全线与其他线路	5000

注:线间有建(构)筑物或有影响限界的设施,最小线间距按建筑限界计算确定。

(1)第1项规定区间双线两线路中心线间的距离,按不同运行速度不得少于4200mm、4400mm、4600mm、4800mm、5000mm,是考虑机车车辆限界半宽1700mm,静态相邻列车车体最小间距400mm,再考虑动车组轴重轻,压力波产生的车体震动大,列车速度使列车运行摆幅和相对运行列车空气压力增大所需的安全空间($v = 160$km/h 时为 400mm,160km/h $< v \leqslant 200$km/h 时为 600mm,200km/h $< v \leqslant 250$km/h 时为 800mm,250km/h $< v \leqslant 300$km/h 时为 1000mm,300km/h $< v \leqslant 350$km/h 时为 1200mm),即:

$v = 160$km/h 时,正线最小线间距 $= 1700 \times 2 + 400 + 400 = 4200$mm

160km/h $< v \leqslant 200$km/h 时,正线最小线间距 $= 1700 \times 2 + 400 + 600 = 4400$mm

200km/h $< v \leqslant 250$km/h 时,正线最小线间距 $= 1700 \times 2 + 400 + 800 = 4600$mm

250km/h $< v \leqslant 300$km/h 时,正线最小线间距 $= 1700 \times 2 + 400 + 1000 = 4800$mm

300km/h $< v \leqslant 350$km/h 时,正线最小线间距 $= 1700 \times 2 + 400 + 1200 = 5000$mm

(2)第2项规定三线及四线区间的第二线至第三线中心线间距离不得少于5300mm,是考虑在第二线与第三线间需要装设信号机,需要满足建筑限界需要,即:

$$2440 \times 2 + 400 = 5280 \approx 5300\text{mm}$$

(3)第3项规定站内正线间线路中心线距离。当速度 $v < 250$km/h 时,站内正线线间距均按4600mm设置,主要方便站内维修车辆作业;当速度 $v > 250$km/h 时,站内正线线间距均与区间正线保持一致,避免进站线路产生连接曲线。

(4)第4项规定站内正线与相邻到发线的间距。表中所列数据只考虑了站内到发线间可能有作业人员行走(车体检查、天窗时间线路维修等),正线列车运行期间不允许人员上道。考虑静态行人宽度1200mm,预留活动空间400mm,需要的线间距为:

$$1700 \times 2 + 1200 + 400 = 5000\text{mm}$$

(5)第5项规定到发线与相邻到发线的间距,与第4项考虑的因素相同。

(6)第6项规定了站内安全线与其他线路的线间距,以保持站内线间距基本一致为原则,设为5000mm。

站内线路间经常布设有站台、接触网立柱、旅客雨棚立柱、站房柱体、地面排水沟、隔声屏等设施。当线间有建(构)筑物或有影响限界的设施时,最小线间距须按建筑限界计算确定。

2. 曲线部分

客运专线正线上的曲线,一般都采用同心圆,曲线半径比较大,曲线地段线路中心线间水平距离可不加宽的具体规定,执行《高速铁路设计规范》(TB 10621—2014)等要求,但建筑限界应按规定加宽。

曲线地段的建筑限界,仅考虑因超高产生车体向曲线内侧倾斜的加宽,加宽量为:

$$W_1 = \frac{H}{1500}h$$

式中:W_1——曲线内侧加宽量(mm);

$\quad\ H$——轨顶面至计算点的高度(mm);

$\quad\ h$——外轨超高(mm)。

曲线上建筑限界的加宽范围,包括全部圆曲线、缓和曲线和部分直线。加宽方法可采用图 1-4 所示的阶梯形方式,或采用曲线圆顺方式。

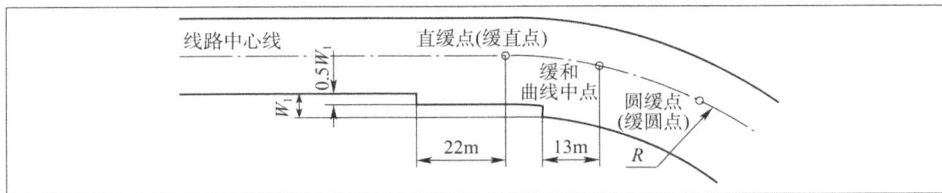

图 1-4 客运专线曲线上建筑限界加宽办法

曲线地段的站线两侧信号机、高架候车室结构柱和接触网、跨线桥、天桥、电力照明、雨棚等杆柱的建筑限界,站内反方向运行矮型出站信号机的建筑限界和站台建筑限界,需考虑曲线内、外侧的限界加宽,加宽量为:

曲线内侧加宽(mm):

$$W_1 = \frac{40500}{R} + \frac{H}{1500}h$$

曲线外侧加宽(mm):

$$W_2 = \frac{44000}{R}$$

曲线内外侧加宽共计(mm):

$$W = W_1 + W_2 = \frac{84500}{R} + \frac{H}{1500}h$$

式中:R——曲线半径(m);

$\quad\ H$——计算点自轨面算起的高度(mm);

$\quad\ h$——外轨超高(mm)。

$\dfrac{H}{1500}h$ 的值也可以内侧轨顶为轴,将有关限界旋转 θ 角 $\left(\theta=\arctan\dfrac{h}{1500}\right)$ 求得。

五、区间最小曲线半径

最小曲线半径是铁路主要技术标准之一,它的大小直接影响着路段设计行车速度。高速铁路区间线路最小曲线半径规定见表 1-2,最大曲线半径为12000m,限速地段曲线半径应符合有关设计规范的规定。

高速铁路区间线路最小曲线半径　　　　　　　　　表 1-2

路段设计行车速度(km/h)		最小曲线半径(m)	
200	客运专线	一般	2200
		困难	2000
250	有砟轨道	一般	3500
		困难	3000
	无砟轨道	一般	3200
		困难	2800
300	有砟轨道	一般	5000
		困难	4500
	无砟轨道	一般	5000
		困难	4000
350	有砟轨道	一般	7000
		困难	6000
	无砟轨道	一般	7000
		困难	5500

六、区间最大限制坡度和最大坡度

限制坡度是铁路主要技术标准之一,直接影响铁路牵引质量。高速铁路区间正线的最大坡度不宜大于 20‰,困难条件下经技术经济比较后不应大于30‰。动车组走行线的最大坡度不宜大于 30‰,困难条件下不应大于 35‰。当动车组走行线的最大坡度大于 30‰时,宜铺设无砟轨道。

七、车站设置

车站应设在线路平道、直线的宽阔处。高速铁路中间站、越行站应设在直线上。始发站宜设在直线上,困难条件下设在曲线上时,曲线半径不应小于相应路段设计速度的最小曲线半径。

到发线有效长度范围内应设在平道上,当设在坡道上时不大于1‰,越行站可设在不大于6‰的坡道上。车站咽喉区的正线坡度宜与到发线有效长度范围内坡度一致;困难条件下,始发终到站不宜大于2.5‰,中间站不宜大于6‰。到发线有效长度范围内应采用一个坡段。

八、线路平面及纵断面

线路平面和纵断面直接影响铁路运输能力,是决定行车速度和机车牵引定数的重要因素之一。因此,线路平面和纵断面应经常保持原有的标准状态。但是,经过较长时间的使用,受列车运行的强大压力和冲击以及风沙、雨水等自然灾害的侵袭,其线路状态可能会发生局部变动。为防止改变原有线路技术标准状态,遇改建(改造)区间线路必须变动平面或纵断面时,须经铁路局集团公司批准,但曲线半径不得小于该区间规定的最小曲线半径,坡度不得大于该区间的最大限制坡度,以免影响该区段行车速度和机车牵引定数。

在任何情况下,线路平面及纵断面的变动必须满足限界要求。

九、安全线设置

高速铁路安全线设置条件应符合下列规定:

(1)联络线、动车组走行线与正线接轨时应设置安全线,与到发线接轨时可不设安全线。

(2)维修工区(车间)等线路与到发线或其他站线接轨时,应在接轨处设置安全线。

(3)有折返列车作业的中间站,有动车组长时间停留的到发线两端应设置安全线。

(4)接车线末端、接轨处能利用其他站线及道岔作为隔开设备并有联锁装置时,可不另设安全线。

十、道岔

1.道岔的功用与类型

道岔是机车车辆从一股轨道转入或越过另一股轨道时必不可少的线路设备,是铁路轨道的一个重要组成部分。由于道岔具有数量多、构造复杂、使用寿命短、限制列车速度、行车安全性低、养护维修投入大等特点,与曲线、接头并称为轨道的三大薄弱环节。它的基本形式有三种:即线路的连接、交叉、连接与交叉的组合。常用的线路连接有各种类型的单式道岔和复式道岔;交叉有直交叉和菱形交叉;连接与交叉的组合有交叉渡线和交分道岔等,如图1-5所示。

我国最常见的道岔类型是普通单开道岔,简称单开道岔,其主线为直线,侧线由主线向左侧(称左开道岔)或右侧(称右开道岔)岔出,其数量占各类道岔总数的90%以上。普通单开道岔构造相对简单,具有一定代表性,了解和掌握这种道岔的基本特征,对各类道岔的设计、制造、铺设、养护均有十分重要的意义。

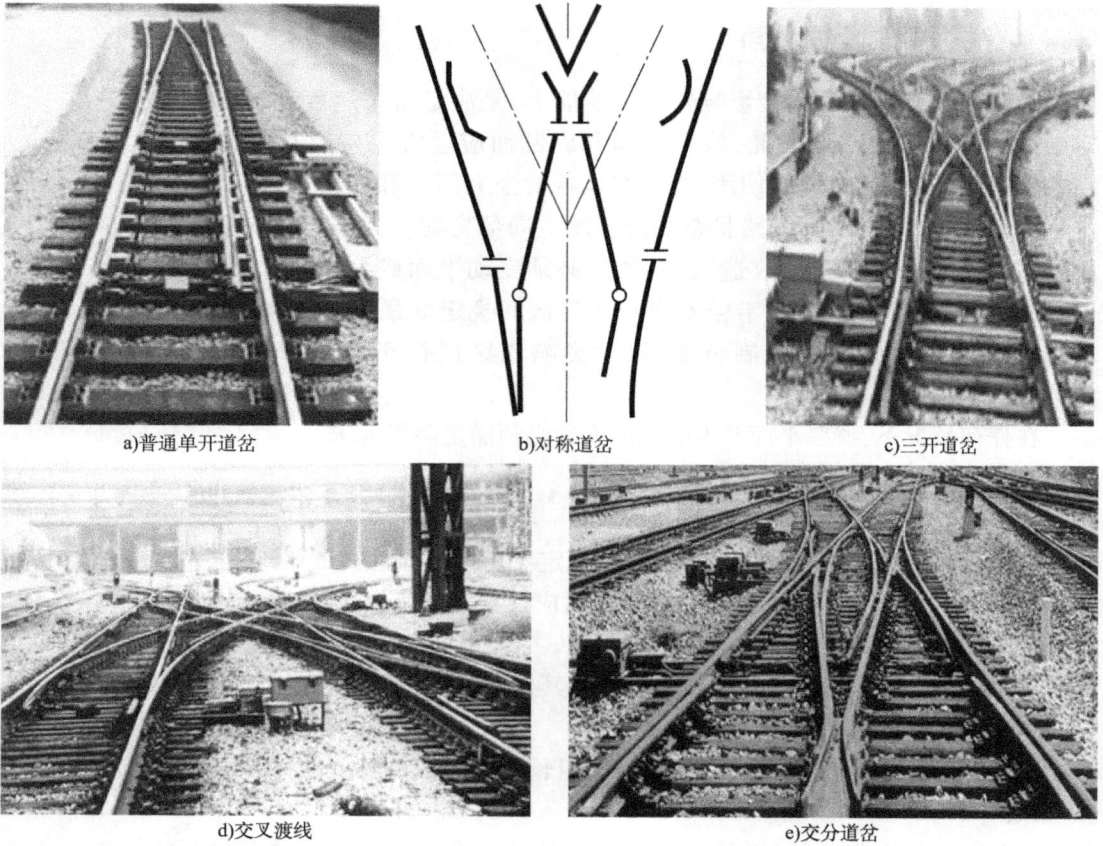

a)普通单开道岔 b)对称道岔 c)三开道岔

d)交叉渡线 e)交分道岔

图1-5　道岔类型

普通单开道岔有左开和右开之分,是最常见、最简单的线路连接设备。普通单开道岔的组成包括转辙器、辙叉及护轨、连接部分,如图1-6所示。

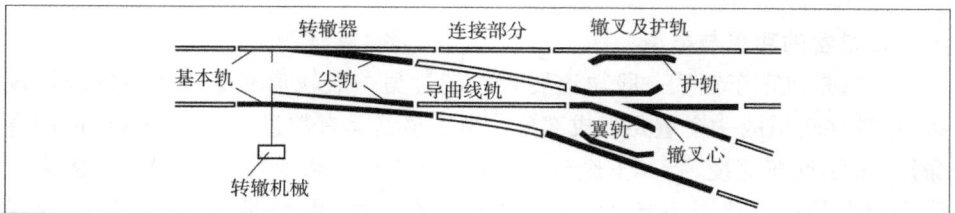

图1-6　普通单开道岔

(1)转辙器,由两根尖轨、两根基本轨及转辙机械组成。尖轨是转辙器的主要部件,通过连接杆与转辙机械相连,操纵转辙机械就可变换尖轨的位置,以确定道岔的开通方向。

（2）辙叉及护轨，包括辙叉心、翼轨及护轨。其作用是保证车轮安全通过两条钢轨的相互交叉处。从两翼轨最窄处到辙叉心实际尖端之间，有一段钢轨中断的空隙，叫作辙叉的有害空间。当机车车辆轮对通过辙叉有害空间时，车轮轮缘就有走错辙叉轮缘槽而导致脱轨的可能。因此，必须设置护轨，以强制引导车轮的运行方向，保证车轮安全过岔。

道岔上的有害空间是限制列车过岔速度的一个重要因素。为了消除有害空间，减轻车轮对翼轨和心轨的冲击，适应列车高速运行，现已设计铺设了可动心轨辙叉道岔。如图1-7所示，当尖轨开通某一方向时，可动心轨的辙叉心就与开通方向一致的翼轨密贴，与另一翼轨分开，从而消除有害空间。

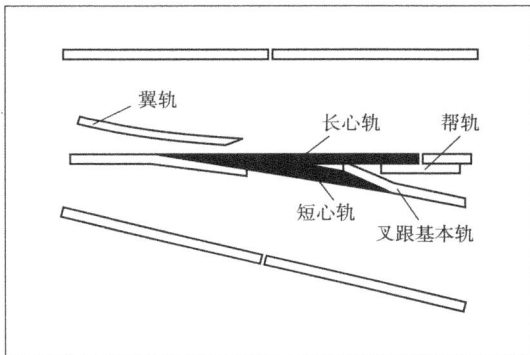

图1-7 可动心轨辙叉道岔

（3）连接部分，即连接转辙器和辙叉及护轨的部分。它包括直线轨和导曲线轨。由于导曲线的半径较小，又不能在导曲线上设置缓和曲线和超高，所以列车在侧向过岔时，速度要受到严格的限制。

2.道岔号码

道岔因其辙叉角的大小不同，有不同的道岔号码（N）。道岔号码表明了道岔各部分的主要尺寸，通常用辙叉角（α）的余切值来表示，如图1-8所示。

图1-8 道岔号码计算图

辙叉角α越小，N值就越大，导曲线半径也相应越大，机车车辆侧线通过道岔时允许速度也就越高。所以，采用大号码道岔对于列车运行是有利的，然而，道岔号码越大，道岔全长就越长，铺设时占地就越多。因此，采用多大号码的道岔来连接线路，应根据线路的用途来决定。

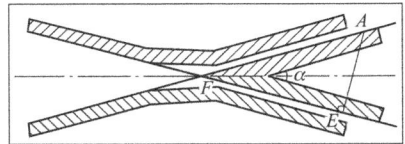

我国目前高速铁路正线道岔主要为18号道岔，道岔号码选择应符合下列规定：

（1）正线道岔的直向通过速度不应小于路段设计行车速度。

（2）正线与到发线连接应采用18号道岔。两正线间的渡线应按功能需要选用18号及以上道岔。

（3）始发或终到车站以及改、扩建车站，在特别困难条件下，可采用12号道岔。

(4)正线与联络线连接的道岔号码应按联络线设计行车速度选用,并宜选用大号码道岔。

任务2　列车运行控制系统

中国列车运行控制系统(Chinese Train Control System,CTCS)简称列控系统。该系统由地面设备和车载设备构成,可以根据运营需求逐步升级,是一个高适应性和可扩展的信号安全系统。

根据铁路运输的运用、管理和维修体制,CTCS的体系结构分为4层,即系统应用层、网络传输层、地面设备层和车载设备层。

CTCS按系统条件和功能分为0~4级,即CTCS-0级、CTCS-1级、CTCS-2级、CTCS-3级和CTCS-4级。CTCS-0级是既有列控系统,地面主要设备为多制式的轨道电路;车载设备由机车信号和列车运行监控装置(LKJ)设备构成。

CTCS-2级是基于轨道电路和应答器传输行车许可信息的点连式列控系统,CTCS-3级是基于无线通信铁路综合数字移动通信系统(GSM-R)实现车地信息双向传输的连续式列控系统。自2007年4月18日始,CTCS-2级列控系统投入运营,2009年12月26日CTCS-3级列控系统投入运营。

当列车运行速度为250km/h及以下时,车载设备在完全监控模式下应按高于线路允许速度2km/h报警、5km/h常用制动、10km/h紧急制动设置模式曲线;运行速度250km/h以上时,在完全监控模式下,CTCS-3级车载设备(含CTCS-2级后备功能)应按高于线路允许速度2km/h报警、5km/h常用制动、15km/h紧急制动设置模式曲线。速度容限值的选取如图1-9所示。

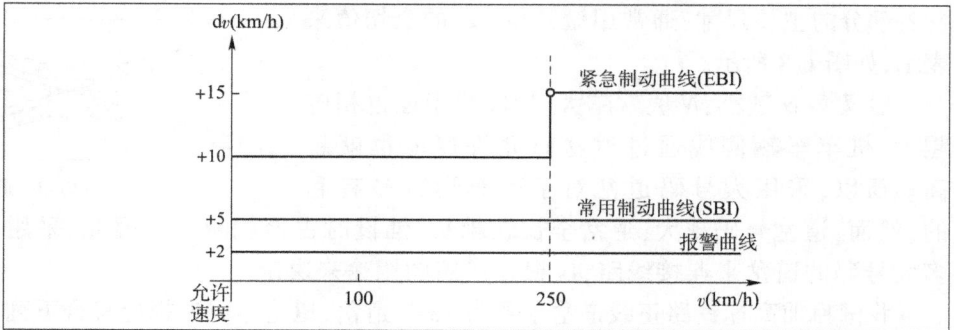

图1-9　速度容限值的选取

CTCS-1级列控系统主要针对既有系统的升级换代;CTCS-4级列控系统面向下一代列控系统功能需求和特殊需求,主要包括智能控制、节能环保和低维护等。

一、列车运行监控装置（LKJ）

列车运行监控装置（LKJ）是运营机车标配设备,由监控主机和人机交互单元构成,具有监控、记录和人机交互三大功能,通常与机车信号配套使用。LKJ的组成结构如图1-10所示。

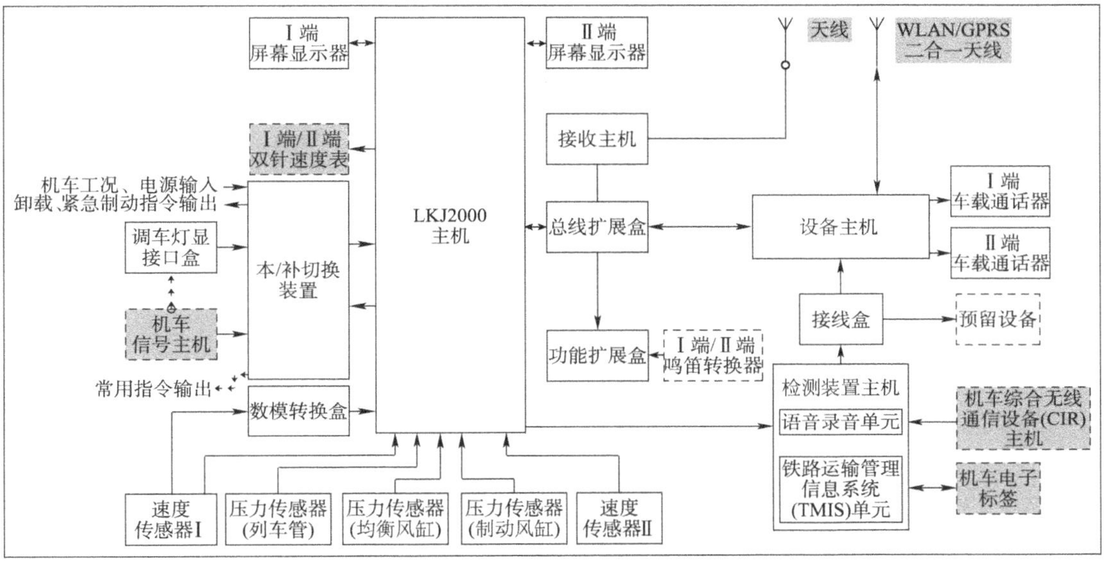

图1-10　LKJ组成结构示意图

作为安全控车设备,LKJ系统的管理有严格要求,其软件、基础数据和控制模式设定的管理,以及记录数据的分析处理须按主管部门有关规定执行。LKJ产生的列车运行记录数据是行车安全分析的重要依据,任何单位和人员不得更改。电务维修机构应妥善保存LKJ列车运行记录数据。

从应用需求出发,装备在机车上的LKJ设备应按高于线路允许速度2km/h报警、5km/h常用制动、8km/h紧急制动设置模式曲线。装备在动车组上的LKJ设备应按高于线路允许速度2km/h报警、5km/h常用制动、10km/h紧急制动设置模式曲线。

LKJ根据不同工作条件或需求分为通常工作状态、出入段工作状态、调车工作状态、非本务工作状态、20km/h限速工作状态和与列车超速防护系统结合工作状态等多种控制状态。当LKJ在不同线路(如CTCS-0、CTCS-2线路),或装配在不同列车(机车、动车组)上应用时可能存在差异,应遵从有关规定。

二、轨道车运行控制设备（GYK）

轨道车运行控制设备（GYK）是轨道车等自轮运转专用作业车标配设备,具备轨道电路信息接收和处理、应答器信息接收、监控、警醒、自检、数据/语音记录和处理、人机交互及故障报警等功能。GYK由主机、机车信号机、人机界面(DMI)和外部接口等组成,其功能较 LKJ 更加简化,如图 1-11 所示。

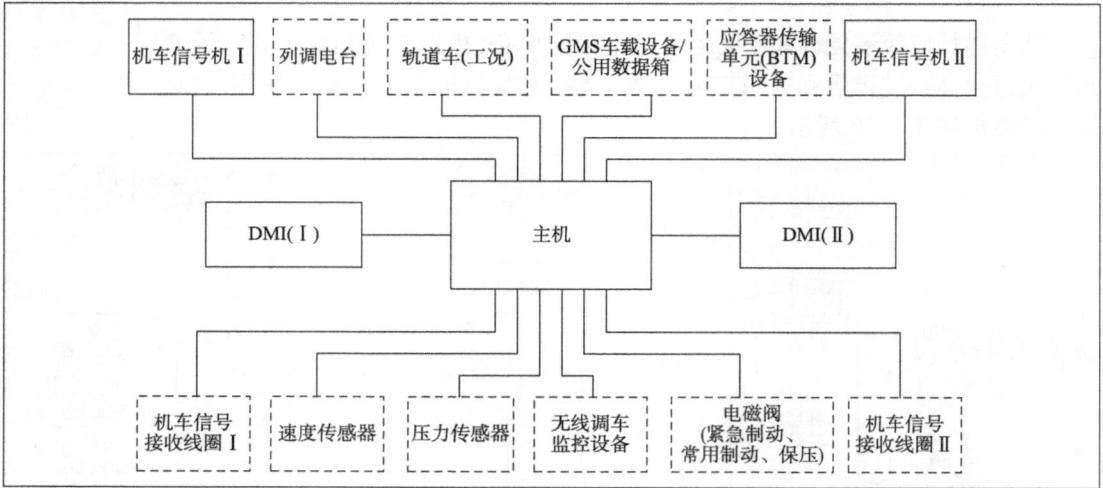

图 1-11　GYK 组成结构示意图

GYK 设备具有正常监控、调车、目视行车、区间作业和非正常行车五种控制模式。主机根据控车数据、机车信号信息、应答器信息和前方目标距离,自动生成目标距离模式曲线,防止轨道车超速运行和冒进信号。

三、CTCS-2 级列控系统

CTCS-2 级列控系统是基于轨道电路和点式应答器传输列车运行许可信息的列车运行控制系统。轨道电路实现列车占用检查,并连续向车载设备传送空闲闭塞分区数量等信息。有源应答器向车载设备传输定位信息、线路参数、临时限速等信息。列控中心(TCC)具有轨道电路编码、有源应答器报文实时编码和发送、区间信号机点灯控制、站间安全信息(区间轨道电路状态、中继站临时限速信息、区间闭塞和方向条件等信息)传输等功能。列控中心根据轨道电路、进路状态及临时限速等信息产生行车许可,通过轨道电路及有源应答器将行车许可传送给列控车载设备。

列控车载设备(ATP)根据地面设备提供的信号动态信息、线路参数、临时限速等信息和动车组参数,按照目标距离连续速度控制模式生成控制速度,监控列车运行。

(一)系统组成和主要功能

CTCS-2 级列控系统由列控车载设备和地面设备组成,如图 1-12 所示。

列控车载设备主要包括主控单元(车载安全计算机)、轨道电路信息接收单元、应答器信息接收单元、列车接口单元、数据记录单元、人机界面等。列控地面设备主要包括列控中心、临时限速服务器、ZPW2000 系列轨道电路、轨旁电子单元(LEU)和应答器等。

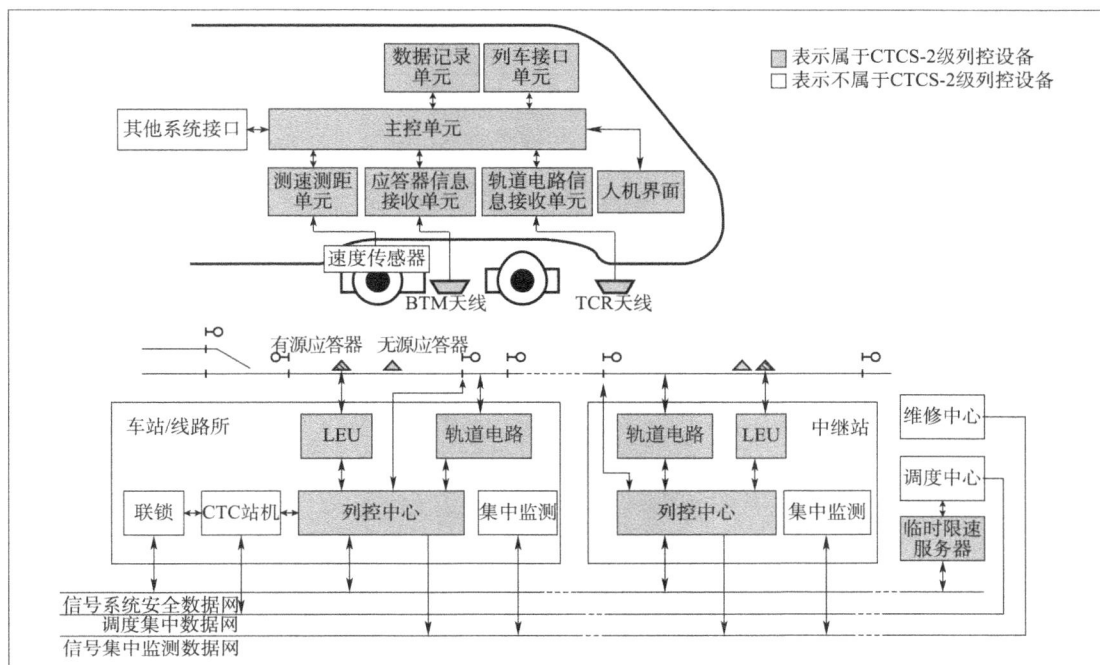

图 1-12　CTCS-2 级列控系统构成示意图

1.列控车载设备

（1）主控单元是列控车载设备的核心处理单元,实现列控车载设备的安全控制功能。

（2）轨道电路信息接收单元接收、解调轨道电路信号,并将解调后的信息传送给主控单元。

（3）应答器信息接收单元接收、解调地面应答器信号,并将解调后的信息传送给主控单元。

（4）列车接口单元提供列控车载设备与列车相关设备之间的接口。

（5）数据记录单元用于记录列控车载设备的数据、控制信息和工作状态。

（6）人机界面（DMI）实现司机与列控车载设备之间的信息交互。

2.列控地面设备

（1）列控中心（TCC）是 CTCS-2 级列控系统地面核心设备,其主要功能是进行轨道电路状态判断,控制轨道电路编码和发码方向;应答器报文实时编码;发送临时限速信息、发送大号码道岔数据包以及信号降级处理等。列控中心设备结构及接口如图 1-13 所示。

（2）临时限速服务器（TSRS）集中管理临时限速命令,向 TCC 传递临时限速信息。

（3）ZPW-2000 系列轨道电路实现列车占用检查,并向列控车载设备提供前方空闲闭塞分区数量信息。

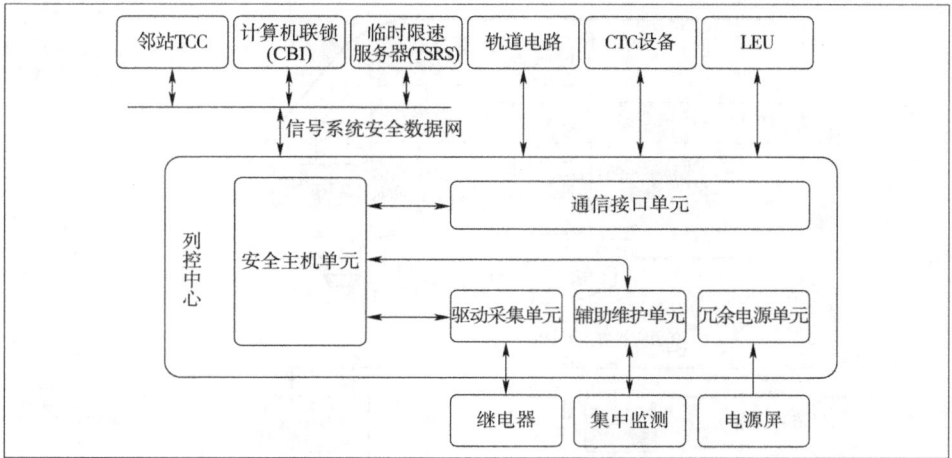

图1-13　列控中心设备结构及接口

（4）无源应答器向列控车载设备传送线路数据等信息。

列控车载设备根据地面设备提供的闭塞分区状态、线路数据、临时限速等信息和动车组参数，按照目标距离连续速度控制模式生成控制速度，监控列车运行。

在CTCS-2级列控系统正常运用中，于固定地点实现CTCS-0/1级与CTCS-2级列控系统之间的等级转换。

为满足装备CTCS-2级列控车载设备的动车组在CTCS-0级线路运行以及动车组列车特定运行的需要，装备CTCS-2级列控车载设备的动车组应装设LKJ设备。

（二）车载控制模式

CTCS-2级列控车载设备的控车模式有完全监控（FS）、部分监控（PS）、引导（CO）、目视行车（OS）、调车（SH）、隔离（IS）和待机（SB）等七种模式。

（1）完全监控（FS）模式是列车正常运行模式，列控车载设备根据控车数据自动生成目标距离模式曲线；司机依据DMI显示的列车运行速度、允许速度、目标速度和目标距离等信息控制列车运行。当具备控车条件时，车载设备自动进入FS模式。在FS模式下设备承担安全责任。

（2）部分监控（PS）模式是列控车载设备接收到轨道电路允许行车信息，但缺少应答器提供的线路数据或限速数据时使用的固定限速模式。在PS模式下，限速值为45km/h。

（3）引导（CO）模式是在进站建立引导进路后，列控车载设备按照最高限速40km/h控车的模式。

（4）目视行车（OS）模式是司机控车的固定限速模式，限速值为40km/h。列控车载设备显示停车信号停车后，司机按规定操作转入OS模式。在OS模式下，司机须在规定的距离/时间内根据车载提示按压"警惕"键确认，否则触发紧急制动停车。

（5）调车（SH）模式是动车组进行调车作业的固定限速模式，限速值为40km/h。司机按压专用按钮使列控车载设备转入 SH 模式。只有在列车停车时，司机才可以选择进入或退出 SH 模式。

（6）隔离（IS）模式是列控车载设备控制功能停用的模式。列车停车后，根据规定，司机操作隔离装置使列控车载设备转入 IS 模式。

（7）待机（SB）模式是列控车载设备上电后的默认模式。列控车载设备自检后，自动处于 SB 模式。在该模式下，列控车载设备正常接收轨道电路及应答器信息。

CTCS-2 级列控车载设备七种模式之间的转换见表 1-3。

CTCS-2 级列控车载设备七种模式之间的转换 表 1-3

当前模式	转换模式						
	部分监控(PS)模式	完全监控(FS)模式	引导(CO)模式	目视行车(OS)模式	调车(SH)模式	隔离(IS)模式	待机(SB)模式
待机(SB)模式	人工/停车	—	—	人工/停车	人工/停车	人工/停车	—
部分监控(PS)模式	—	自动	自动	人工/停车	人工/停车	人工/停车	人工/停车
完全监控(FS)模式	自动	—	人工	人工/停车	人工/停车	人工/停车	人工/停车
引导(CO)模式	自动	自动	—	人工/停车	人工/停车	人工/停车	人工/停车
目视行车(OS)模式	自动	自动	自动	—	人工/停车	人工/停车	人工/停车
调车(SH)模式	—	—	—	—	—	人工/停车	人工/停车
隔离(IS)模式	—	—	—	—	—	—	人工/停车

四、CTCS-3 级列控系统

CTCS-3 级列控系统是基于无线通信单元 GSM-R 的列车运行控制系统。由轨道电路完成列车占用检查，无线闭塞中心（RBC）生成行车许可，并将行车许可、临时限速及线路描述信息等通过 GSM-R 连续传送给车载设备。CTCS-3 级列控系统兼容 CTCS-2 级列控系统。

（一）系统组成和主要功能

CTCS-3 级列控系统由列控车载设备和地面设备组成，如图 1-14 所示。

1. 列控车载设备

列控车载设备主要包括车载安全计算机、轨道电路信息读取器、应答器信息接收单元、列车接口单元、记录单元、人机界面（DMI）、测速测距单元、GSM-R无线通信单元等。

（1）车载安全计算机，是列控车载设备的核心处理单元，实现列控车载设备的安全控制功能。

（2）轨道电路信息读取器，接收、解调轨道电路信息，并将解调后的信息传送给车载安全计算机。

(3)应答器信息接收单元,接收、解调地面应答器信号,并将解调后的信息传送给车载安全计算机。

(4)列车接口单元,提供车载设备与列车相关设备之间的接口。

(5)记录单元,用于记录列控车载设备的数据、控制信息和工作状态。

(6)人机界面(DMI),实现司机与车载安全计算机之间的信息交互。

(7)测速测距单元,接收速度传感器等设备的信号,计算列车运行速度和运行距离。

(8)GSM-R 无线通信单元,通过 GSM-R 无线通信系统与地面 RBC 进行消息双向传输。

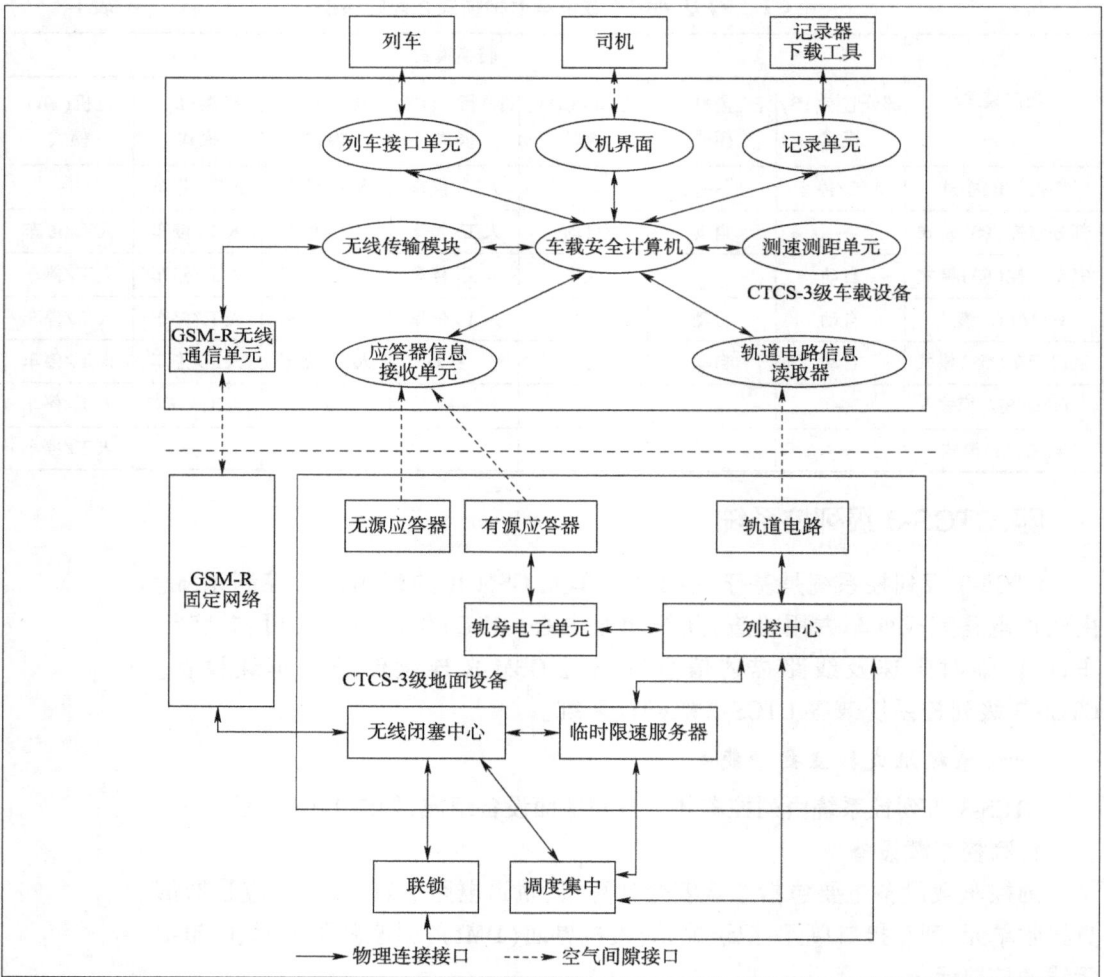

图 1-14　CTCS-3 级列控系统构成示意图

2.列控地面设备

列控地面设备主要包括无线闭塞中心(RBC)、列控中心(TCC)、临时限速服务器(TSRS)、ZPW-2000系列轨道电路、应答器、GSM-R接口设备等。

(1)无线闭塞中心(RBC),是CTCS-3级列控系统地面核心设备,其主要功能是根据计算机联锁(CBI)、临时限速服务器(TSRS)、相邻RBC、调度集中系统(CTC)和车载等设备提供的信息,生成列车行车许可(MA)等控制信息,并通过GSM-R发送给车载设备,以控制列车安全运行。RBC由RBC主机、RBC接口单元、GSM-R接口单元和RBC维护单元构成。RBC与CBI、TSRS、相邻RBC通过信号安全数据网接口并遵从安全通信协议;RBC与GSM-R、CTC和CSM采用通信接口,如图1-15所示。

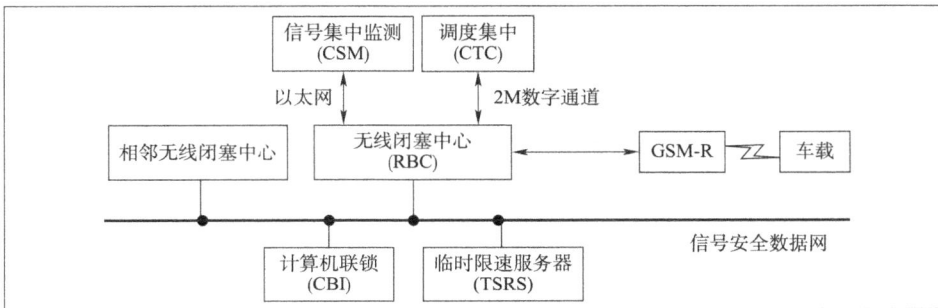

图1-15 无线闭塞中心(RBC)与外围设备接口图

(2)列控中心(TCC),是CTCS-3级列控系统地面核心设备,其主要功能是进行轨道电路状态判断,控制轨道电路编码和发码方向;应答器报文实时编码;发送临时限速信息、发送大号码道岔数据包以及信号降级处理等。

(3)CTCS-2/CTCS-3级区段临时限速服务器(TSRS),负责列控系统临时限速的集中管理。TSRS接收调度台对临时限速的下达、取消和撤销(删除)等操作命令,将临时限速命令转发给TCC和RBC,并将TCC和RBC的执行结果反馈给CTC,如图1-16所示。

TSRS具备列控限速调度命令的存储、校验、撤销、拆分、设置、取消的管理功能,以及列控限速设置时机的辅助提示功能。临时限速调度命令由命令拟定调度台下达、取消和撤销(删除)。跨调度台界的临时限速命令由两侧调度台按管辖分界人工拆分后分别下达。

TSRS应具备根据临时限速取消命令对已处于执行状态的临时限速进行取消命令的验证和取消操作的功能。临时限速取消命令须与要取消的临时限速设置命令参数一致。

TSRS应具备根据临时限速删除命令对未执行的临时限速进行删除操作的功能。

TSRS应能根据临时限速命令的计划开始时间提前一定时间向CTC发送激活提示,并间隔一定时间重复提示直至确认或超出该限速命令计划结束时间。对超出限速计划结束时间仍未执行的临时限速命令应向CTC发送"超时未设置"的提示。

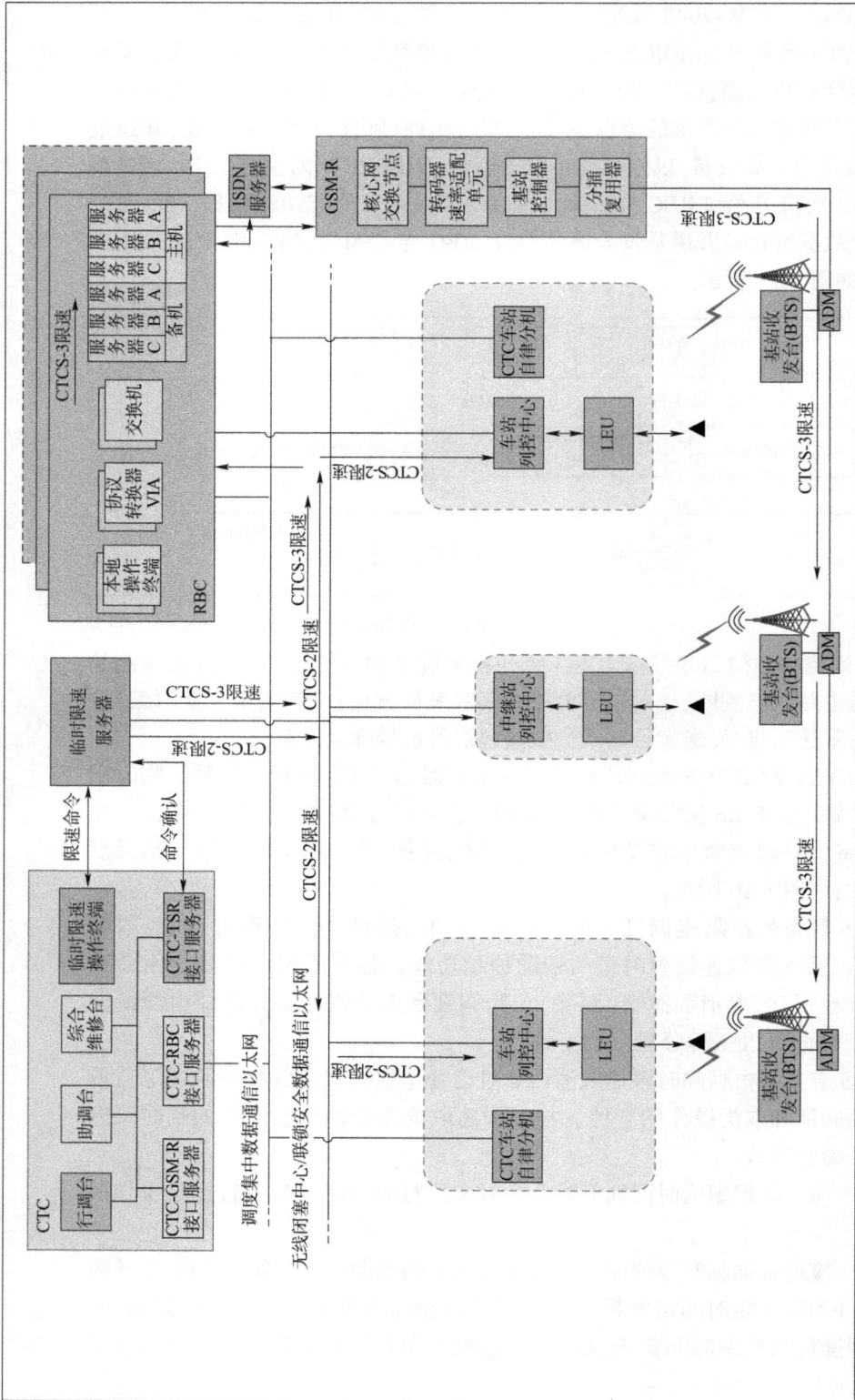

图1-16 临时限速服务器(TSRS)设备构成及信息流程示意图

TSRS 仅对本调度台下达的限速设置命令提供激活时机和设置时机的辅助提示,仅对由 TCC、RBC 验证通过的正线(不包括侧线道岔区)限速设置命令给出设置时机提示。

(4)ZPW-2000 系列轨道电路,实现列车占用检查,并向列控车载设备提供前方空闲闭塞分区数量信息。

(5)CTCS-3 级区段应答器,提供线路数据、临时限速、过分相、定位、级间转换、公里标、车站名、无线闭塞中心切换等信息。应答器组设置、报文定义及组间距离等应满足列控车载设备控车要求。与安全防护和控制数据相关的应答器组应由两个及以上应答器构成,仅用于定位的应答器组可为单个应答器。

(二)车载控制模式

CTCS-3 级列控车载设备按 CTCS-3 级控车时的模式有完全监控(FS)、引导(CO)、目视行车(OS)、调车(SH)、休眠(SL)、隔离(IS)和待机(SB)等模式;CTCS-3 级列控车载设备按 CTCS-2 级控车时的模式有完全监控(FS)、部分监控(PS)、引导(CO)、目视行车(OS)、调车(SH)、休眠(SL)、隔离(IS)、待机(SB)和机车信号(CS)等模式。

(1)完全监控(FS)模式是列车正常运行模式,当控车的全部条件具备时自动进入。在 FS 模式下设备承担安全责任。列控车载设备根据控车数据自动生成目标距离模式曲线,司机依据 DMI 显示的列车运行速度、允许速度、目标速度和目标距离等信息控制列车运行。在 FS 模式下,一般采用设备制动优先(机控优先)功能。FS 模式下,车载设备根据列控地面设备提供的信息,结合动车组运行速度,向动车组提供控制信息,实现自动过电分相功能。

(2)引导(CO)模式是在进站或出站建立引导进路后,列控车载设备按照最高限速 40km/h 控车的模式。

(3)目视行车(OS)模式是司机控车的固定限速模式,限速值为 40km/h。列控车载设备显示停车信号停车后,司机按规定操作转入 OS 模式。在 OS 模式下,司机须在规定的距离/时间内根据车载提示按压"警惕"键确认,否则触发紧急制动停车。

(4)调车(SH)模式是动车组进行调车作业的固定限速模式,限速值为 40km/h。只有在列车停车时,司机才可以选择进入或退出 SH 模式。CTCS-3 级控车时,只能在车站内 RBC 才可以授权,司机按压专用按钮使列控车载设备转入 SH 模式。

(5)休眠(SL)模式是非本务端车载设备不监控列车运行,但仍执行列车定位、记录等级转换等功能的模式。

(6)隔离(IS)模式是列控车载设备控制功能的停用模式。列车停车后,根据规定,司机操作隔离装置使列控车载设备转入 IS 模式。在 IS 模式下司机承担安全责任。

(7)待机(SB)模式是列控车载设备上电后的默认模式。列控车载设备自检和外部设备测试后,自动处于 SB 模式。在 SB 模式下,列控车载设备正常接收轨道电路及应答器信息。

(8)CTCS-3 级列控车载设备按 CTCS-2 级控车,且在 CTCS-0/1 级区段运行时采用 CS 模式。当列车运行到地面未装备 CTCS-2/3 级列控设备的区段(如 CTCS-0/1 级区段),司机根据有关规定操作后进入该模式,车载设备按最高限制速度 80km/h 监控列车运行并显示机车信号。当列车越过禁止信号时触发紧急制动。在 CS 模式下,司机负责以地面信号显示为行车凭证驾驶列车运行并根据地面情况进行相应处理。除在 SH、SL、IS 模式外,司机停车后按压"机信"键,转入 CS 模式。

(9)CTCS-3 级列控车载设备按 CTCS-2 级控车时的其他模式与 CTCS-2 级列控车载设备车载控制模式相同。CTCS-3 级列控车载设备按 CTCS-3 级控车时七种模式之间的转换见表1-4。CTCS-3 级列控车载设备按 CTCS-2 级控车时九种模式之间的转换见表1-5。

CTCS-3 级列控车载设备按 CTCS-3 级控车时七种模式之间的转换　　　　表 1-4

当前模式	转换模式						
	完全监控(FS)模式	引导(CO)模式	目视行车(OS)模式	调车(SH)模式	休眠(SL)模式	隔离(IS)模式	待机(SB)模式
待机(SB)模式	—	人工	人工/停车	人工/停车	人工/停车	人工/停车	—
完全监控(FS)模式	—	人工	人工/停车	人工/停车		人工/停车	人工/停车
引导(CO)模式	自动	—	人工/停车	人工/停车		人工/停车	人工/停车
目视行车(OS)模式	自动	人工	—	人工/停车		人工/停车	人工/停车
调车(SH)模式	—	—	—	—		人工/停车	人工/停车
休眠(SL)模式	—	—	—	—	人工/停车	人工/停车	
隔离(IS)模式	—	—	—	—		—	人工/停车

CTCS-3 级列控车载设备按 CTCS-2 级控车时九种模式之间的转换　　　　表 1-5

当前模式	转换模式								
	完全监控(FS)模式	部分监控(PS)模式	引导(CO)模式	目视行车(OS)模式	调车(SH)模式	休眠(SL)模式	隔离(IS)模式	待机(SB)模式	机车信号(CS)模式
待机(SB)模式	—	人工/停车	—	人工/停车	人工/停车	人工/停车	人工/停车	—	人工/停车
部分监控(PS)模式	自动	—	自动	人工/停车	人工/停车	—	人工/停车	人工/停车	人工/停车
完全监控(FS)模式	—	自动	人工	人工/停车	人工/停车		人工/停车	人工/停车	人工/停车
引导(CO)模式	自动	自动	—	人工/停车	人工/停车	—	人工/停车	人工/停车	人工/停车

当前模式	转换模式								
	完全监控 (FS) 模式	部分监控 (PS) 模式	引导 (CO) 模式	目视行车 (OS) 模式	调车 (SH) 模式	休眠 (SL) 模式	隔离 (IS) 模式	待机 (SB) 模式	机车信号 (CS) 模式
目视行车 (OS)模式	自动	自动	自动	—	人工/停车	—	人工/停车	人工/停车	人工/停车
调车(SH) 模式	—	—	—	—	—	—	人工/停车	人工/停车	—
休眠(SL) 模式	—	—	—	—	—	—	人工/停车	人工/停车	—
隔离(IS) 模式	—	—	—	—	—	—	—	人工/停车	—
机车信号 (CS)模式	—	—	—	—	—	—	人工/停车	人工/停车	—

在 CTCS-3 级列控系统正常运用中,CTCS-3 行车许可应结合轨道电路信息控制列车运行,并在固定地点实现 CTCS-3 级与 CTCS-2 级列控系统之间的等级转换;当 CTCS-3 列控系统因无线超时等故障时,可降级 CTCS-2 级列控系统。

任务3 调度集中系统

调度集中系统(CTC)是调度中心(调度员)对某一区段内的信号设备进行集中控制、对列车运行直接指挥、管理的技术装备。分散自律调度集中系统是综合了计算机技术、网络通信技术和现代控制技术,采用智能化分散自律设计原则,以列车运行调整计划控制为中心,兼顾列车与调车作业的高度自动化的调度指挥系统。

调度集中系统(CTC)的主要功能,包括编制列车运行计划、自动采集列车运行时刻、自动绘制列车实际运行图、列车车次号的自动采集和跟踪、自动或人工调整阶段计划、向车站和机车自动下达阶段计划的调度命令、自动生成车站行车日志、列车编组信息管理、调车作业管理、综合维修管理、列车/调车进路人工和计划自动选排、分散自律控制等功能。

一、调度集中系统(CTC)结构

CTC 由铁路局集团公司、车站两级构成。车站应设集中联锁,区间应设自动闭塞或自动站间闭塞。

调度集中原则上应将同一调度区段内、同一联锁控制范围内所有车站（车场、线路所）的信号、联锁、闭塞设备纳入控制范围。调度集中区段的两端站、编组站、区段站，以及调车作业较多、有去往区间岔线列车或中途返回补机的中间站，可不纳入调度集中操纵，但出站信号机均应受调度集中控制。

分散自律调度集中系统由调度中心子系统、车站子系统和调度中心与车站及车站之间的网络子系统三部分组成。CTC 总体构成如图 1-17 所示。

CTC 配置独立的处理平台，设备采用冗余配置，通信协议与列车调度指挥系统（TDCS）一致。CTC 采用独立的业务专网，各级采用双局域网并通过专用数字通道组成双环形广域网。CTC 与 GSM-R 数字移动通信系统或无线通信系统结合，实现调度命令、接车进路预告信息、调车作业通知单等向司机的传送，并能通过无线通信系统获取车次号校核、调车请求及签收回执等信息。

高速铁路区段，CTC 具备与无线闭塞中心（RBC）、GSM-R 接口设备、临时限速服务器（TSRS）、相邻调度区段的 CTC/TDCS、计算机联锁、列控中心（TCC）、信号集中监测系统、运输调度管理系统（TDMS）的接口能力。

1. 调度中心子系统

调度中心子系统由数据库服务器、CTC 服务器、通信服务器、大屏显示系统、网络设备、电源设备、防雷设备、网管工作站、CTC 维护工作站、行调工作站、助理调度员工作站、值班主任台、操作员台、计划员台、综合维修工作站、打印设备、远程维护接入、铁路运输管理信息系统（TMIS）接口计算机等设备组成。

CTC 调度中心子系统硬件结构示意图，如图 1-18 所示。

CTC 服务器一般是由两台高性能服务器构成，两台服务器互为热备，为系统的稳定运行提供保障。CTC 服务器是整个分散自律调度集中系统的核心，负责整个系统的数据收发、数据处理以及数据储存等工作。通信前置服务器一般是由两台高性能服务器构成，两台服务器互为热备，用于调度中心和车站子系统之间的数据交换。

行调工作站一般是由两台安装了多屏卡的工作站构成，主要完成显现监控管辖区段范围内列车运行位置、指挥列车运行的功能（人工编制和调整列车运行计划、调度命令的下达、与相邻区段行调台交换信息），为 CTC 系统提供详细的列车会让方案，是分散自律调度集中系统完成自动控制功能的主要依据。

助理调度员工作站一般是由高性能工作站构成，主要实现调度中心人工进路操作控制、闭塞办理、区段解锁、非常处理等功能。同时还可实现调度集中控制车站调车作业计划的编制、调整、指挥以及在自律约束条件下的调车进路人工办理等调车相关功能。

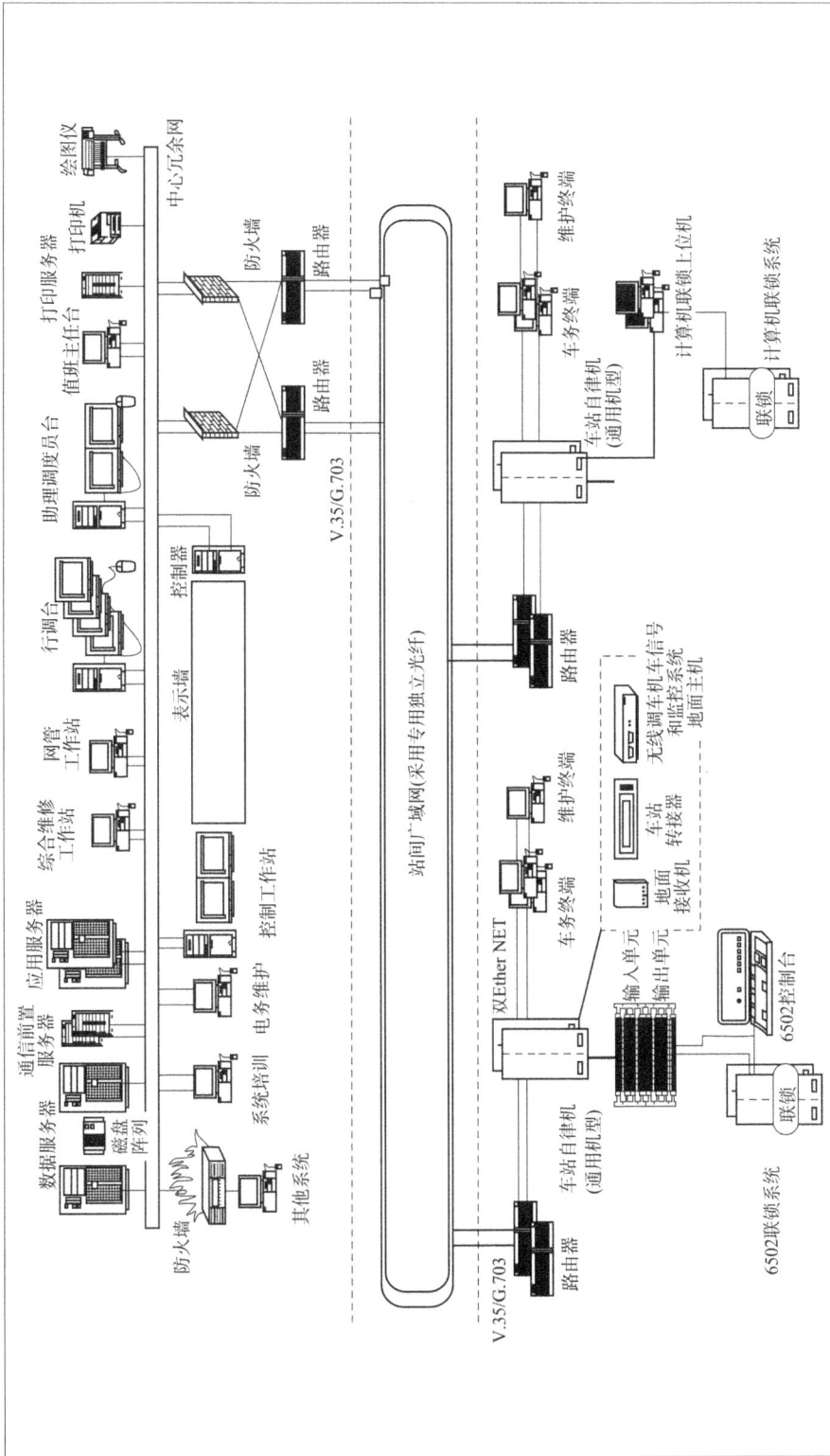

图1-17 CTC总体构成图

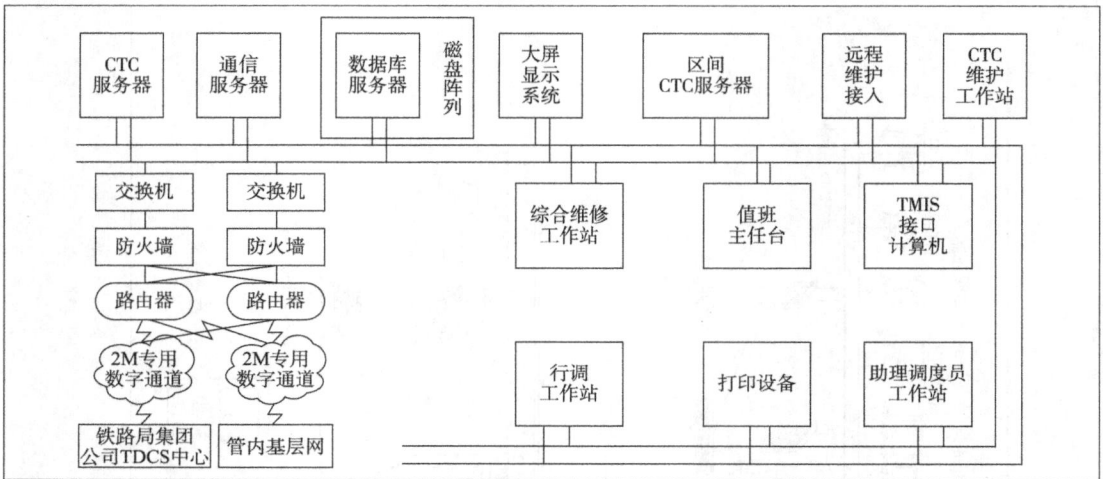

图 1-18 CTC 调度中心子系统硬件结构示意图(部分设备未标示)

CTC 维护工作站一般是由高性能工作站构成,主要用于系统设置、调试和技术支持。在授权的情况下,具有远程维护与技术支持功能。同时具有监视系统运行状况的功能,对系统、现场设备运用情况,操作命令,报警信息进行记录、分析、回放、输出和打印。

综合维修工作站是由高性能工作站构成,主要用于设备日常维护、"天窗"修、施工以及故障处理方面的登、销记手续办理,并具有设置临时限速,区间、股道封锁等功能。

大屏显示系统是由高性能工业控制计算机、多串口卡、驱动卡、驱动分机构成,用于显示车站站场作业情况和区间列车运行情况等信息。通过观察大屏,行车调度指挥人员可以清晰地掌握各自负责的调度区段内列车或车列的运行情况。

TMIS 接口计算机是由工作站构成,通过 USB 接口与机房中的 TMIS 终端交换数据。网络设备主要包括两台高性能路由器、两台高性能交换机、网络协议转换器和网络防火墙。

电源设备主要包括可以转换两路电源的电源屏和两台构成双机热备的10kVA 不间断电源。

2. 车站子系统

车站子系统主要设备包括车务终端、综合维修终端、电务维护终端、网络设备、电源设备、车站自律机、车站电源系统、防雷设备、联锁系统接口设备和无线系统接口设备等。CTC 车站子系统主要设备如图 1-19 所示。

下面就重要设备加以说明。

(1)车务终端采用两台双机热备的低功耗工业控制计算机,主要完成报表的生成及修改、站间透明的显示、车站调车作业计划的编制、列车和调车进路的办理及其他控制操作。

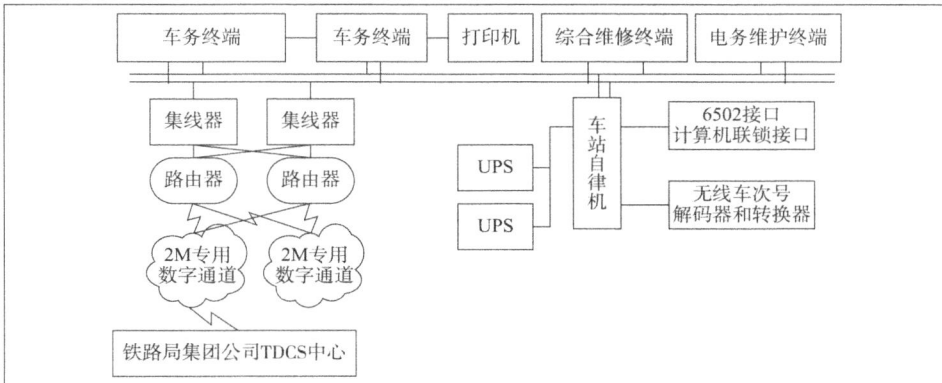

图 1-19　CTC 车站子系统主要设备（部分设备未标示）

（2）综合维修终端和电务维护终端（微机监测）采用低功耗工业控制机。

（3）网络设备一般包括两台路由器、两台集线器、两台网络协议（如 G703/V.35）转换器。

（4）电源设备一般包括两台在线式不间断电源（UPS），为车务终端和车站自律机供电。

（5）车站自律机一般由具有高可靠性能的专用计算机和采控设备组成，并通过串口和无线车次号解码器、无线调度命令转接器进行连接。车站自律机主要完成列车自动进路控制以及按照列车控制执行计划、《高速铁路行车组织细则》（简称《行细》）及《铁路技术管理规程（高速铁路部分）》（简称《技规》）对列车进路和调车进路进行可靠分离控制。

（6）车站电源系统一般由电源防雷、UPS 不间断电源、各电源模块及汇流排组成。首先从电源屏给出一个独立的电源，送至电源防雷箱，然后根据需要分成几路，其中一路送至 UPS，经过 UPS 的净化后送至机柜，再经过总开关送至各层电源模块进行工作。

3.网络子系统

网络子系统是调度中心子系统和车站子系统间联络的桥梁，由网络通信设备和传输通道构成双环自愈网络，采用迂回、环状、冗余等方式提高其可靠性。

二、调度集中系统（CTC）接口能力

CTC 与 GSM-R 系统结合，实现行车凭证、调度命令、接车进路预告信息、调车作业通知单等向司机的可靠传送，并能通过无线通信系统获取车次号校核、调车请求及签收回执等信息。CTC 与列控系统结合，实现向动车组传送控车限速信息。

CTC 具备标注有电、无电线路、电力机车（动车组）、线路封锁等功能，根据调度员输入的信息，系统可判别内燃、电力机车（动车组），线路有电、无电、封锁等状态。

CTC 与 TMIS 的信息交换按照集中统一的原则,车站各种现车信息、确报、调车作业计划等通过 CTC、TMIS 各自网络传至铁路局集团公司 T/D 结合服务器进行交换。交换资料主要包括:列车计划信息、列车编组信息、车站现车信息、调车作业计划、机车交路信息、运行图信息等。

三、调度集中系统(CTC)行车调度台终端

调度集中系统(CTC)行车调度台终端包括运行图操作终端、监控终端、站场操作终端。

(1)运行图操作终端:显示本管辖调度区段列车运行图。调度员利用此终端自动生成列车运行计划、铺画列车运行线,编辑并下达调度命令,获取管辖区段各站站名、车站中心里程、车站到发线使用信息、列车车次及相应机车号码、列车正晚点信息、列车区间运行分析信息、慢行信息、施工信息、天窗修信息及事故注解信息、列车甩挂信息、列车速报信息、车站站存车信息等。

(2)监控终端:可显示区段内各站站场、区间设备信息、接触网停电信息。调度员利用此终端监控列车运行及调车作业。

(3)站场操作终端:可根据需要显示各站站场控制界面、正线列车信号机坐标、股道有效长、高低站台等。调度员利用此终端编制调车作业计划,人工操作各站信号设备。

任务4　动车组

中国铁路高速动车组(China Railway High-Speed, CRH),是设计速度200km/h 及以上,动力分散形式的电动车组。该名称有以下含义:标志着中国铁路已经拥有了设计速度 200km/h 及以上动车组技术,展现了中国铁路装备现代化的重大成就;创立了中国铁路高速动车组的自有品牌;表明设计速度200km/h 及以上动车组的资产归中国铁路,是中国铁路的自有产权;标志着中国铁路以此为起点,进入全新的高速列车时代。

中国自 1958 年起,先后研制过摩托动车组,动力分散式液力传动内燃动车组,柴油动车组及动力集中式电动车组等。2002 年国产动车组也曾创造过321.5km/h 的"中国铁路第一速"。

一、在线运营的动车组

目前全路有 CRH1A、1A-A、1B、1E、2A、2B、2E、2G、3A、5A、5E、5G、6A、6A-A 共计 14 款 200km/h 级别动车组;CRH2C、3C、380A、380AL、380B、380BG、380BL、380CL、380D、CR400AF、AF-A、AF-B、CR400BF、BF-A、BF-B、BF-C、BF-G 共计 17 款300km/h 级别动车组;CRH6F、CRH6F-A 两款 160km/h 动车组,共计 33 种。

1. 第一代高速动车组

2004 年 10 月根据"引进先进技术、联合设计生产、打造中国品牌"的基本原则。按照"先进、成熟、经济、适用、可靠"的方针,原铁道部组织完成了 140 列 200km/h 动车组的采购项目合同签订,成功引进了川崎重工、庞巴迪、阿尔斯通的动车组先进技术。2005 年,又完成了 300km/h 动车组采购项目。通过几年的发展,我国已形成了完善的动车组技术和生产体系。第一代高速动车组共有 CRH1、CRH2、CRH3、CRH5 四个系列(图 1-20),形成了 200 ~ 350km/h、8 节或 16 节编组、坐车卧车齐备的动车组产品体系。CRH"和谐号"动车组也打造了闪亮的中国品牌。其中数字 1、2、3、5 代表不同的车系,各系又分为 A、B、C、E 共 4 个小类(如 CRH2A、CRH2B、CRH2C、CRH2E),A 代表 200km/h 8 辆编组、B 代表 200km/h 16 辆编组、C 代表 350km/h 8 辆编组、E 代表 200km/h 卧铺动车组。

a)CRH1高速动车组

b)CRH2高速动车组

c)CRH3高速动车组

d)CRH5高速动车组

图 1-20　CRH 系列高速动车组

2. 第二代高速动车组

我国吸收消化了引进技术后,结合本国铁路运营特点,自主研发了第二代动车组,编号都以 CRH380 开头,有 CRH380A、CRH380B、CRH380C、CRH380D

共4款,如图1-21所示。

a)CRH380A高速动车组

b)CRH380B高速动车组

c)CRH380C高速动车组

d)CRH380D高速动车组

图1-21　CRH380系列高速动车组

第二代高速动车组各型号的参数见表1-6。

第二代中国高速动车组　　　　　　　　　　表1-6

序号	型号	车型	最高速度(km/h)	列车编组	使用时间
1	CRH380A(AL)	座位	350	8辆/16辆(6动2拖/14动2拖)	2010.9
2	CRH380B(BL/BG)	座位/高寒座位	350	8辆/16辆(4动4拖/8动8拖)	2011.1
3	CRH380CL	座位	350	16辆(8动8拖)	2013.4
4	CRH380D	座位	350	8辆(4动4拖)	2014.4

3. 第三代高速动车组(中国标准高速动车组)

中国标准高速动车组是由原中国铁路总公司(国铁集团)主导,中国铁道科学研究院技术牵头,中国中车旗下的青岛四方机车车辆股份有限公司、长春轨道客车股份有限公司及其相关企业设计制造,西南交通大学、北京交通大学和中国科学院等高校科研单位技术支持,按运营要求制定中国标准,自主正向研发的标准化动车组。

2016年11月底原中国铁路总公司(国铁集团)决定,未来的中国动车组都采用CR命名,标志着复兴号动车组的开始。CR200、CR300、CR400三个子系列,分别对应100~200km/h、200~300km/h、300~400km/h的速度等级。"蓝

海豚"(后改为"红海豚")动车组命名为 CR400AF,"金凤凰"动车组被命名为
CR400BF,如图 1-22 所示。中国标准高速动车组的主要参数见表 1-7。

a)CR400AF高速动车组

b)CR400BF高速动车组

c)CR400AF-B 高速动车组

d)CR400BF-C 高速动车组

图 1-22 复兴号高速动车组

中国标准高速动车组 表 1-7

序号	型号	车型	最高速度(km/h)	列车编组	使用时间
1	CR400AF	座位	350	8 辆(4 动 4 拖)	2017.9
2	CR400AF-A	座位	350	16 辆(8 动 8 拖)	2017.9
3	CR400AF-B	座位	350	17 辆(8 动 9 拖)	2018.9
4	CR400BF	座位	350	8 辆(4 动 4 拖)	2017.9
5	CR400BF-A	座位	350	16 辆(8 动 8 拖)	2017.9
6	CR400BF-B	座位	350	17 辆(8 动 9 拖)	2017.9
7	CR400BF-C	座位	350	8 辆(4 动 4 拖)	2018.12
8	CR400BF-G	座位	350	8 辆(4 动 4 拖)	2019.9

"复兴号"8 辆编组动车组具有以下技术特点:

(1)动力配置。复兴号采用 4 动 4 拖的统一动力配置形式,由两个基本动
力单元组成。通过调整电机特性,可在动力单元配置及网络控制等基本不变的
情况下,满足不同速度目标值对牵引能力的需求,可通过不同动力单元的组合,
实现灵活编组,满足不同的客流需要。

（2）牵引系统。复兴号采用大功率绝缘双极型晶体管（IGBT）元器件构成的交-直-交传动牵引系统，通过提高中间直流环节电压，提高效率，降低损耗，改善电机控制特性，提升单位质量下的牵引输出功率。充分利用元器件性能，在牵引功率基础上显著提高电制动功率。利用移相技术有效控制谐波，保证再生能量的回收质量，降低总能耗。

（3）制动系统。复兴号采用微机控制的直通式电空制动系统及大容量基础制动装置，具备以整列车进行空电复合控制的能力，可按模式曲线精确控制列车减速或停车。由制动系统实施列车制动力的管理、计算和分配，优化防滑控制逻辑，充分利用黏着及电制动，缩短制动距离，减少盘片磨损。

（4）网络控制系统。复兴号采用列车级（WTB）和车辆级（MVB）组成的两级网络结构，按照适应中国铁路实际的控制策略，自主开发列车网络控制系统。列车增设诊断以太网，全面加强故障诊断和监测数据的传输，并提供向地面实时传输数据的功能，使列车的智能化程度大幅提升，实现不同厂家生产的相同速度等级动车组重联运营，不同速度等级的动车组互相救援。

（5）转向架。复兴号采用模块化设计的 H 形构架无摇枕转向架，强化结构及性能的安全冗余设计。统一采用 920mm 的大轮径及磨耗型踏面，改善轮轨匹配关系，优化转向架两系悬挂参数，降低簧下质量，减轻轮轨动力作用，提高运行稳定性、舒适性及结构安全性。实现轮对等主要部件的统型互换。

（6）辅助供电系统。复兴号采用中国标准制式的 AC380V/50Hz 辅助供电系统，具有自动平衡负载和冗余供电功能，辅助变流器由牵引变流器中间直流环节供电，实现过分相不断电、无动力回送/救援工况时自发电功能。研发锂电池直流供电系统，提升单位质量供电能力。

（7）高压系统。复兴号采用主动控制受电弓，高压设备外绝缘的雷电冲击耐受电压提升至 185kV。采用整体密闭的高压箱结构，除受电弓外，其余高压部件不暴露于运行环境中，以改善高压系统部件的工作环境，提高系统在不同网高和不同环境下的工作可靠性，实现日常运用的免维护。

（8）车体。复兴号采用大型中空铝型材焊接而成的高强度、轻量化车体，统一车体长度为 25000mm，车体最大宽度为 3360mm，车辆高度为 4050mm。CR400AF 在乘车空间、空调系统、行李架设置、车厢照明、无障碍设施等方面做了改善。车厢内二等座椅间距统一加大到 1020mm、一等座椅间距统一加大到 1160mm，设置不间断的旅客用 220V 电源插座。空调等设备采取嵌入化设计。实现列车纵断面的平顺化，全新设计流线型车头，进一步降低高速运行时的阻力。设计防撞吸能结构和装置，提高安全防护性能。

二、动车组的标记

动车组应有的识别标记：路徽、配属局段简称、车型、车号、定员、自重、载重、全长、最高运行速度、制造厂名和日期、定期修理日期、修程和处所。动车组还应有"电化区段严禁攀登"的标识。

CR 是 China Railway 的缩写,即中国铁路;"A"和"B"为企业标识代码,代表生产厂家,A 代表红海豚配色、B 代表金凤凰配色;"F"为技术类型代码,表示动力分散式机车,"J"代表动力集中电动车组,"N"代表动力集中内燃动车组。

三、动车组车载设备的配备

动车组应具有列车运行安全监控功能,对重要的运行部件和功能系统进行实时监测、报警和记录,并能及时向动车段、动车所传输。

动车组须配备机车综合无线通信设备(CIR)、列控车载设备、车载自动过分相装置等车载设备,满足相应速度等级运行需要。

(1)机车综合无线通信设备是装备在机车和动车组上的铁路专用车载无线通信设备,由主机、操作显示终端、送(受)话器、扬声器、打印终端、连接电缆、反馈单元及机车数据采集编码器等构成。可实现调度通信、信息传输、状态显示以及语音提示等功能。

(2)列控车载设备是以技术手段对列车运行方向、运行间隔和运行速度进行控制,使列车能够安全运行并且提高运行效率的设备。

(3)车载自动过分相装置由车载感应接收器和信号处理器组成,其主要功能是:当动车组通过分相区时,该装置会根据列车位置和速度自动平滑地降低牵引电流、分断主断路器,通过分相区后,根据位置信息自动闭合主断路器,实现动车组过分相区时自动化操作。

四、动车组紧急制动距离限值

动车组列车制动初速度为 200km/h 时,紧急制动距离限值为 2000m;制动初速度为 250km/h 时,紧急制动距离限值为 3200m;制动初速度为 300km/h 时,紧急制动距离限值为 3800m;制动初速度为 350km/h 时,紧急制动距离限值为 6500m。

五、动车组重联或长编组

动车组重联或长编组时,工作受电弓间距为 200~215m。在特殊情况下,工作受电弓间距不满足 200~215m 时,须校核分相布置及工作受电弓间距匹配情况,并通过上线运行试验确认。

六、动车组的运用检修

动车组实行以走行公里周期为主、时间周期为辅的计划预防修,检修方式以换件修为主,主要零部件采用专业化集中修。动车组修程分为一、二、三、四、五级,检修周期及技术标准按动车组检修规程执行。

动车组日常运用的上水、保洁、排污等整备作业一般应在动车所完成。不在动车所停留的动车组,需进行上水、保洁、排污等整备作业时,其停留地点根据需要应具备相应的条件。

任务5 铁路安全设备设施

一、安全保护区

铁路线路两侧应按规定设立铁路线路安全保护区,在铁路线路安全保护区边界设置标桩;高速铁路线路两侧应设置围墙、栅栏、防护桩等安全防护设施,普速铁路根据需要设置。在铁路线路安全保护区内修建各种建(构)筑物等设施,取土、挖砂、挖沟、采空作业或者堆放、悬挂物品,应征得铁路运输企业同意并签订安全协议。铁路运输企业应当派员对施工现场实行安全监督。在铁路线路安全保护区以外、影响范围内进行影响铁路线路安全稳定的作业时,应当与铁路运输企业协商一致。

《铁路安全管理条例》规定,铁路线路两侧应当设立铁路线路安全保护区,并在铁路线路安全保护区边界设置标桩。线路安全保护区标桩分为 A 型和 B 型两种,如图1-23所示。A 型标桩为基本型,沿铁路线路安全保护区边界每200m 左右设置一个,特殊地段可增加或减少设置数量,人烟稀少地区可不设置。B 型标桩为辅助型,适于在人员活动频繁地段的道口、桥隧两端、公路立交桥附近醒目地点、居民区附近和人身伤害事故多发地段的铁路线路安全保护区边界设置。标桩在铁路线路两侧规定距离设置时,应与线路另一侧标桩相错埋设。

a)A型标桩   b)B型标桩

图1-23 铁路线路安全保护区标桩示意图

铁路线路安全保护区的范围,从铁路线路路堤坡脚、路堑坡顶或者铁路桥梁(含铁路、道路两用桥,下同)外侧起向外的距离分别为:

(1)城市市区高速铁路为 10m,其他铁路为 8m;

（2）城市郊区居民居住区高速铁路为 12m,其他铁路为 10m;

（3）村镇居民居住区高速铁路为 15m,其他铁路为 12m;

（4）其他地区高速铁路为 20m,其他铁路为 15m。

上述规定距离不能满足铁路运输安全保护需要的,由铁路建设单位或者铁路运输企业提出方案,铁路监督管理机构或者县级以上地方人民政府依据保障铁路运输安全和节约用地的原则划定。

二、救援设备

1.救援设备布局

《铁路交通事故应急救援规则》规定,加强铁路交通事故的应急救援工作,最大限度地减少人员伤亡和财产损失,尽快恢复铁路运输秩序。为及时处理行车事故,起复机车车辆,清除线路故障,迅速恢复行车,铁路局集团公司在指定的沿线适当地点设事故救援列车、电线路修复车、接触网抢修车,配备应急通信设备,并处于整备待发状态,其工具备品应保持齐全整洁、作用良好。各种维修、救援车辆上应配备应急通信设备,如对讲机或其他专用通信设备,保证车上工作人员、现场和铁路局集团公司应急救援中心之间通信通畅,提高工作效率。

救援列车是在铁路线路上发生列车脱轨、颠覆和线路水害、塌方等事故时,用以排除线路故障物、起复机车车辆的专用列车。

《铁路交通事故应急救援规则》还规定,事故应急救援需要出动救援列车时,救援列车应当在接到出动命令后 30 分钟内出动。为保证迅速出动救援,救援列车停留线,原则上应设在两端接通,便于救援列车出动的段管线（站线）上。其固定停放线路,须与正线或到发线衔接,能够开入区间。救援列车基地应配备生产、生活、培训设施设备。

电线路修复车是为了修复自然灾害或其他原因造成的信号、通信电线路损坏而装备的有工具、器材的专用车辆,可编入救援列车开往事故现场。

接触网检修车是为了修复电气化铁路接触网断线、电杆及铁塔倒伏、瓷瓶破损等情况而特设的专用车。

为防止机车、自轮运转特种设备在线路上无动力停留时溜逸,应使用铁鞋(止轮器)防溜。为使发生轻微脱轨的机车、自轮运转特种设备能及时起复,开通区间或线路,减少救援列车的出动,规定机车、自轮运转特种设备上均应备有复轨器,大型养路机械及轨道车还需配备液压复轨器。有关乘务人员应掌握复轨器的使用方法。

动车组应配备铁鞋(止轮器),以防止无动力停留时溜逸。在应急状态下,为方便动车组上的旅客换乘或疏散,需使用紧急用渡板、应急梯,故需随车配备。使用机车救援动车组时,需使用过渡车钩和专用风管,因此动车组还应配备过渡车钩和专用风管。

2.救援队伍布局

除上述救援列车、电线路修复车、接触网抢修车三种救援设备外,为使发生轻微脱轨的机车车辆及时起复,根据运输生产需要,铁路局集团公司应在无救援列车的二等以上车站成立事故救援队,配备简易起复设备和工具。

3.应急救援平台

随着铁路通信事业的发展和救援工作的需要,铁路局集团公司应急救援指挥中心应建设应急平台,配备相应的应急指挥设施和通信等设备,确保事故现场的图像、话音及数据在规定的时限内传送至应急救援指挥中心,各种救援、维修车辆上需配备应急通信设备,保证救援工作顺利进行。

三、灾害防护

1.高速铁路自然灾害及异物侵限防护

铁路应根据沿线的风速、降雨量、降雪量、地震动峰值加速度、地质条件以及线路环境、设计速度等情况,建立相应的自然灾害及异物侵限监测系统。对沿线风、雨、雪、地震、隧道及上跨铁路的道路桥梁的异物侵限实时监测,为调度指挥及维护管理提供报警、预警信息,有效防止或减少灾害对高速铁路列车运行安全的影响。该系统是铁路信息系统的组成部分,是高速铁路列车行车安全的重要保障系统之一。自然灾害及异物侵限监测系统采用铁路局集团公司中心系统、现场监测设备两级架构。实时采集高速铁路沿线风速、风向、雨量、雪深、地震,以及隧道和上跨铁路的道路桥梁的异物侵限现场数据,接收既有灾害监测系统、相邻铁路局集团公司中心系统及地震、气象等相关部门系统信息,进行数据分析及处理,为运营管理提供有效、准确、可靠的监测、报警及预警信息。异物侵限报警及地震预警、报警时,联动触发信号系统、牵引变电系统进行紧急处置。

大风预警:当风速达到报警门限时,发出大风报警信息。

雨量监测:现场监测降雨量(指从天空降落到地面上的雨水,未经蒸发、渗透、流失而在水平面上积聚的水层深度)、连续降雨量(指降雨间隔不超过24小时的累计降雨量)。

雪深监测:指监测从积雪表面到地面的垂直深度。

地震预警:指实时监测地震波,在破坏性的地震波到达铁路沿线前发出预警信息。

地震报警:指实时监测地震波,当地震波超过报警阈值时生成报警信息。

异物侵限监测:监测隧道口和上跨铁路的道路桥梁的异物侵限。

对于常年大风区段,根据需要设置防风设施,如兰新客运专线设置了挡风墙。

2.雷电及电磁兼容防护

电子电气设备容易受到雷电攻击和电磁干扰,从而影响铁路运输和行车安全,所以加强对电子电气设备的雷电防护及电磁兼容防护的工作非常重要。要逐步建立雷电预警系统,提高设备抗御电磁干扰的能力,减少或防止雷电等自然灾害对设备的影响。

雷电电磁脉冲干扰是造成铁路信号设备损坏和寿命减少的主要原因。它包含两部分概念:一是建筑物防雷击和通信、控制系统雷电电磁脉冲保护;二是电磁兼容(EMC)防护,即防止对系统的电磁干扰。

我国铁路大部分高铁车站处于远离城市中心的雷电暴露环境下,信号设备间附近往往伴有无线列调天线塔、大型灯光桁架、吊机等易引导雷电的高大建筑物,而且信号系统设备都大量、长距离地连接室外采集和控制对象,其中轨道电路就是长距离、大面积暴露于地面,又是电力机车牵引电流的通道,极易遭受雷击和瞬态过电压侵害。防雷包括外部防雷(防直击雷)和内部防雷(防雷电电磁脉冲)。采用屏蔽、共用接地、等电位连接、合理布线和设置防雷保安器等综合防护技术,对信号、控制系统设备进行分区、分级、分设备的系统防雷保护,减少雷电电磁脉冲影响,可有效延长设备使用寿命,提高设备可靠性。

电磁环境除雷电电磁脉冲外,还有来自电气化区段牵引线路高电压、大电流影响,电力机车升降弓的电弧辐射磁场影响,无线电干扰,设备电气开关电路动作引起的浪涌过电压、过电流产生的电磁脉冲干扰等。电磁兼容是相对电磁干扰而言,实现电磁兼容,需要包括抗干扰(即设备或系统抵抗电磁干扰的能力)和控制电磁发射(即控制设备或系统发射电磁能量)两个方面。电磁兼容的设计通常分别从屏蔽、滤波和接地三方面考虑,通过减低或阻断电磁干扰波"辐射"和沿电缆"传导"对设备或系统产生影响。

信号设备应对雷电感应过电压进行防护,交流电源的引入、计算机设备、轨道检查装置、遥控遥信与外线连接的信号设备必须装设雷电防护装置。

机务段、车辆段、动车段、洗罐所、大机段等有大型装卸油品设施或库房,其输油管道、油罐、泵房、钢栈桥等,应设防雷和防静电装置。

定期检查和测试设备的屏蔽、滤波和接地性能,保证设备安全可靠工作。站车及通信信号装备应符合电磁兼容标准,确保设备状态优良。

3. 消防

高速铁路有火灾危险的机车车辆内和普速铁路有旅客或工作人员的机车车辆内,均须备有灭火器。这里的机车车辆包括机车、客车、动车组、轨道车、检查车、发电车、试验车、大型养路机械及工程宿营车等。

客车内的燃煤锅炉、茶炉,餐车低压锅炉、炉灶都应有防火措施。餐车低压锅炉还需有防爆措施,以保证旅客列车的安全。为防止客车发生火灾、爆炸事故,确保旅客安全,应经常注意检查车内防火装置及锅炉各阀、表的作用是否良好,要求各种管路必须通畅。

机车车辆停车及检修库、油脂库、洗罐所、通信信号机械室、计算机机房、牵引变电所控制室及为客货运服务的建(构)筑物等主要处所,均须备有完好的防火专用器具,平时不得随意动用,并应定期进行检查。此外,还应注意保证这些建筑物的通风排烟和消防通道的通畅,这些重要建筑物的室内装修应采用不可燃和不易燃材料。当有条件时,应逐步建立自动喷水灭火系统、排烟设施和火灾自动报警系统,提高抗突发火灾的能力。

有关单位应建立和健全消防组织,并定期进行检查,遇有火警,能起到及时救火的作用。

4. 防洪

降低汛期防洪安全风险,把握铁路水害发生规律,破解水害事故多发的难题,最大限度地保障汛期运输安全,一直是铁路运输安全工作的重点。高速铁路运行速度高,一旦因水害发生行车事故,造成的后果将十分严重。因此防洪安全工作应贯彻落实"安全第一、预防为主、综合治理"的指导思想,以全面排查、防治并举、超前预警、果断处置为工作主线,依靠当地政府建立群众性的防洪组织或路地联防机制,扎实做好汛期防洪抢险各项工作;根据历年降雨、洪水规律和当年的气候趋势预测,制定防洪预案,发布防洪命令,汛期前要进行防洪检查处理,普速铁路要组织有关部门对沿线危树、危石进行检查。按时完成防洪工程,储备足够的料具及车辆,组织抢修队伍并进行演练,充分发挥广大干部职工和沿线群众参加防洪抢险的积极性,加强雨中、雨后检查,严格落实汛期安全行车措施,强化防洪地点巡守和雨量警诫制度,以及防洪重点处所监护制度。

对于防洪重点处所或可能危及行车安全的地点,有条件的应安装自动报警装置[注:这里的"自动报警装置"不包括高速铁路装备的自然灾害及异物侵限监测系统中的防灾设备,是指线路交付运营后,由于附近山体、建(构)筑物或其他环境发生变化后,根据运营需要而装设的]。对于水流量大、河床不稳定的桥梁,要设置必要的监测装置,建立观测制度,掌握桥梁水文及河床变化情况,及时采取预防和整治措施。汛前须将防洪重点处所抄送相邻相关铁路运输企业。

一旦发生影响行车的水害,要及时降速运行或封锁线路,全力组织灾害抢修,在确保安全的前提下尽快恢复正常行车,严禁盲目开通线路。

普速铁路主要干线发生水害断道后,要全力抢修,先通后固,先行抢通再行复旧加固,全力以赴保障主要干线运输秩序。对于行车密度较小的非主要干线和支线铁路,由于对干线路网运输影响较小,发生水害后抢险与复旧可一并进行。水害复旧要遵循先急后缓、干线优先,兼顾上下行前后段,干一处保一段,注重工程整治的针对性和有效性等原则,努力形成区段抗洪能力。

5. 防寒

防寒工作是关系到能否保证列车安全、正点和顺利完成铁路冬运任务的关键。铁路局集团公司各部门、各单位必须从思想上、组织上、技术上和物资上提前做好防寒准备工作,主要具体工作如下:

(1)对有关人员进行防寒过冬教育,特别是对新入路人员和缺乏冬季作业经验的人员进行培训。按规定做好防寒劳动防护用品的配备和发放工作。

(2)过冬前应组织防寒检查组,对铁路技术设备、房舍进行防寒过冬检查、整修。发动和组织所属基层单位的职工,提前做好整修线路(如在道床结冻前,找细整修线路、更换损伤钢轨等）、包扎管路(如各种给水、蒸汽管路的包扎和对制动系统管路的冲洗)、更换防冻液(油)或采取其他防冻措施,各种易冻机件加盖防寒外被(如压油机、热水泵)等工作。这些工作经检查合格后,必要时应发给合格证或打上"防寒合格"的标记。

(3)对易冻设备、物资(如洗煤、硫精砂等),应提前做好防冻、解冻安排。

(4)要提前准备好防寒过冬的各种燃料、材料和工具备品,并有足够的储备量。在冬季,线路及道岔上如冰雪过多,容易造成机车车辆脱轨或损坏其底部部件,各种电线路上如积雪、挂冰过多,也会影响信号、通信设备的正常使用,甚至压断电线,因此各基层站段均应在过冬前组织好除冰雪队伍,检修好除雪机、除雪车和防雪设备。把除雪分工落实到单位、班组、个人,要做到以雪为令、见雪上岗,保证雪天铁路运输畅通无阻。

6. 防暑

在炎热季节,为保证铁路职工和旅客的身体健康,给运输生产人员创造良好的工作条件,保证各种机械、设备的正常运转或使用,铁路局集团公司必须做好各项防暑、降温工作。

在需要进行防暑工作的调度室、行车人员值班室、较大车站的生产车间、作业人员间休室等重要生产房屋,应设置风扇、冷风或散热装置等降温设备。露天作业场所根据需要设置凉棚。

在炎热季节,应有足够的防暑用品和药物,并应有供职工饮用的清凉饮料。

在暑季前,应对防暑降温设备进行检查、整修。

四、行车安全监测设备

1. 行车安全监测主要设备

铁路行车安全监测设备是指对铁路运输移动设备、固定设备的运行状态进行实时监测,对设备故障及时报警,并具有数据记录和存取功能的装置。铁路行车安全监测设备是保障铁路运输安全的重要技术设备,应具备监测、记录、报警、存取功能,保持其作用良好、准确可靠,并定期进行计量校准。

随着铁路列车运行速度的提高、新技术装备的应用,行车安全监控设备在保证铁路运输安全方面所发挥的作用越来越大。铁路各专业部门运用科技手段,建立和运用了一大批行车安全监控设备,并且逐步实现了安全监测系统的网络化、信息化。

铁路行车安全监测设备应保持技术状态完好,以保证其充分发挥作用。根据铁路行业和企业的有关规定,计量检测设备(含器具、仪器)必须制定相应的计量检定规程或校准规范,定期进行计量检定、校准,以保证监测设备检测数据的准确、可靠。

铁路行车安全监测设备主要包括:

(1)机车车辆的车载监测设备,是指安装在机车和客车、货车、动车组上,对其本身运行状态和故障进行监测的安全技术设备,例如客车轴温报警及行车安全监测诊断系统、列车运行状态信息系统、机车车载安全防护系统、机车、货车行车安全监测诊断系统、动车组远程安全监控系统、列控设备动态监测系统(DMS)等车载设备。车载监测设备对机车车辆出现的故障可通过报警提示司机,不直接对列车运行进行控制。

(2)机车车辆的地面监测设备,是指安装在铁路线路两侧地面上,对机车车辆进行安全监测的技术设备,例如客车运行故障图像检测系统、动车组运行故障动态图像检测系统、车辆运行品质轨边动态监测系统、车辆轴温智能探测系统、货车故障轨边图像检测系统、车辆滚动轴承故障轨边声学诊断系统等地面监测设备。地面监测设备应满足铁路限界规定,不得影响行车安全,且便于维修养护。

(3)轨道、通信、信号、牵引供电、电力等固定设备的移动检测设备,是指利用安装在移动设备上的装置对固定设施进行监测的安全技术设备,例如综合检测车、列控设备动态监测系统(DMS)、供电安全检测监测系统(6C)、车载式线路检查仪、轨道检查车、电务试验车、接触网检测车、钢轨探伤车(探伤仪)、隧道检查车、隧道限界检测车等。

(4)线路、桥梁、隧道、通信、信号、牵引供电、电力等固定设备的在线自动监测设备,是指安装在地面上,对固定设备进行监测的安全技术设备,例如信号集中监测系统、轨温检测与报警系统、道岔缺口监测系统、视频监控系统、桥梁监测系统、路基安全和隧道运营机械通风监控、高危路段线路障碍自动监测预警、列车调度指挥系统、电力远动系统等自动监测设备。

(5)列车安全防护预警系统及施工防护设备,是指列车接近铁路沿线的施工作业位置的安全防护预警系统设备。例如施工人员对讲机定位设备等。

(6)高速铁路自然灾害及异物侵限监测系统,是指对铁路沿线风、雨、雪、地震、上跨铁路的道路桥梁、隧道口的异物侵限进行实时监测,同时具备报警、预警及联动触发功能的系统。

(7)普速铁路车站行车作业监控设备,是指安装在车站对站内行车作业进行安全监控的设备,例如货运站安全监控管理系统、货运计量安全检测监控系统、危险货物运输安全监控系统、铁路限界管理及超限超重货物运输监控系统、调车作业监控系统、货车装载视频监视系统、铁路散堆装货物运输抑尘智能控制及作业质量监控系统、车务远程网络监控系统、客运站视频监控系统、牵引变电所远程视频监控系统、公安编组站站车安全监控系统、货场视频监控系统、调车作业监控货车装载安全状态监测(安全门)系统、货车装载安全监控视频系统等设备。

(8)普速铁路自然灾害综合监测预警设备,是指对铁路沿线不良地质条件和线路周边环境等自然灾害进行现场监测的设备。

(9)普速铁路道口防护设备,是指列车接近铁路沿线的平交道口的安全防护预警系统设备,例如道口自动防护设备等。

2.行车安全监测信息共享

铁路行车安全监测设备应实现信息共享,为运输组织、行车指挥、设备检修、救援及事故分析等提供信息,一般不直接控制行车。

将行车安全监测设备监测到的信息及时传输到相关工种和部门,充分实现信息共享,是保障行车安全、充分发挥行车安全监测设备功能和作用、提高工作效率的重要前提。相关单位、部门和工种应打破各自利益界限和部门专业界限,站在维护铁路总体利益、确保行车安全、提高工作效率的高度,重视行车安全监测信息共享的重要性,积极主动为信息及时传输和共享创造条件。为此,应建立良好的管理制度和沟通平台,协调好信息传输与共享工作。应建立适应共享信息传输的标准,规范管理,实现行车安全监测信息共享、资源共享,并做到及时共享和充分共享。信息传输网络应满足信息传输的要求,并保证网络的畅通。

五、防护栅栏

1.防护栅栏设置规定

防护栅栏是铁路沿线的重要设备,对保障铁路行车安全和人身安全、保护铁路沿线行车设备起到了十分重要的作用。新建或改建铁路工程,凡符合安设防护栅栏条件的,都必须与工程同时设计、同时施工、同时投入使用。新建防护栅栏按工程管理,竣工后由施工单位按验收规定与防护栅栏设备管理单位办理竣工验收交接手续。接管单位应核对竣工文件,验收工程质量,并建立技术资料台账。

高速铁路路基、涵洞地段线路两侧和隧道进出口应设置"线路防护栅栏";桥梁地段(水中桥梁及山区沟壑峡谷桥梁除外)桥下应设置防护栅栏,当旱桥墩高小于3m时,应设置与路基地段相同的"线路防护栅栏";当旱桥墩高大于或等于3m时,应设置"桥下防护栅栏"。

防护栅栏应设置在铁路用地界以内0.5m处。有维修作业通道地段,防护栅栏可设置于维修作业通道内侧,且距桥墩外侧不得小于0.5m。

防护栅栏的安设应符合通用参考图等相关技术要求。不符合要求的既有防护栅栏应逐步改造达标。不能采用通用参考图的特殊地段防护栅栏应单独设计。原则上同一条铁路的防护栅栏形式应统一。

设置"线路防护栅栏"时,新建设计速度200km/h及以上铁路,应采用2.2m高钢筋混凝土防护栅栏加0.5m刺丝滚笼;新建设计速度200km/h以下铁路的动车径路地段,应采用1.8m高钢筋混凝土防护栅栏加0.5m刺丝滚笼。

设置"桥下防护栅栏"时,在城镇、村庄等人口密集地段,应采用1.8m高钢筋混凝土立柱金属网片防护栅栏;在人口稀少或偏远地区,应采用1.5m高钢筋混凝土立柱刺绳防护栅栏。

防护栅栏应做到封闭严实,安设牢固,联结螺栓应采用防盗螺栓。两侧各

2m 范围内高出下槛底部的地面应平整,保证防护栅栏相对于两侧地面均达到规定的防护高度。防护栅栏每根立柱外侧应预制内凹的"禁止入内"字样警示标识,在城镇、村庄等人口密集地段,桥下防护栅栏每隔100m 应在两侧防护栅栏上悬挂"严禁破坏"警示标志。

2. 防护栅栏设备管理、治安管理

铁路运输企业工务部是防护栅栏设备管理部门,负责制定防护栅栏管理制度,编制年度修理计划,提出新建及更新改造建议。工务(桥工)段是防护栅栏的设备管理单位,负责防护栅栏的日常维护工作。铁路公安部门负责防护栅栏的治安管理,依法打击破坏防护栅栏等的违法犯罪行为,督促整改防护栅栏设备隐患,指导巡防工作。

为适应铁路运输组织和铁路设备管理的需要,铁路沿线栅栏设有栅栏门或通道。为加强栅栏门或通道的管理,栅栏门须加锁,通道须设门加锁,由使用单位落实管理责任。栅栏门和通道由铁路运输企业统一编号,在外侧设置"非铁路作业人员禁止进入"警示标志及信息牌。

是否设置铁路警务区用房和值勤岗亭,应根据管辖范围内警力配备数量、线路长度、客货运量及沿线治安状况综合确定。铁路工务、电务、车务、供电等部门因作业需要设置作业门时,按照"谁使用,谁申请,谁管理"的原则,由使用单位提出申请,报铁路运输企业栅栏设备管理部门批准(站区内还需经车务部门批准),经与栅栏设备管理单位及属地铁路公安部门办理书面手续后方可设置。站区内是指车站两端进站信号机范围内,是车站办理列车、调车、旅客乘降、货物装卸等作业的场所,若因作业需要设置作业门时,应当报经直属站或车务段批准。

因施工作业需要临时拆除防护栅栏时,施工单位必须与属地公安部门和防护栅栏设备管理单位签订安全协议,按规定办理有关手续,在开口处悬挂警示标志,设置临时防护设施,并派专人昼夜看守。施工作业完成后要立即恢复原状,并与有关单位办理验收交接手续。

六、声屏障

声屏障是指建于铁道线路两侧用以降低铁路运行噪声对噪声敏感点影响的构筑物,是铁路噪声污染防治的主要措施之一。

铁路声屏障一般设置于铁路路肩或桥梁作业栏杆处,位于线路一侧或双侧,距离近侧轨道中心线 3.4~4.2m 不等。声屏障设计、制造及施工安装等均应满足国家和行业相关标准及规范的要求。

铁路声屏障距离铁路线路较近,因此,声屏障设置应符合铁路建筑限界的规定,其安装强度必须保证铁路运输安全,满足铁路设施检修和维护的相关规定和要求,并不得影响其他行车设备的安全运行。

声屏障安全正常地发挥作用是确保其降噪效果和作用的重要前提。铁路声屏障长期处于交变荷载、震动作用下,且作用频率较高,比较容易造成螺栓、连接件松动、失效,声屏障单元板的破损等。同时,声屏障为室外建筑,长期受昼夜温差、雨水的作用,其钢构件可能生锈、腐蚀,橡胶条可能老化、失效。因此,声屏障应进行定期检查和维护。管理单位应加强声屏障状态检查,重点检查桥梁梁端、桥梁与路基过渡段声屏障状态,H 型钢立柱间距,声屏障插板入槽深度,声屏障立柱螺栓是否缺少、松动及失效,发现问题应及时处理。

路基声屏障连续长度超过 500m 时,应根据疏散和检修要求统一设置安全通道,安全通道外边坡处应有安全通行条件;桥梁声屏障安全通道应结合救援疏散通道设置。

复习思考

1.什么是铁路技术设备的标准化、系列化、模块化和信息化?

2.什么是铁路建筑限界和机车车辆限界?

3.什么是线间距? 直线地段列车运行速度 350km/h 区间线间距规定为多少?

4.高速铁路线路如何分类?

5.安全线的设置应符合哪些规定?

6.道岔有什么作用?

7.CTCS 的体系结构分为哪 4 层?

8.什么情况下需装备 CTCS-2、CTCS-3?

9.分散自律调度集中系统由哪三部分组成?

10."复兴号"动车组有哪些系列?

11.铁路行车安全监测设备主要有哪些?

12.我国铁路救援设备是如何布局的?

项目2

行车组织基础

❀ 项目内容

本项目主要介绍列车运行图、铁路区间通过能力的基本原理。

◎ 学习目标

1. 能力目标

了解列车运行图在铁路运输工作中的地位作用、执行要求。

2. 知识目标

了解列车运行图的编制方法,掌握执行要求。

3. 素质目标

树立安全正点意识,合理组织运输生产。

✜ 建议学时

4~6学时。

任务1　铁路行车组织认知

铁路行车组织是铁路运输工作的重要组成部分,是综合运用铁路各种技术设备,合理组织列车运行,以实现旅客和货物运输过程的生产计划与组织工作。高速铁路行车组织主要内容包括编组列车、调度指挥、列车运行、限速管理、调车工作、施工维修以及灾害天气、设备故障和非正常情况下行车等。

高速铁路行车组织工作,应根据《技规》有关要求办理。铁路局集团公司应根据《技规》规定的原则,结合具体运输生产条件,制定高速铁路《行细》。按照设计可开行货物列车的线路,需开行货物列车时,由铁路局集团公司根据具体设备情况制定有关行车组织办法。《行细》应包括以下主要内容:

(1)《技规》授权由铁路局集团公司规定或批准的事项。

(2)《技规》未做统一规定,铁路局集团公司需要补充的行车办法。

(3)根据管内信号、联锁、闭塞设备,线路、供电、信息设备,机车车辆类型及特殊地段的平、纵断面等特点,规定的特殊要求和注意事项。

(4)生产实践中创造的普遍推广的先进经验和行之有效的安全生产措施等。

高速铁路行车工作具有点多线长、多工种协同动作的特点,因此,高速铁路行车组织工作应当贯彻安全生产的方针,坚持高度集中、统一领导的原则。运输、机务、车辆、工务、电务、供电、信息、房建等部门要发扬协作精神,主动配合,紧密联系,协同动作,组织均衡生产,不断提高效率,挖掘运输潜力,完成运输计划任务。

一、车站行车作业

1. 车站分类

高速铁路车站分为集控站和非集控站。

集控站是指按调度集中基本操作方式,由列车调度员直接办理接发列车作业的车站(线路所);非集控站是指按调度集中基本操作方式,由车站值班员办理接发列车作业的车站(线路所)。

2. 车站行车作业要求

集控站由列车调度员负责指挥和办理行车,同时要求在车站行车室设置车务应急值守人员。车务应急值守人员在设备故障、施工维修、非正常等情况下,根据列车调度员指示办理相关作业,在集控站转为车站控制时,根据列车调度员指示,担当车站值班员,负责车站行车指挥和办理车站有关行车作业。

二、调度集中控制模式

1. 调度集中分散自律控制模式

调度集中分散自律控制模式分为中心操作方式、车站调车操作方式和车站操作方式。

(1)在中心操作方式下,调度终端具有信号设备的全部控制权,列车调度员对列车进路和调车进路均有操作权,车站对列车及调车进路均无操作权。

(2)在车站调车操作方式下,列车调度员对列车进路有操作权,对调车进路无操作权。而车站对调车进路有操作权,对列车进路无操作权。

(3)在车站操作方式下,车务终端具有信号设备的全部控制权,车站对列车及调车进路均有操作权,列车调度员对列车及调车进路均无操作权。

车站调度集中分散自律控制模式的基本操作方式由铁路局集团公司公布。

车站控制是指调度集中区段车站在车站操作方式或非常站控模式下,由车站值班员负责办理列车及调车进路的状态。

2. 非常站控模式

遇调度集中设备故障或通信中断等情况导致列车调度员(车站值班员)不能通过调度集中设备办理进路时,应将调度集中设备转为非常站控模式,使用联锁设备办理进路。

遇下列情况可转为非常站控模式:

(1)调度集中设备故障时;

(2)行车设备施工、维修需要时;

(3)发生危及行车安全的情况需要时。

三、高速铁路行车时刻

高速铁路的行车时刻,均以北京时间为标准,从零时起计算,实行 24 小时制。

铁路行车房舍内和办理行车工作的有关人员均应当备有钟表。钟表的时刻应当与调度所的时钟校对。

调度所的时钟及各系统的时钟须定期校准。铁路局集团公司应当规定钟表的配置、校对、检查、修理及时钟校准办法。

四、列车

列车是指按照《技规》和列车运行图等规定的编挂条件、重量或长度等要求编成的车列,并挂有机车及规定的列车标志。动车组列车为自走行固定编组列车。

单机、大型养路机械及重型轨道车,虽未完全具备列车条件,亦应按列车办理。

旅客列车的尾部标志应使用电灯,动车组以外的旅客列车尾部标志灯的摘挂、保管,由车辆部门负责。对中途转向的动车组以外的旅客列车应有备用标志灯,以备转向时使用。

1.列车按运输性质分类

(1)旅客列车(动车组列车,特快、快速、普通旅客列车等);

(2)路用列车。

2.列车运行等级顺序

列车运行等级顺序原则上按速度等级从高到低排序,同速度等级的列车原则上按以下等级顺序:

(1)动车组列车;

(2)特快旅客列车;

(3)快速旅客列车;

(4)普通旅客列车;

(5)路用列车。

开往事故现场救援、抢修、抢救的列车应优先办理。

特殊指定的列车或列车种类,其等级应在指定时确定。

3.列车运行方向

列车运行方向,原则上以开往北京方向为上行,反之为下行。国铁集团各线的列车运行方向,以国铁集团的规定为准,但枢纽地区的列车运行方向,由铁路局集团公司规定。

在双线区间,列车应按左侧单方向运行。仅限于整理列车运行时,方可使列车反方向运行;但旅客列车仅在正方向区间的线路封锁、发生自然灾害、因事故中断行车,以及正方向设备故障严重影响列车运行秩序而反方向自动站间闭塞设备良好等特殊情况下,经调度所值班主任(值班副主任)准许,方可反方向运行。

4.列车车次

列车须按有关规定编定车次。上行列车编为双数,下行列车编为单数。在个别区间,使用直通车次时,可与规定方向不符,列车车次按表2-1规定编排。

为确保列车车次全路统一性及有关行车设备和信息系统正常运行,列车车次编排仅限于使用大写汉语拼音字母和阿拉伯数字,总位数原则上不得超过7位。列车编用车次,旅客列车在全路范围、货物列车在铁路局集团公司管内不得重复,旅客列车车次由国铁集团确定。各铁路局集团公司不得超出上述车次规定范围擅自编造、自造使用车次。

季节性、特定时间段开行的动车组、全程客运机车牵引的临时旅客列车,可使用相应等级图定车次。

5.列车时刻表

北京西—香港西九龙G97次列车时刻表见表2-2。

列车车次编排   表 2-1

一、旅客列车					
列车种类	车次范围	说明	列车种类	车次范围	说明
1.高速动车组旅客列车	G1～G9998	"G"读"高"	7.普通旅客列车（120km/h）	1001～7598	
其中　直通	G1～G4998	G4001～G4998 为临客预留	（1）普通旅客快车	1001～5998	
其中　管内	G5001～G9998	G9001～G9998 为临客预留	其中　直通	1001～3998	3001～3998 为临客预留
2.城际动车组旅客列车	C1～C9998	"C"读"城" C9001～C9998 为临客预留	其中　管内	4001～5998	
3.动车组旅客列车	D1～D9998	"D"读"动"	（2）普通旅客慢车	6001～7598	
其中　直通	D1～D4998	D4001～D4998 为临客预留	其中　直通	6001～6198	
其中　管内	D5001～D9998	D9001～G9998 为临客预留	其中　管内	6201～7598	
4.直达特快旅客列车（160km/h）	Z1～Z9998	"Z"读"直"	8.通勤列车	7601～8998	
其中　直通	Z1～Z4998	Z4001～Z4998 为临客预留	9.临时旅客列车（100km/h）	L1～L9998	"L"读"临"
其中　管内	Z5001～Z9998	Z9001～Z9998 临客预留	其中　直通	L1～L6998	
5.特快旅客列车（140km/h）	T1～T9998	"T"读"特"	其中　管内	L7001～L9998	
其中　直通	T1～T3998	T3001～T3998 为临客预留	10.旅游列车（120km/h）	Y1～Y998	"Y"读"游"
其中　管内	T4001～T9998	T4001～T4998 为临客预留	其中　直通	Y1～Y498	
6.快速旅客列车（120km/h）	K1～K9998	"K"读"快"	其中　管内	Y501～Y998	
其中　直通	K1～K4998	K4001～K4998 为临客预留			
其中　管内	K5001～K9998	K5001～K6998 为临客预留			

二、特快货物班列		
列车种类	车次范围	说明
特快货物班列（160km/h）	X1～X198	"X"读"行"

	三、货物列车				
列车种类	车次范围	列车种类	车次范围	列车种类	车次范围
1.快运货物列车		兰州局	X2921~X2950	青藏公司	X971~X990
(1)快速货物班列 (120km/h)	X201~X398	青藏公司	X2971~X2990	(3)中欧、中亚集装箱班列, 铁水联运班列	X8001~X9998
(2)货物快运列车 (120km/h)	X2401~X2998 X401~X998	管内	X401~X998	中欧、中亚集装箱班列(120km/h)	X8001~X8998
直通	X2401~X2998	哈尔滨局	X401~X430	中亚集装箱	X9001~X9500
哈尔滨局	X2401~X2430	北京局	X481~X510	水铁联运班列	X9501~X9998
北京局	X2481~X2510	呼和浩特局	X541~X570	(4)普快货物班列	80001~81998
呼和浩特局	X2541~X2570	武汉局	X601~X630	2.煤炭直达列车	82001~84998
武汉局	X2601~X2630	济南局	X661~X690	3.石油直达列车	85001~85998
济南局	X2661~X2690	南昌局	X741~X770	4.始发直达列车	86001~86998
南昌局	X2741~X2770	南宁局	X811~X840	5.空车直达列车	87001~87998
南宁局	X2811~X2840	昆明局	X891~X920	6.技术直达列车	10001~19998
昆明局	X2891~X2920	乌鲁木齐局	X951~X970	7.直通货物列车	20001~29998
乌鲁木齐局	X2951~X2970	沈阳局	X431~X480	8.区段货物列车	30001~39998
沈阳局	X2431~X2480	太原局	X511~X540	9.摘挂列车	40001~44998
太原局	X2511~X2540	郑州局	X571~X600	10.小运转列车	45001~49998
郑州局	X2571~X2600	西安局	X631~X660	11.重载货物列车	71001~77998
西安局	X2631~X2660	上海局	X691~X740	12.自备车列车	60001~69998
上海局	X2691~X2740	广铁集团	X771~X810	13.超限货物列车	70001~70998
广铁集团	X2771~X2810	成都局	X841~X890	14.冷藏列车	78001~78998
成都局	X2841~X2890	兰州局	X921~X950		

各局的零散货物车辆,可挂入直达、直通、区段货物列车中。挂有装运跨局零散货物快运车辆的列车,在基本车次前加字母"X"。如:X28002 次

	四、单机和路用列车				
列车种类	车次范围	说明	列车种类	车次范围	说明
1.单机			(1)动车组检测列车	DJ1~DJ8998	
客车单机	50001~50998		300km/h 检测列车	DJ1~DJ998	
货车单机	51001~51998		直通	DJ1~DJ400	
小运转单机	52001~52998		管内	DJ401~DJ998	
2.补机	53001~54998		250km/h 检测列车	DJ1001~DJ1998	
3.动车组检测、确认列车			直通	DJ1001~DJ1400	

续上表

列车种类	车次范围	说明	列车种类	车次范围	说明
管内	DJ1401～DJ1998		7.救援列车	58101～58998	
(2)动车组确认列车	DJ5001～DJ8998		8.回送客车底列车	"00"均为数字	
直通	DJ5001～DJ6998		有火回送动车组车底	001～00100	
管内	DJ7001～DJ8998		无火回送动车组车底	00101～00298	
4.试运转列车	55001～55998		无火回送普速客车底	00301～00498	
普通客、货列车	55001～55300		回送图定客车底:图定车次前冠以数字"0"		
300km/h 以上动车组	55301～G55500		因故折返旅客列车:原车次前冠以"F"读"返"		
250km/h 动车组	55501～D55998				
5.轻油动车、轨道车	56001～56998				
6.路用列车	57001～57998				

北京西—香港西九龙 G97 次列车时刻表　　　　　　表 2-2

车站名	站次	到站时间	发车时间	里程(km)	速度(km/h)
北京西	1		10:00	0	
石家庄	2	11:07	11:09	281	251
郑州东	3	12:31	12:34	693	301
武汉	4	14:17	14:20	1229	312
长沙南	5	15:38	15:41	1591	278
广州南	6	18:01	18:06	2298	303
深圳北	7	18:35	18:40	2400	211
香港西九龙	8	18:58		2439	130

五、行车工作原则

(1)高速铁路行车工作应当坚持集中领导、统一指挥、逐级负责的原则。

①局与局间由国铁集团,局管内各区段由铁路局集团公司,一个调度区段内由本区段列车调度员统一指挥。

②高速铁路列车调度台原则上应当独立设置,高速铁路与普速铁路间联络线的行车调度指挥原则上纳入高速铁路调度指挥。

③集控站由该区段列车调度员直接指挥;转为车站控制时,根据列车调度员指示,由车站值班员指挥。非集控站由车站值班员统一指挥。

④列车和单机由司机负责指挥。列车或者单机在车站时,所有乘务人员应当按列车调度员(车站控制时为车站值班员)的指挥进行工作。司机等相关人员应当直接向列车调度员报告有关行车工作;在非集控站及转为车站控制的集控站,应当向车站值班员报告。

（2）遇发生影响行车的设备故障（列车设备故障除外）时，原则上应先处理故障，后组织行车。设备故障暂时无法修复，确需组织行车时，应当根据有关行车限制条件组织行车。

（3）遇有暴风雨雪天气或者地震，工务、电务、供电等设备管理单位应当加强对重点地段和设备的检查。在天窗时间外，检查人员不得进入路肩和桥面范围内，必要时应当封锁或者限速，并做好防护后再检查。发现影响行车安全时，应当及时通知列车调度员限速运行或者封锁线路。

六、对行车有关人员的要求

铁路局集团公司应制定高速铁路主要行车工种岗位准入制度。高速铁路主要行车工种岗位人员的选拔，要按照岗位标准的基本素质要求，严格按条件、程序进行。

1.身体要求

（1）行车有关人员，在任职前必须经过健康检查，身体条件不符合拟任岗位职务要求的，不得上岗作业。

（2）任职期间，行车有关人员要定期进行身体检查，身体条件不符合任职岗位要求的，应当调整工作岗位。

2.培训要求

（1）行车有关人员，在任职、提职、改职前，必须按照铁路职业技能培训规范和相应岗位培训规范要求，进行拟任岗位资格性培训，并经职业技能鉴定和考试考核，取得相应职业资格证书和岗位培训合格证书后，方可任职。

（2）任职期间，行车有关人员须按规定参加岗位适应性培训和定期考核鉴定，考核不合格的不得继续履职。

（3）对行车有关人员，应当进行日常安全生产知识和劳动纪律的教育、考核，并有计划地组织好在职人员的日常政治和技术业务学习。

（4）驾驶机车、动车组、自轮运转特种设备（铁路救援起重机除外）的人员，必须持有国家铁路局集团公司颁发的相应类别的驾驶证。变更驾驶机（车）型前，应经过相应的技术培训并考试合格。

3.执行职务要求

（1）行车有关人员在执行职务时，应坚守岗位，穿着规定的服装，佩戴易于识别的证章或者携带相应证件，讲普通话。

（2）实习和学习驾驶机车、动车组、自轮运转特种设备和操纵信号或者重要机械、设备及办理行车作业的人员，必须在正式值乘、值班人员的亲自指导和负责下，方准操作。

（3）行车有关人员，接班前应当充分休息，严禁饮酒，如有违反，立即停止其所承担的任务。

铁路局集团公司应建立高速铁路主要行车工种岗位人员定期考核鉴定制

度,对高速铁路岗上人员,依据个人专业技能水平、安全生产、工作业绩等情况,按照岗位标准要求,进行定期考核鉴定;对经考核不符合岗位要求的人员,应及时调整其工作岗位。

七、车站值守

(1)集控站设车务应急值守人员,由车务具有车站值班员职位的人员担任。

(2)车务应急值守人员在车站行车室(设置有调度集中车站控制终端的处所)值守。具体值守工作制度由所属铁路局集团公司规定。

(3)车务应急值守人员的要求,在正常情况下,集控站由列车调度员负责指挥和办理行车,车务应急值守人员不参与行车工作。在设备故障、施工维修、非正常行车等情况下,有些作业列车调度员无法直接办理,由车务应急值守人员按列车调度员指示办理。

①向司机等相关人员递交书面调度命令。当调度命令无线传送系统故障且不能使用列车无线调度通信设备发布转达调度命令,以及列车调度员无法直接向相关人员发布调度命令等情况时,车务应急值守人员根据列车调度员指示向司机等相关人员递交书面调度命令。

②遇道岔失去表示、停电等非正常情况,需现场准备进路办理行车时,车务应急值守人员负责与列车调度员联系有关行车事宜,组织电务、工务等人员采取现场手摇道岔等方式准备进路。

③遇设备故障及轨道电路分路不良需人工确认线路空闲等情况,组织工务、电务等人员进行检查、确认。

④施工路用车辆及自轮运转特种设备需在车站停留时,使用单位应派人负责看守。其他车辆在车站到发线停留时,由车站人员(车务应急值守人员或其他胜任人员)对其防溜措施进行检查、确认。

⑤遇有车辆故障或发生事故等特殊情况,车辆在车站停放及挂运时,车务应急值守人员与司机办理故障车、事故车有关随车运输票据和回送单据的交接、保管工作。

⑥组织应急救援,完成信息传递和其他需现场了解、检查确认的工作。

电务、工务人员应根据车务应急值守人员指示,协助办理有关作业。

采用车站调车操作方式的车站,调车进路只能由车站办理,车务应急值守人员还应担当调车领导人,下达调车作业计划并负责办理调车进路。

八、列车乘务

1.列车乘务组

根据列车的任务、编组内容和运行条件的不同,要求配备不同的列车服务人员,组成列车乘务组。

(1)动车组司机负责操纵动车组列车,机车乘务组负责操纵机车,完成列车牵引任务,负责本列车在区间的行车指挥工作。

(2)随车机械师负责动车组列车途中检修、故障处理工作,车辆乘务人员负责动车组以外的其他旅客列车车辆途中检修、故障处理工作。

(3)客运乘务组负责组织旅客上、下车,保证车内卫生、提供旅客文化生活、饮食供应等服务工作。客运乘务组一般由列车长、广播员、列车员及餐车工作人员等组成。

2.动车组列车司机的要求

动车组列车由司机负责指挥,应严格执行规章制度和操作规程,加强与车站、列车调度员的联系,正确、及时处理列车运行中发生的各种问题,确保列车运行安全正点。

(1)开车前司机要选定机车综合无线通信设备的通信模式和运行线路,机车综合无线通信设备、GSM-R手持终端按规定注册列车车次,并确认正确。装备列车运行监控装置的动车组列车还应按规定输入监控装置有关数据。

(2)遵守列车运行图规定的运行时刻和各项允许及限制速度。彻底瞭望,确认信号,执行呼唤应答制度,严格按信号显示要求行车,确保列车安全正点。遇有信号显示不明或者危及行车和人身安全时,应立即采取减速或者停车措施。

(3)机车信号、机车综合无线通信设备、列车运行监控装置、列控车载设备必须全程运转,严禁擅自关机、隔离。运行途中,遇机车信号、列车运行监控装置(列控车载设备)发生故障时,司机应立即报告车站值班员或者列车调度员。动车组列车按列车运行监控装置方式行车时,遇机车信号、列车运行监控装置发生故障,应根据实际情况掌握速度运行,运行至前方站停车处理;在自动闭塞区间,机车信号、列车运行监控装置发生故障时,列车运行速度不超过40km/h。动车组列车按列控车载设备方式行车时,遇列控车载设备发生故障,应根据调度命令停车,转为列车运行监控装置控车方式或者隔离模式运行;转为隔离模式运行时,列车运行速度不超过40km/h。

(4)运行途中,司机不能使用机车综合无线通信设备进行通话时,应立即使用GSM-R手持终端或者无线对讲设备报告车站值班员(列车调度员);如GSM-R手持终端及无线对讲设备也不能进行通话,司机应当在前方站停车报告。

(5)起动稳,加速快,精心操纵,停车准确,按规定鸣笛。

(6)注意操纵台各种仪表及车载信息监控装置的显示。

(7)正常情况在列车运行方向最前端司机室操纵,非操纵端司机室门、窗及各操纵开关、手柄均应当置于断开或者锁闭位。关闭非操纵端司机室机车综合无线通信设备电源。

(8)动车组列车停车后,必须使列车保持制动状态。更换动车组司机(同向换乘除外)或者司机室操纵端、使用紧急制动停车、重联或者解编后再开车时,必须进行相关试验。

(9)等、会列车时,不准关闭辅助电源装置,并应按规定显示列车标志。

(10)负责向列车有关乘务人员传达列车调度员的有关命令、指示,同时将列车运行中发生的问题及使用紧急制动装置的情况,及时报告列车调度员。

3.动车组以外列车司机的要求

动车组以外的列车司机是机车乘务组的负责人,应带领乘务人员严格执行规章制度和操作规程,加强与车站、列车调度员的联系,正确、及时处理列车运行中发生的各种问题,确保列车运行安全正点。

动车组以外的列车司机在列车运行中,应做到:

(1)列车在出发前输入监控装置有关数据;按规定对列车自动制动机进行试验,在制动保压状态下列车制动主管的压力1min内漏泄不得超过20kPa,确认列尾装置作用良好。

装备机车综合无线通信设备的机车,开车前司机要选定机车综合无线通信设备的通信模式和运行线路。在GSM-R区段运行时,机车综合无线通信设备、GSM-R手持终端按规定注册列车车次,并确认正确。

(2)遵守列车运行图规定的运行时刻和各项允许及限制速度。彻底瞭望,确认信号,认真执行呼唤应答制度,严格按信号显示要求行车,确保列车安全正点。遇有信号显示不明或者危及行车和人身安全时,应立即采取减速或者停车措施。

(3)机车信号、列车无线调度通信设备、列车运行监控装置(轨道车运行控制设备)和列尾装置必须全程运转,严禁擅自关机。

运行途中,遇列尾装置、机车信号、列车运行监控装置(轨道车运行控制设备)发生故障时,司机应立即使用列车无线调度通信设备报告车站值班员或者列车调度员,并根据实际情况掌握速度运行;遇机车信号、列车运行监控装置(轨道车运行控制设备)发生故障时,司机应控制列车运行至前方站停车处理或者请求更换机车,在自动闭塞区间,列车运行速度不超过20km/h;遇列车无线调度通信设备发生故障时,司机应在前方站停车报告。

(4)起动稳,加速快,精心操纵,停车准确,按规定鸣笛,防止列车冲动和断钩。

(5)随时检查机车总风缸、制动主管的压力。检查内燃机车柴油机的润滑油压力、冷却水的温度及其转数等情况。注意电力机车的各种仪表的显示及接触网状态。

(6)在区间内列车停车进行防护、分部运行、装卸作业或者使用紧急制动阀停车后再开车时,司机必须检查试验列车制动主管的贯通状态,确认列车完整,具备开车条件后,方可起动列车。

(7)单机、自轮运转特种设备在自动闭塞区间紧急制动停车或者被迫停在调谐区内时,司机须立即通知后续列车司机、向列车调度员(两端站)报告停车位置(具备移动条件时司机须先将机车移动不少于15m),并在轨道电路调谐区外使用短路铜线短接轨道电路。

（8）等、会列车时，不准关闭空气压缩机，并应按规定显示列车标志。

（9）负责货运票据的交接与保管。

（10）应将列车运行中发生的问题及使用紧急制动阀的情况，及时报告列车调度员。

4.随车机械师的要求

（1）随车机械师应按技术作业过程的规定检查动车组。

（2）在列车运行途中，应监控动车组设备技术状态，及时处理车辆故障，经处置确认无法正常运行时，通知司机选择维持运行或者停车。

（3）随车机械师应配备 GSM-R 手持终端和无线对讲设备及响墩、火炬、短路铜线、信号旗（灯）等防护用品（只在仅运行动车组的线路上运行的可不配响墩、火炬），在值乘中还应当做到：

①列车发生紧急制动停车后，联系司机，检查车辆技术状态，可继续运行时通知司机开车。

②向司机通报使用紧急制动装置的情况，并协助司机处理有关行车事宜。

5.车辆乘务人员的要求

车辆乘务人员应按技术作业过程的规定检查车辆，并参加制动试验。在列车运行途中，应监控车辆运用状态，及时处理车辆故障，并将本身不能完成的不摘车检修工作，预报前方站列检。前方站列检应积极组织人力修复车辆故障，保持原编组运用。是否摘车检修，由当地列检决定并处理。

车辆乘务员应配备列车无线调度通信设备及响墩、火炬、短路铜线、信号旗（灯）等防护用品，在值乘中还应做到：

（1）列尾装置故障时，列车出发前、停车站进站前和出站后，应按规定与司机核对列车尾部风压；

（2）列车发生紧急制动停车后，联系司机，检查车辆技术状态，可继续运行时通知司机开车；

（3）向司机通报使用紧急制动阀的情况，并协助司机处理有关行车事宜。

6.紧急制动阀（紧急制动装置）**的使用**

遇下列情况，车辆乘务员、客运乘务组应使用紧急制动阀（紧急制动装置）停车。

（1）车辆燃轴或者重要部件损坏；

（2）列车发生火灾；

（3）有人从列车上坠落或者线路内有人死伤；

（4）其他危及行车和人身安全必须紧急停车时。

为慎重使用及便于检查紧急制动阀使用情况，平时在阀手把口施有铅封。在使用紧急制动阀时，不必先行破封，直接将阀手把向全开位置拉动，直到全开为止。在拉动过程中不得停顿和关闭阀手把，中途关闭会造成列车中部分车辆处于制动,部分车辆处于缓解,容易发生列车断钩。遇弹簧手把时,在列车完全停车以前不得松手。

动车组列车运行速度高,遇上述情况时,随车机械师、客运乘务组等列车乘务人员应立即报告司机采取停车措施,以避免使用紧急制动装置给动车组带来损害;来不及报告时,应使用客室紧急制动装置停车。

列车乘务人员应将使用紧急制动阀(紧急制动装置)的情况报告司机。

7. 登乘机车、动车组的规定

机车乘务组、动车组司机以外人员,登乘机车、动车组司机室时,凭登乘证件,在不影响乘务人员工作的前提下,经检验准许后方可登乘。

任务 2　车站技术管理

一、车站技术管理的要求

(1)集控站不编制《车站行车工作细则》(简称《站细》),非集控站是否编制《站细》由铁路局集团公司根据具体情况规定。

(2)因新建、改建工程发生行车设备变化时,施工单位应在设备开通 30 日前向设备管理单位、使用单位、铁路局集团公司业务部门提供相关技术资料。经审核后,铁路局集团公司于开通 10 日前统一公布。

二、设备管理单位应提供的资料

设备管理单位应将核准的技术资料向车站(车务段)提供,以便车站行车人员正确掌握和使用技术设备,根据信号设备控制条件、线路坡度等采取相应的安全措施,确保接发列车与调车作业的安全。相关单位应在提供的技术资料上加盖单位公章,与车站进行签字交接。对侵入限界的设备不能立即整治时,应提出行车限制条件。

1. 工务部门

(1)车站平面图、纵断面资料。

车站平面图中应包括车站中心里程,各股道编号、线间距,道岔编号,路产与非路产岔线、段管线分界点、曲线半径等。车站纵断面资料应包括站内正线、站线、段管线,标有起止点的实际逐段坡度。

(2)股道表、道岔表、坡度表、特大桥表。

(3)进站信号机外最大制动距离内实际逐段坡度和曲线数据。

(4)工务设备建筑限界,对侵限设备应注明具体侵限部位及侵限数据。

(5)站线(不含到发线)、段管线允许速度。

(6)疏散通道位置。

2.电务部门

(1)信号设备平面布置图(含信号机中心里程位置、线路有效长)、联锁图表及特殊联锁说明、进站信号机接近区段闭塞分区数量、控制台及其他控制设备盘面图、设备基本性能和使用方法。

(2)级间转换点及说明、无线闭塞中心、中继站管辖范围、特殊用途应答器设置地点和作用等列控系统资料。

(3)道岔定位开通位置、联动道岔或单动。

(4)出站信号机兼用方式。

(5)GSM-R 系统与无线列调系统通信模式转换点。

(6)有线、无线通信设备的类型、用途、操作使用方法、设置处所、通信频率等资料。

电务设备建筑限界,对侵限设备应注明具体侵限部位及侵限数据。

3.供电部门

(1)接触网高度,分相绝缘器中心位置、起止点和无电区长度、分段绝缘器位置,供电分段平面示意图,隔离开关位置、是否远动。供电臂起止里程和供电范围,接触网终点标位置。

(2)照明、灯塔等设备的数量、位置、能力(量),负荷级别、供电来源与方式。

(3)供电设备建筑限界,对侵限设备应注明具体侵限部位及侵限数据。

(4)水塔、水栓等设备的数量、位置、能力,给水来源及方式。

4.房建部门

(1)候车室、行车房舍使用面积,站台、风雨棚、天桥的长度、宽度和高度,天桥、地道资料。

(2)房建设备建筑限界,对侵限设备应注明具体侵限部位及侵限数据。

5.机务部门

站内机车整备设备规模、整备地点及供应能力。

6.信息部门

车站与行车有关的信息系统的设备、使用维护办法。

其他设备管理部门也应按规定提供相关资料。

三、安全线开通位置

安全线是防止列车或机车、车辆从一进路进入另一列车或机车、车辆占用的进路而发生冲突的一种安全隔开设备。为保证安全,规定引向安全线的道岔除使用、清扫、检查或修理时外,均须保持向安全线开通的位置,如图2-1所示。

四、车站道岔编号

为便于道岔使用管理、维修和互相配合工作,道岔应统一顺序编号,保证号码一致。道岔编号应以竣工图纸为准,按以下原则进行编号。

(1)道岔编号按上、下行咽喉统一顺序编号。由上行列车到达方向起,顺序编为双号;由下行列车到达方向起,顺序编为单号,如图2-1所示。

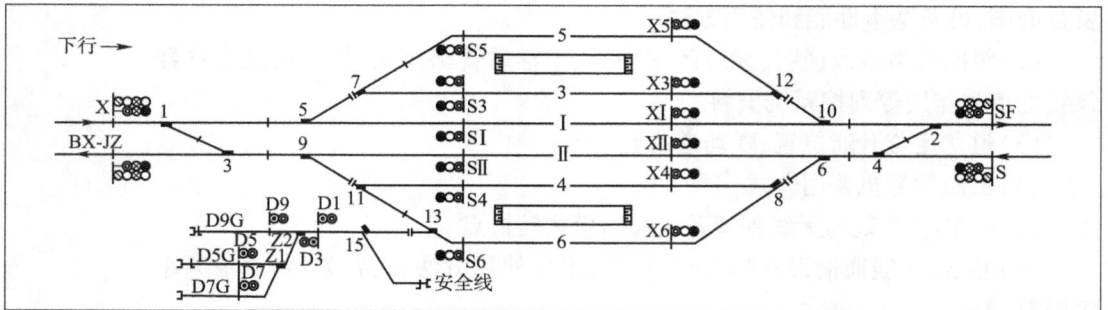

图2-1　安全线道岔定位示意图

上下行方向的划分:车站值班员室(信号楼)位于站中心附近时,以车站值班员室(信号楼)中心线为界;车站值班员室(信号楼)距站中心较远时,以车站(车场)中心线为界。

(2)尽头站向线路终点方向顺序编号,上行列车到达方向编为双号,下行列车到达方向编为单号。

(3)每一道岔应有单独的号码。渡线道岔(如图2-1中1、3号,2、4号道岔),以及同一联结线上的数个道岔(如图2-1中5、7号,6、8号道岔)均应连续编号。

(4)设计部门必须做到站场和信号设计编号一致。

五、车站股道编号

(1)单线铁路的车站,从靠近站舍(信号楼)的线路起,向远离站舍(信号楼)方向顺序编号(包括正线在内);位于站舍(信号楼)左右或后方的股道,在站舍前的股道编完后,再由正线一侧向外顺序编号。编号时为区别正线和站线,在示意图上正线用罗马数字填记,站线用阿拉伯数字填记。

(2)双线铁路的车站,从正线起按列车运行方向分别向外顺序编号,上行为双数,下行为单数,如图2-2所示。

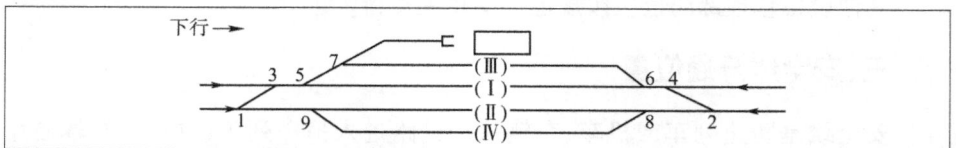

图2-2　双线区段车站线路编号示意图

(3)尽头式车站,站舍(信号楼)位于线路终点处时,股道号码应向终点方向由左侧开始顺序编号;站舍(信号楼)位于线路一侧时,从靠近站舍的线路起,向远离站舍方向顺序编号。

(4)为便于客运组织,特大、大型客运车站,应以主站房基本站台为准,从靠近主站房的线路起,向远离主站房方向顺序编号。划分多个车场时,各车场股道应当按顺序连续编号,不按车场别单独编号。

任务3　列车运行图

列车运行图是运用坐标原理对列车运行时间、空间关系的图解表示。在列车运行图上,对列车运行时空过程的图解可以有两种不同的形式。其一为以横坐标表示时间,纵坐标表示距离。这时,列车运行图上的水平线表示分界点的中心线,水平线间的间距表示分界点间的距离;垂直线表示时间;斜线表示列车运行线。其二为以横坐标表示距离,纵坐标表示时间。这时,列车运行图上的水平线表示时间;垂直线表示分界点中心线,垂直线间的间距表示分界点间的距离;斜线表示列车运行线。目前我国铁路列车运行图一般采用第一种图形表示形式。

列车运行图(图2-3)是列车运行时刻的图解,是列车在铁路区间运行及在车站到发或通过时刻的技术文件。它规定各次列车占用区间的顺序,列车在每个车站的到达和出发(或通过)时刻,列车在区间的运行时间,列车在车站的停站时间以及机车交路、列车重量和长度等。

列车运行图是全路组织列车运行的基础,是铁路运输综合性计划。全路所有运输生产部门都必须严格围绕列车运行图展开工作。列车运行图也是列车调度员指挥列车运行的基本依据和手段。

一、列车运行图的分类

1.按时间线间隔的大小分类

按时间线间隔的大小,列车运行图可分为二分格运行图、十分格运行图和小时格运行图。时间线以2min为单位的运行图,称为二分格运行图,如图2-4a)所示。时间线以10min为单位的运行图,称为十分格运行图,如图2-4b)所示。时间线以小时为单位的运行图,称为小时格运行图。

二分格运行图主要供编制运行图使用,十分格运行图主要供列车调度员在日常调度指挥工作中编制调度列车运行调整计划和绘制实绩运行图时使用,小时格运行图主要在编制旅客列车方案图和机车周转图时使用。

2.按区间正线数分类

按区间正线数,列车运行图可分为单线运行图、双线运行图和单双线运行图。

在单线区段采用的运行图称为单线运行图,如图2-5所示。在单线区段,上下行方向列车都在同一正线上运行,列车的交会、越行只能在车站上进行。

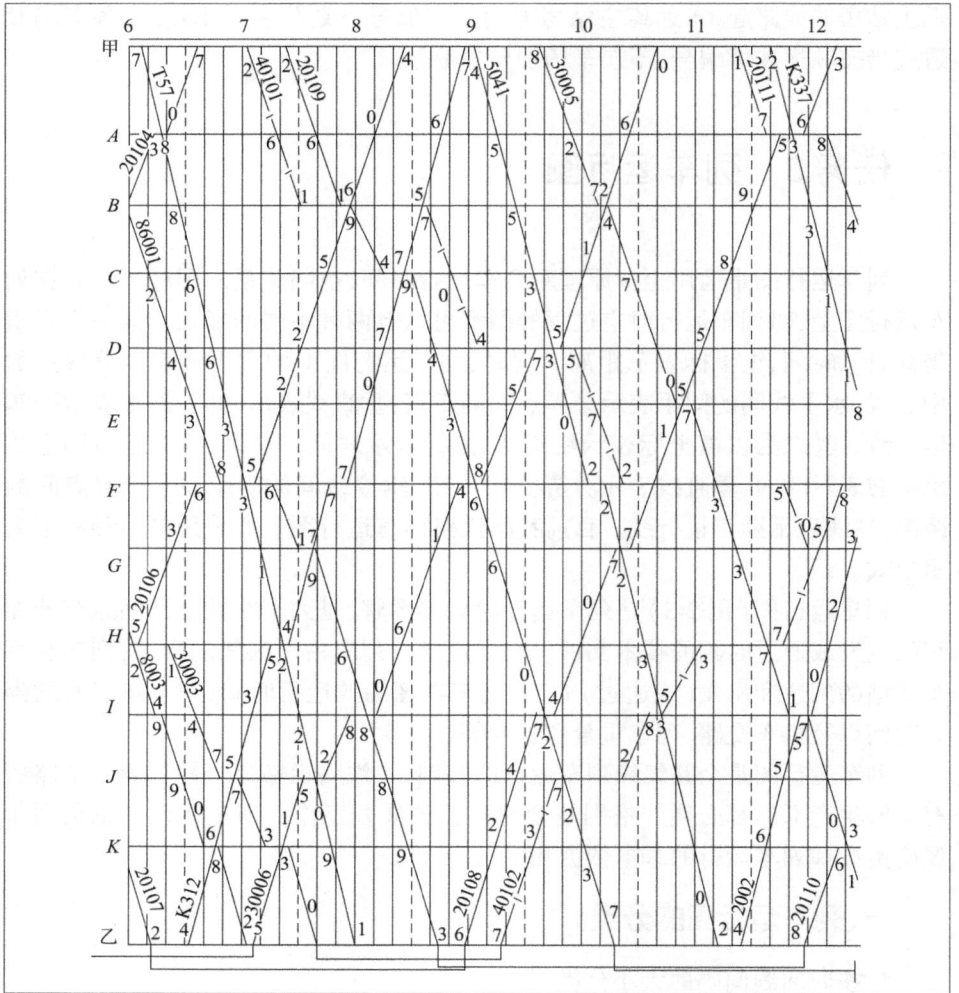

图2-3 列车运行图

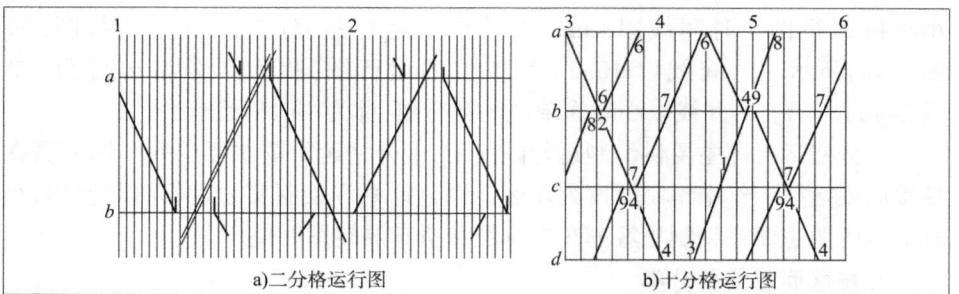

图2-4 按时间间隔大小运行图

　　在双线区段采用的运行图称为双线运行图,如图2-6所示。在双线区段,列车的交会可在区间内或车站上进行,但列车的越行必须在车站上进行。

　　在一个区段兼有单线运行图和双线运行图的列车运行图称为单双线运行图,如图2-7所示。

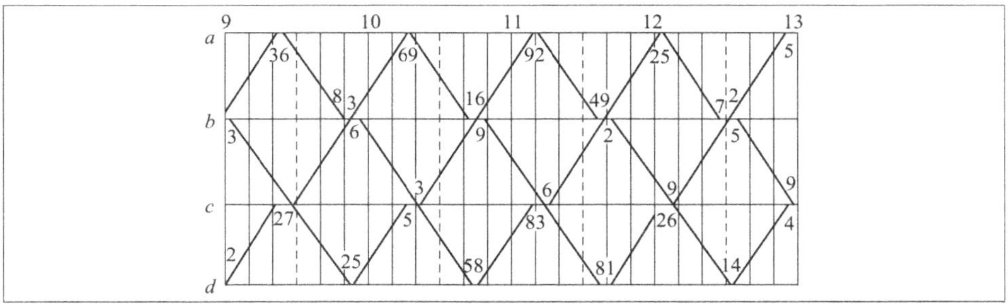

图2-5　单线成对平行运行图

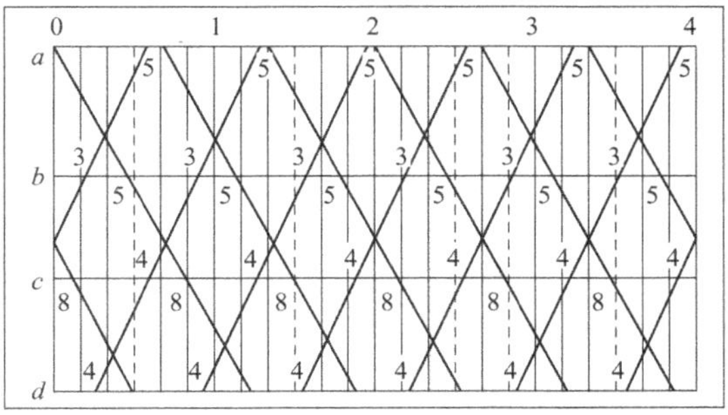

图2-6　双线成对平行运行图

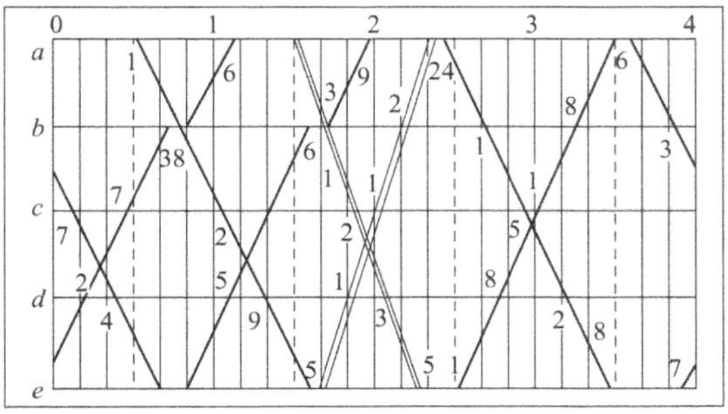

图2-7　单双线运行图

3. 按列车区间运行速度分类

按列车区间运行速度,列车运行图分为平行运行图和非平行运行图。

在全区段上,同一区间内同方向列车运行线相互平行的运行图称为平行运行图,如图2-5和图2-6所示。在全区段上,同一区间内同方向列车运行线不相平行的运行图称为非平行运行图,如图2-8所示。

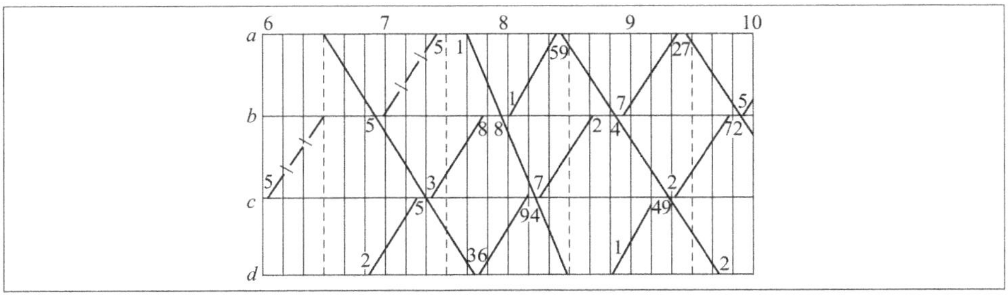

图2-8　单线非平行运行图

4. 按上下行方向列车数分类

按上下行方向列车数,列车运行图分为成对运行图和不成对运行图。同一区段内上下行方向列车数目相等的列车运行图,称为成对运行图,如图2-5和图2-6所示。同一区段内上下行方向列车数目不相等的列车运行图,称为不成对运行图,如图2-9所示。

5. 按同方向列车运行方式分类

按同方向列车运行方式,列车运行图分为追踪运行图和非追踪运行图。

在非自动闭塞区段上,同方向列车的运行以站间或所间区间为间隔的运行图称为非追踪运行图,如图 2-9 所示。

在装有自动闭塞的单线或双线区段上,全部或部分同方向运行的列车以闭塞分区为间隔的运行图称为追踪运行图,如图 2-10 所示。

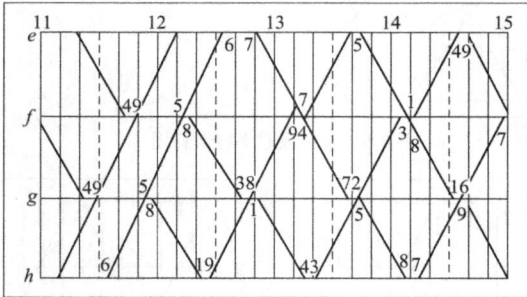

图 2-9　单线非追踪不成对运行图　　　　图 2-10　双线追踪非平行运行图

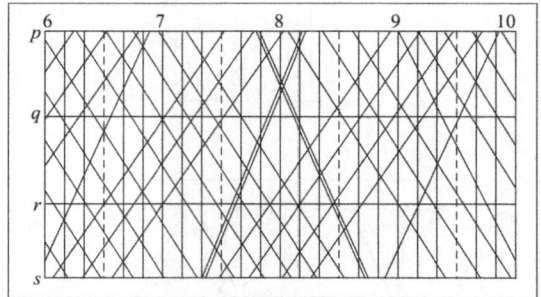

上述分类都是针对列车运行图的某一特点而加以区别的。实际上,每张列车运行图都具有多方面的特点,例如某一区段的列车运行图,如图 2-10 所示,它既是双线的、非平行的,又是追踪的。

二、列车运行图要素

列车运行图虽有各种不同的类型,但它总是由一些基本要素所组成。因此,在编制列车运行图之前,必须首先确定组成列车运行图的各项要素。

列车运行图要素包括:列车区间运行时分,列车在中间站的停站时间,机车在基本段和折返点所在站的停留时间标准,列车在技术站和客货运站的技术作业时间标准,车站间隔时间,追踪列车间隔时间。

1. 列车区间运行时分

列车区间运行时分是指列车在两相邻车站或线路所之间的运行时间标准,它由机务部门采用牵引计算和牵引试验相结合的方法按运行方向和列车种类分别查定。

列车区间运行时分按车站中心线或线路所通过信号机之间的距离计算。当到发场中心线与车站中心线不一致时,按到发场中心线计算(图 2-11)。

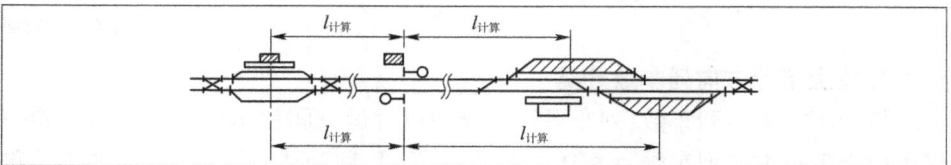

图 2-11　计算车站或线路所间列车区间运行时分距离图

由于旅客列车和货物列车的运行速度各不相同,上下行方向的线路平面、纵断面条件和列车重量也不相同,所以列车区间运行时分应按列车种类和运行方向分别查定。此外,列车区间运行时分还应根据列车在每一区间两个车站上不停车通过和停车两种情况分别查定。列车不停车通过两个相邻车站(或车场)中心线所需的区间运行时分称为区间纯运行时分。列车到站停车的停车附加时分(列车到站停车比不停车通过车站时所增加的运行时分)和停站后出发的起动附加时分(列车由车站起动出发比不停车通过车站时所增加的运行时分),应根据机车类型、列车重量以及进出站线路平面、纵断面条件查定。例如:A—B 区间的上行纯运行时间 $t'' = 14\text{min}$,下行纯运行时间 $t' = 15\text{min}$,A 站和 B 站起动附加时间均为 2min,即 $t_{起}^{A} = t_{起}^{B} = 2\text{min}$;A 站和 B 站停车附加时间均为 1min,即 $t_{停}^{A} = t_{停}^{B} = 1\text{min}$,则 A—B 区间的运行时分可以缩写为:

上行:14_{2}^{1}　　下行:15_{1}^{2}

2. 列车在中间站的停站时间

(1)列车在中间站停站原因:

①进行必要的技术作业,如在采用补机地段的起点站和终点站上进行摘挂机车作业、在长大下坡道之前的车站上进行试风和列车技术检查,机车乘务组连续工作时间超过规定标准中途换班等;

②客货运作业,如旅客乘降,行李、包裹、邮件的装卸,车辆摘挂,货物的装卸等;

③列车在中间站的会车和越行。

(2)停站时间的确定:客货运作业停站时间应根据列车种类分别规定。对旅客列车规定旅客乘降、行李包裹和邮件的装卸所需要的停站时间;对摘挂列车规定摘挂车辆、取送车及不摘车装卸作业所需要的停站时间。

列车进行技术作业和客货运作业的时间标准,由每一车站用分析计算和实际查标相结合的方法分别确定。列车在中间站的各项作业,应尽可能平行进行。在满足实际需要的条件下,应最大限度地缩短列车停站时间,以提高列车的旅行速度。

3. 机车在基本段和折返点所在站停留时间标准

机车在基本段和折返点所在站停留时间标准,取决于机车的运用方式。铁路机车的基本运用方式可有:肩回运转制交路、半循环运转制交路、循环运转制交路和环形运转制交路等。

机车在基本段和折返点所在站办理必要作业所需要的最小时间,称为机车在基本段和折返点所在站的停留时间标准。机车在折返点所在站应办理的作业有:在到发线上的到达作业,包括到达试风、摘机车、准备机车入段进路等,机车入段走行,机车在段内作业,机车出段走行;在到发线上的出发作业,包括挂机车、出发试风等。综合以上各项作业所需要的时间,便可得出机车在折返点所在站的停留时间标准。图 2-12 表示,10001 次列车机车自到达折返点所在站之时起至牵引 10004 次列车出发时止,在该站的停留时间(包括在段内的停留时

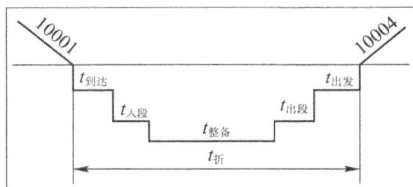

图 2-12　机车在折返点所在站作业过程图

间)为:

$$t_{折} = t_{到达} + t_{入段} + t_{整备} + t_{出段} + t_{出发} \quad (min)$$

上列各项作业时间,可根据分析计算和查标相结合的方法确定。

在机务基本段所在站,不采用循环运转制时,机车也需办理上述各项作业,而且整备作业要更加细致些,因而整备时间也要更长一些。

在编制运行图前,机务部门必须对每一牵引区段的机车分别查定办理各项作业的时间标准,并规定机车在基本段和折返点所在站的停留时间标准。

4.列车在技术站和客货运站的技术作业时间标准

为了保证车站与区段工作协调,必须编制与车站技术作业过程相配合的列车运行图。因此,在编制列车运行图时,需具备技术站、客货运站技术作业过程的主要作业时间标准,它包括:

(1)在到发车场内办理各种列车作业的时间标准;

(2)在驼峰或牵出线上解体和编组列车的时间标准;

(3)旅客列车车列在配属段、折返所所在站的停留时间标准;

(4)货运站办理整列或成组装卸作业时间标准。

上述标准,一般可根据《站细》确定。

5.车站间隔时间

车站间隔时间是指在车站上办理两列车的到达、出发或通过作业所需要的最小间隔时间。在查定车站间隔时间时,应遵守有关规章的规定及车站技术作业时间标准,以保证行车安全和最有效地利用区间通过能力。

常用的车站间隔时间包括不同时到达间隔时间、会车间隔时间、同方向列车连发间隔时间等几种,其值大小与车站信号、道岔操纵方法、车站邻接区间的行车闭塞方法,以及车站类型、接近车站线路的平、纵断面情况,机车类型,列车重量和长度等因素有关。在编制新列车运行图之前,每个车站都应根据具体条件,查定各种车站间隔时间。

1)不同时到达间隔时间($\tau_{不}$)

单线区段相对方向列车在车站交会时,从某一方向列车到达车站时起至相对方向列车到达或通过该站时止的最小间隔时间,称为不同时到达间隔时间,如图2-13所示。为了提高货物列车的旅行速度,除上下行列车在同一车站上都有作业需要停站外,原则上应使交会的两列车中的一列通过车站,因此在运行图上较常采用的是一列停车、一列通过的不同时到达间隔时间。

为确保行车安全,在进站信号机外制动距离内进站方向为超过《技规》规定的下坡道,而接车线末端又无隔开设备的车站,禁止办理相对方向同时接车。凡不能办理相对方向同时接车的车站,由相对方向到站停车的两列车也须保持必要的不同时到达间隔时间。

2)会车间隔时间($\tau_{会}$)

在单线区段,自某一方向列车到达或通过车站之时起,至由该站向这个区间发出另一对向列车时止的最小间隔时间,称为会车间隔时间,如图 2-14 所示。

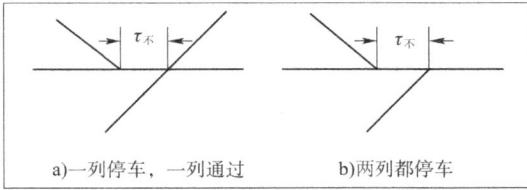

a)一列停车,一列通过　　　b)两列都停车

图 2-13　不同时到达间隔时间图

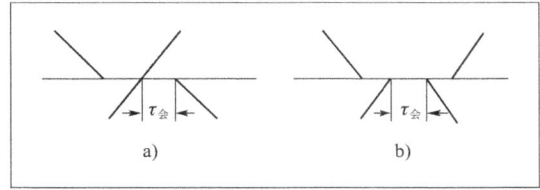

a)　　　　　b)

图 2-14　会车间隔时间图

会车间隔时间由车站值班员监督列车到达或通过后,向这个区间发出另一列车所需办理必要作业的作业时间组成,根据各站信联闭设备条件及其作业内容查定。

3)同方向列车连发间隔时间($\tau_{连}$)

在单线或双线区段上,自列车到达或通过邻接的前方站时起至本站再向该区间发出另一同方向列车时止的最小间隔时间,称为同方向列车连发间隔时间。根据列车在前后两站停车或通过的不同情况,连发间隔时间可有下列四种形式:

(1)前行列车前方站通过,后行列车本站通过,如图 2-15a)所示;

(2)前行列车前方站停车,后行列车本站通过,如图 2-15b)所示;

(3)前行列车前方站通过,后行列车本站出发,如图 2-15c)所示;

(4)前行列车前方站停车,后行列车本站出发,如图 2-15d)所示。

按照连发间隔时间组成因素的不同,可以将上述四种形式的连发间隔时间归纳为两种类型。第一种类型为图 2-15a)、b)所示两种形式,其共同点是列车均在本站通过,其不同点仅在于前者是前方站车站值班员监督列车通过,后者是监督列车到达。第二种类型为图 2-15c)、d)所示两种形式,其共同点是列车均在本站出发,其不同点仅在于前者是前方站车站值班员监督列车通过,后者是监督列车到达。

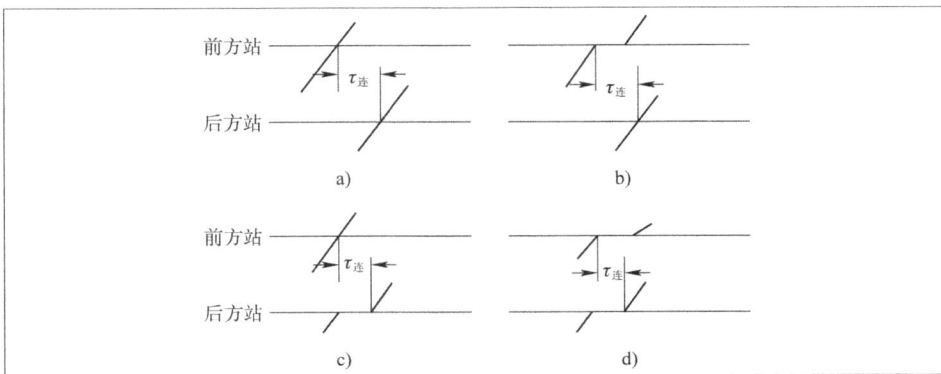

图 2-15　同方向列车连发间隔时间图

6.追踪列车间隔时间

在自动闭塞区段,一个站间区间内同方向可有两列或两列以上列车,以闭

塞分区间隔运行,称为追踪运行。追踪运行的两列车之间的最小间隔时间,称为追踪列车间隔时间 I,如图2-16所示。追踪列车间隔时间,决定于同方向列车间隔距离、列车运行速度及信联闭设备类型。

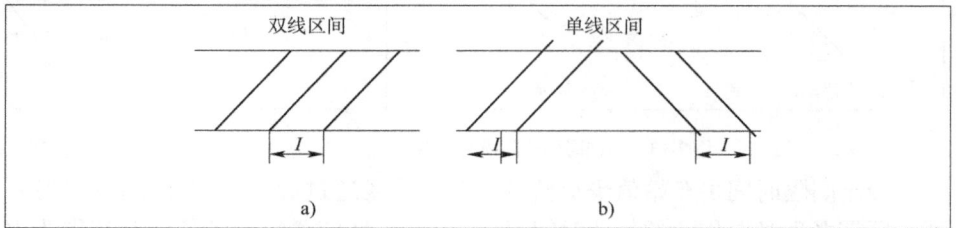

图2-16　追踪列车间隔时间图

三、列车运行图编制

列车运行图是列车运行的图解方式,它规定各次列车占用区间的顺序,列车在区间的运行时分,列车在各个车站的到达、出发(或通过)时刻,列车的会让、越行,列车的重量和长度标准、机车交路等,它是全路组织列车运行的基础。

由于列车运行图规定了列车运行的各项要求,因此,与列车运行有关的各部门必须按照运行图的要求安排好各自的工作。例如,车站应根据列车运行图所规定的列车到达和出发时刻,安排车站的接发列车、调车工作和全站的运输工作计划;机务部门应根据运行图的要求,确定每天需要派出的机车台数、派出的时刻,以及安排机车的整备和乘务员的作息计划;工、电等部门应按列车运行图的要求组织施工及维修工作等。因此,列车运行图既是行车组织工作的基础,又是联系各部门工作的纽带,是铁路运营管理工作的综合性计划。

因此,科学合理地编制列车运行图,对保证行车安全,适应市场需求,提高运输能力、效率和效益,具有重要意义。

1. 列车运行图编制的基本原则

列车运行图分为基本运行图(简称基本图)和分号运行图(简称分号图)。基本图是指根据列车开行方案确定的列车种类及行车量,适当考虑行车量的一定波动所编制的列车运行图。分号图是指为适应运量的较大波动或线路施工的需要,按照抽换基本运行图中的某些运行线或不同行车量而编制的运行图。

(1)铁路系统要根据铁路运输市场需求、铁路技术装备或运输组织方式发生的变化及时编制列车运行图。

(2)列车运行图编制实行两级管理,跨局列车由国铁集团组织铁路局集团公司负责编制,局管内列车由铁路局集团公司负责编制。

(3)基本图的编制、调整和分号图的编制原则上以会议的方式进行。列车运行图编制、调整及确定的相关事项,以国铁集团或铁路局集团公司的正式文电公布实行。

2. 列车运行图编制的基本要求

列车运行图应根据客货运量、区段通过能力等因素,确定列车对数,并符合下列要求：

（1）列车运行、车站间隔、技术作业等时间标准。

列车区间运行时分、列车追踪间隔时间标准、车站间隔时间标准、列车技术检查作业时间标准、机车换挂时间标准等，是保证列车运行安全、进行技术作业所需的最小间隔时间标准，必须符合标准要求。

（2）迅速、便利地运输旅客和货物。

确定旅客列车行车量及列车性质时，必须根据客流，贯彻长短分工、快慢分工的原则。铺画旅客列车运行线时，应合理规定停站次数和时间。安排货物列车运行线时，要突出重点、兼顾一般，加速货物的输送。

（3）充分利用通过能力，经济合理地使用机车车辆和安排施工、维修天窗。

合理铺画旅客列车运行线和优化货物列车铺画方案，既要充分利用通过能力，减少空费时间，又要提高列车旅行速度，加速机车车辆周转。

天窗是指在列车运行图中，不铺画列车运行线或调整、抽减列车运行线，为营业线施工、维修作业预留的时间，按用途分为施工天窗和维修天窗。

（4）做好列车运行线与车流的结合。

车流是运行图的基础，铺画运行线时必须符合列车编组计划所规定的列车种类、数量和性质。

（5）保证各站、各区段的协调和均衡。

区段内均衡地铺画列车运行线，可以有效地利用通过能力，保证畅通无阻。直达和直通列车运行线要做到区段间紧密衔接，干线与支线间紧密衔接。同时充分考虑编组站能力，使有改编作业与无改编作业的列车均衡交错地到达编组站，保证编组站作业均衡。

（6）合理安排乘务人员作息时间。

乘务人员保持充沛精力进行工作，有利于提高劳动生产率，保证行车安全。机车周转图规定了机车正常保养和整备作业时间，规定了机车供应台数，合理地安排了机车交路，为促使机车运用与列车运行线结合紧密，机车周转图应与列车运行图同时编制。

3. 列车运行线的表示方法

列车运行线的表示方法见表2-3。

列车运行线表示方法　　　　　　　　　　表2-3

列车种类	表示方法	备注
旅客列车、动车组检测列车、动车组确认列车、回送动车组列车、试运转动车组列车	红单线 ———	以车次区分
临时旅客列车、旅游列车	红单线加红双杠 —‖—‖—	以车次区分
回送客车底	红单线加红方框 —□—□—	
特快班列	蓝单线加红圈 —○—○—	

列车种类	表示方法	备注
快速班列	蓝单线加蓝圈 —○—○—	
直达列车(普快班列)	蓝单线 ———	
直通、自备车、区段列车	黑单线 ———	以车次区分
摘挂列车、小运转列车	黑单线加"＋"" ｜ " —+—｜—	
重载货物列车	蓝断线 ----- ----- ----- -----	以车次区分(铁路局集团公司可根据具体情况补充规定)
冷藏列车	黑单线加红圈 —○—○—	
军用列车	红断线 -- --- -- --	
回送军用列车	红断线加红方框 --□--□--	
超限超重货物列车	黑单线加黑方框 —□—□—	
路用列车、试运转列车(不含动车组)	黑单线加蓝圈 —○—○—	以车次区分
单机	黑单线加黑三角 —▷—▷—	
救援、除雪列车	红单线加红"×" —×—×—	以车次区分
重型轨道车	黑单线加黑双杠 —‖—‖—	

4. 列车运行时刻的表示记号

小时格、十分格列车运行图,列车时刻的分秒均用阿拉伯数字表示,秒的字号要小于分的字号。列车始发、到达时刻填记在列车运行线与车站中心线相交的钝角内,列车通过车站的时刻填记在列车运行线与车站中心线相交出站一端的钝角内,如图 2-17 所示。

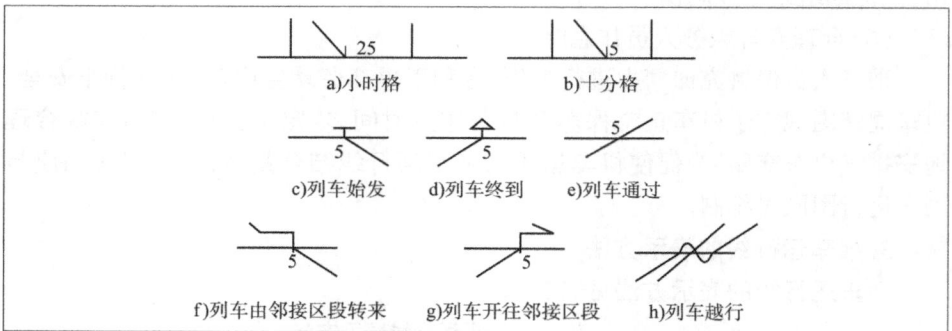

图2-17 列车运行时刻的标记

5. 列车运行图编制的技术资料

铁路局集团公司各业务部门负责提出、收集、整理、核定列车运行图编制资料,做到准确、完整、及时。由铁路局集团公司科技信息部门汇总,经铁路局集团公司编图委员会审核、批准后报国铁集团。国铁集团编图委员会各有关业务部门负责审核、汇总各铁路局集团公司上报资料。铁路局集团公司上报国铁集团列车运行图编制资料如下:

（1）现行列车运行图执行情况的分析总结及改善意见；

（2）新列车运行图预计完成的主要指标及其分析比较，包括旅客列车旅行速度、货物列车平均旅行速度、货运机车日车公里等；

（3）各线路允许速度、车站过岔速度、线路慢行资料及封锁线路施工计划（包括工务和基建工程部门）；

（4）客流资料，跨局旅客列车开行建议方案，动车组运用交路计划，旅客列车停车站名和站停时分；

（5）货物班列开行建议方案、区间运行时分和停站时分；

（6）客货列车在中间站和技术站技术检查作业时间，调整列检布局方案；

（7）客货列车机型、机车运用方式、乘务制度，机车各项技术作业标准；客货列车牵引重量、区间运行时分、起停车附加时分、慢行附加时分标准；

（8）各区段货物列车编制对数、列车分类、列车换长；

（9）直通和直达货物列车在技术站的技术作业时间；

（10）货运班列开行方案；

（11）快运货物列车停站站名、站停时分及开行方案。

铁路局集团公司业务部门在列车运行图编制资料准备工作方面的分工如下：

（1）计划部门负责提出新图短平快建设项目、新线、新设备投产计划等；

（2）工务部门负责提出各线单双线、区间距离、车站中心里程、线路允许速度、车站过岔速度，以及线路慢行资料，特殊施工天窗，既有线线路进行技术改造工程需在运行图上考虑的封锁线路施工计划等；

（3）电务部门负责提出闭塞方式、信号机坐标、信号联锁方式、追踪间隔时间标准等；

（4）基建、工程部门负责提出可以纳入新图的工程及相关技术资料等；

（5）机务部门负责提出各线各种列车的牵引机型（动力牵引方式）、担当区段、机车运用方式、乘务方式及一次乘务工作时间标准、牵引重量、各项技术作业标准、区间运行时分、起停车附加时分；

（6）供电部门负责提出牵引变电所供电范围和方式及单元供电臂范围，供电天窗时间、停电方式及供电能力等；

（7）车辆部门负责提出各种车辆构造速度，列检布局、作业方案，各种列车技术作业站及作业时间标准等；

（8）客运部门负责提出新运行图实行期间预期客流密度，旅客列车、行包专列开行方案，动车组运用交路安排，客运停车站名和技术作业时间标准等；

（9）货运部门负责提出新运行图实行期间快运货物列车、班列和直达货物列车开行方案，各线（包括分界口）的预期货运量、各区段货流密度、主要站分品类方向别发送量，车流径路等；

（10）运输部门负责提出新运行图实行期间货物列车编组计划，货物列车行

车量,区段管内工作方案,列尾配置类型及摘挂地点,列车间隔,车站间隔时间及加强通过能力的措施和方案等;

(11)技术信息部门负责为业务部门资料准备工作提供信息技术支持等。

6. 列车运行图编制的技术标准

为提高列车运行图的编制质量,必须科学合理确定各项技术作业标准。主要技术作业标准全路统一,由国铁集团在每次重新编制基本图时确定,并在下发的新图编制纲要中公布。没有公布的技术作业标准或由于设备条件限制不能执行统一标准时,由铁路局集团公司组织查定并报国铁集团审批。查定时,必须进行充分的调查研究和必要的试验,在保证安全的基础上,贯彻创新、挖潜、提效的方针,保证标准先进合理。

经国铁集团审定的技术作业标准和相关资料需纳入列车运行图技术资料文本,作为编制和执行列车运行图的依据,各铁路局集团公司必须认真执行。确需修改时,需要报国铁集团批准的则报国铁集团审批,履行相关手续。修改的技术资料由铁路局集团公司科技信息部门汇总、公布,并报国铁集团相关部门备案。铁路局集团公司科技信息部门每年对列车运行图技术资料进行一次全面核对与规范,并以文件形式重新发布。

列车运行图技术资料文本包含内容和责任部门如下:

(1)说明:科技信息部门负责;

(2)列车车次编定表:运输部门负责;

(3)线路允许速度表:工务部门负责;

(4)车站正线、到发线有效长度表:工务、运输部门负责;

(5)列车间隔时间标准:运输、机务、电务部门负责;

(6)客运作业技术标准、动车组运用交路:客运部门负责;

(7)旅客列车牵引机型及牵引定数:机务部门负责;

(8)货物列车牵引机型及牵引重量、换长表:机务、运输部门负责;

(9)客货机车在自外段、站技术作业时分标准:机务、运输部门负责;

(10)列车区间运转时分:机务、运输部门负责;

(11)货物列车、行包专列车辆技术检查时间:车辆部门负责;

(12)分界口列车对数、牵引定数、换长表:运输、机务部门负责;

(13)列车对数表:运输部门负责;

(14)预留施工慢行附加时分表:运输、工务、机务部门负责;

(15)预留施工天窗时间表:运输、工务、机务部门负责;

(16)列尾作业站名、交路、作业时间标准:运输部门负责;

(17)限制机车重联运转区间表:工务、机务部门负责;

(18)限制机车回送专列连挂台数桥梁表:工务、机务部门负责;

(19)使用补机区间表:机务部门负责;

(20)LKJ基础线路数据:电务、机务、工务部门负责;

（21）客运机车交路示意图：机务部门负责；

（22）货运机车交路示意图：机务部门负责。

7. 列车运行图编制的组织领导

为加强列车运行图编制工作的组织领导，国铁集团、铁路局集团公司应成立编图委员会和编图工作组。

国铁集团编图工作组的职责是，在国铁集团编图委员会的领导下，组织重点列车牵引试验，审定主要技术作业标准，具体组织运行图的编制、审核和实施工作。

铁路局集团公司编图委员会的职责是，根据国铁集团的统一部署，结合本铁路局集团公司情况负责确定全局管内列车运行图的编制方针、原则、任务，拟定具体实施计划，协调解决有关问题，全面领导并按时完成本铁路局集团公司的编图工作。

8. 列车运行图的编制、审核、实施程序

（1）国铁集团下发新图编制通知，提出本次编图的原则、任务、要求和日程安排；

（2）各铁路局集团公司根据国铁集团要求确定本铁路局集团公司编图的任务和要求，提出新图工程和项目，组织列车牵引试验，查定技术作业标准；

（3）召开全路编图准备会议，审定编图技术资料，确定跨局列车开行方案、动车运用交路计划、机车交路等与编图有关的重大事项，下发新图编制纲要；

（4）编制跨局旅客列车运行方案；

（5）召开全路第一阶段编图会议，铺画旅客列车（先跨局后管内，先重点后一般）和货物班列运行线，编制机车周转图，预留施工天窗；

（6）各铁路局集团公司优化管内客车运行方案，预铺画货物列车运行线；

（7）召开全路第二阶段编图会议，铺画货物列车运行线，选定货物班列、直达列车、重载列车运行线，编制完整机车周转图，完成基本列车运行图编制工作；

（8）各铁路局集团公司计算运行图各项指标，整理、审核列车运行图及相关资料、文件，做好编图工作总结；

（9）国铁集团、铁路局集团公司下发实行新图文件及相关资料，做好新图实施前各项准备工作，组织相关部门进行新图培训，召开新图实施工作会议；

（10）实施新图，做好列车运行图新旧时刻交替和新图实施值班、总结等工作。

列车运行图在规定的有效期间，必须严格贯彻执行，要保持列车运行图的严肃性和相对稳定。需要调整时，须由铁路局集团公司以书面形式上报国铁集团并得到正式书面批复。国铁集团根据相关铁路局集团公司提报的调图范围和内容，协调、确定调整图的实行日期，尽量减少调图次数。

调整内容涉及局间分界口时，由申请的铁路局集团公司于调整图拟实施前

60 日上报国铁集团,国铁集团同意后组织相关铁路局集团公司调整,国铁集团于实施调整图前 30 日、相关铁路局集团公司于实施调整图前 20 日将执行文件下发至各相关单位和部门。铁路局集团公司要将调整图相关文件上报国铁集团并抄知相关铁路局集团公司。

跨局列车在本铁路局集团公司管内调整或局管内列车调整时,由铁路局集团公司于调整图拟实施前 30 日上报国铁集团,国铁集团批复后由铁路局集团公司组织调整。调整图相关文件由铁路局集团公司于实施调整图前 20 日下发至各相关单位和部门,同时上报国铁集团并抄知相关铁路局集团公司。各铁路局集团公司应将调整后的列车运行图及相关指标报国铁集团有关业务部门。

9.分号图列车运行图编制

(1)遇下列情况时,应编制分号图:

①春运、暑期和其他节假日运输的需要;

②线路施工的需要;

③货运量波动的需要;

④大批货物临时运输以及特种运输的需要;

⑤处置重大突发事件的需要。

为春运、暑期运输和线路施工编制的分号图又分别称为春运图、暑期图和施工图;根据其他运输需要编制的分号图名称可在分号图前冠以该分号图的主题,例如"十一"分号图等。

(2)编制分号图时,原则上不变动基本图旅客列车运行线。

分号图的编制分为"编制"和"选线"两种。编制,是在基本图以外另行编制的运行图,单独定点、定车次;"选线",是在基本图上用抽减运行线的方法制定的运行图,只减少客、货列车对数,不单独定点、定车次。

(3)春运图、暑期图的编制,由各铁路局集团公司根据客流预测提出跨局临客开行建议方案并于实行前 60 日上报国铁集团,国铁集团综合各铁路局集团公司建议,确定跨局临客开行方案,组织编制春运图、暑期图。铁路局集团公司管内临客开行方案,由铁路局集团公司确定并铺画临客运行线。春运图、暑期图的实行文件,国铁集团于实行前 30 日、铁路局集团公司于实行前 20 日下发至各相关单位和部门。

(4)施工图的编制范围涉及跨局客货列车时,由铁路局集团公司于施工图实施前 45 日上报国铁集团,国铁集团同意后组织或委托相关铁路局集团公司编制。实行文件,国铁集团于实行前 30 日、铁路局集团公司于实行前 20 日下发至各相关单位和部门。

施工图的编制范围仅涉及管内列车时,由铁路局集团公司组织编制。相关文件由铁路局集团公司于施工图实行前 20 日发到相关单位。

大批货物临时运输以及特种运输需要编制分号图时,比照施工图的编制办法进行。

采用选线方法制定的分号图,跨局列车由国铁集团、管内列车由铁路局集团公司确定。实行文件,国铁集团于实行前 20 日、铁路局集团公司于实行前 15 日下发至各相关单位和部门。

(5)为适应旅游市场的需求,应适量铺画旅游列车运行线,跨局由国铁集团、局管内由铁路局集团公司组织铺画并公布。

由于列车运行图的调整引起旅游专列时刻的变化,由相关铁路局集团公司在下发调整图执行文件的同时公布,并报国铁集团修改跨局旅游专列简明时刻表。

铁路局集团公司开行跨局旅游专列,按国铁集团公布的旅游专列相关要求组织。

(6)临时需要加开跨局临时旅客列车,由铁路局集团公司于临客开行前 30 日报国铁集团批准后,运行线由国铁集团组织铺画。临时加开管内临时旅客列车,由铁路局集团公司确定运行时刻。因突发客流、应急等原因不能于开行前 30 日提报的,由调度所确定运行时刻。

开行旅游专列和临时旅客列车影响的货物列车由调度调整。

任务 4　铁路区间通过能力

一、铁路运输能力

为了完成国家规定的运输任务,满足人民对运输的需求,铁路必须具备一定的运输能力。铁路运输能力一般分为通过能力和输送能力。

1.通过能力

在一定的机车车辆类型和一定的行车组织方法的条件下,铁路区段内的各种固定设备在单位时间内(通常指一昼夜)所能通过或接发的最多列车数或对数称为通过能力。通过能力在一定程度上取决于广大铁路职工的协同动作和铁路固定设备、机车车辆的合理运用。因此,通过能力并不是一成不变的,它随着技术设备和行车组织方法的改善而提高。计算铁路通过能力的目的,就在于能够合理安排运输生产,保证铁路运输适应国民经济不断发展和人民生活不断提高的需要。

铁路区段通过能力按照下列固定设备进行计算:

(1)区间。其通过能力主要决定于区间正线数、区间长度、线路纵断面、机车类型、信号、联锁、闭塞设备的种类。

(2)车站。其通过能力主要决定于车站到发线数,咽喉道岔的布置,驼峰和牵出线数,信号、联锁、闭塞设备的种类。

(3)机务段设备和整备设备。其通过能力主要决定于内燃机车、电力机车的检修台位,段内整备线。

(4)电气化铁路的供电设备。其通过能力主要决定于牵引变电所和接触网。

根据以上固定设备计算出来的通过能力,可能是各不相同的。其中能力最薄弱的设备限制了整个区段的能力,该能力即为该区段的最终通过能力。

在铁路实际工作中,通常又把通过能力分为设计通过能力、现有通过能力和需要通过能力。根据设计的设备或改造设备、机车车辆类型、行车组织方法所计算的通过能力,称为设计通过能力;在现有设备和现行的行车组织方法条件下,铁路各种固定设备可能达到的通过能力,称为现有通过能力;为了适应国家建设和人民生活的需要,在一定时期内,铁路各种固定设备所应具有的通过能力,称为需要通过能力。

2.输送能力

输送能力是指在一定的机车车辆类型、一定的固定设备和一定的行车组织方法的条件下,按照机车车辆等移动设备和人员配备的现有数量,在单位时间(通常以一年)内所能运送最多的货物重量(t)。

二、以非平行运行图扣除系数计算铁路区间通过能力的方法

采用非平行运行图扣除系数的计算方法计算铁路区间通过能力时,通常需要先计算平行运行图的通过能力,然后在此基础上再确定非平行运行图的通过能力。

1.平行运行图通过能力

(1)计算平行运行图通过能力的基本原理

在平行运行图上,同一区间内同方向列车的运行速度都是相同的,并且上下行方向列车在同一车站上都采取相同的交会方式。从这种运行图上可以看出,任何一个区间的列车运行线,总是以同样的铺画方式一组一组地反复排列的。一组列车占用区间的时间,称为运行图周期 $T_周$。图 2-18 所示给出了不同类型的运行图周期。不同类型的运行图周期所包含的上下行列车数可能是不同的。

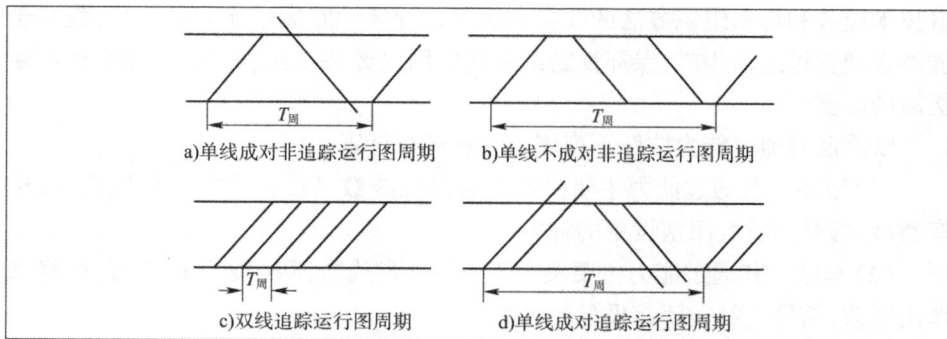

a)单线成对非追踪运行图周期

b)单线不成对非追踪运行图周期

c)双线追踪运行图周期

d)单线成对追踪运行图周期

图 2-18　不同类型运行图周期示意图

若一个运行图周期内所包含的列车对数或列数用 $n_周$ 表示,则放行一列或一对列车平均占用该区间时间应为:

$$t_{占均} = \frac{T_周}{n_周} \quad (\text{min})$$

因而,对于一定类型平行运行图区间通过能力 n,应用直接计算法按如下公式计算。

当不考虑固定作业占用时间有效度系数时:

$$n = \frac{1440}{t_{占均}} = \frac{1440 n_周}{T_周} \tag{2-1}$$

当考虑固定作业占用时间而不考虑有效度系数时:

$$n = \frac{(1440 - T_固) n_周}{T_周} \tag{2-2}$$

当同时考虑固定作业占用时间和有效度系数时:

$$n = \frac{(1440 - T_固) n_周 \, d_{有效}}{T_周} \tag{2-3}$$

式中:$T_固$——固定作业时间(min),是指为进行线路养护维修、技术改造施工、电力牵引区段接触网检修等作业,须预留的固定占用区间时间,以及必要的列车慢行和其他附加时分,但双线区段施工期间组织反向行车时,应扣除利用非施工方向放行列车所节省的时间;

$d_{有效}$——有效度系数,是指扣除设备故障和列车运行偏离、调度调整等因素所产生的技术损失后,区间时间可供有效利用的系数,一般可取 $0.91 \sim 0.88$。

运行图周期是由列车(一个或几个列车)区间纯运行时分 $\sum t_运$、起停车附加时分 $\sum t_{起停}$ 以及车站间隔时间 $\sum \tau_站$ 所组成,即:

$$T_周 = \sum t_运 + \sum t_{起停} + \sum \tau_站 \quad (\text{min})$$

一般情况下列车在各区间的运行时分不相同,各车站的间隔时间也可能不同,所以每一区间的 $T_周$ 常常是不等的。从上述公式可以看出,通过能力大小与 $T_周$ 成反比,$T_周$ 越大,通过能力越小。在整个区段里,$T_周$ 最大的区间也就是通过能力最小的区间,称为该区段的限制区间。限制区间的通过能力即为该区段的区间通过能力。

列车区间运行时分,对运行图周期的大小起主要作用。在运行图周期里 $\sum t_运$ 最大的区间,称为困难区间。大多数情况下,困难区间往往就是限制区间,但有的区间虽然本身不是困难区间,由于车站间隔时间数值较大,而成了限制区间。

如前所述,在不同类型的运行图里,$T_周$ 的组成及 $n_周$ 的数值是不同的。因此,必须对不同类型的运行图分别计算其通过能力。

(2)单线成对非追踪平行运行图

在单线区段,通常采用成对非追踪运行图(图2-19)。单线成对非追踪平行运行图周期可用下式表示：

$$T_{周} = t' + t'' + \tau_{站}^{a} + \tau_{站}^{b} + \sum t_{起停}$$

式中：t'、t''——上下行列车的区间纯运行时分(min)；

$\tau_{站}^{a}$、$\tau_{站}^{b}$——a、b站的车站间隔时间(min)；

$\sum t_{起停}$——列车起停附加时分(min)。

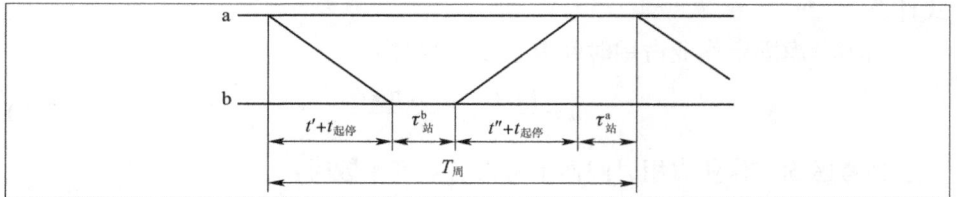

图2-19 单线成对非追踪运行图周期示意图

由于一个周期内所包含的列车数为一对(即 $n_{周} = 1$)，因此只要将($n_{周} = 1$)代入式(2-1)~式(2-3)，即可得相应区间通过能力。

为了使区段通过能力达到最大，应当使限制区间的 $T_{周}$ 数值尽量缩小。在采用一定类型的机车和一定的列车重量标准的条件下，区间运行时分 $\sum t_{运}$ 是固定不变的。因而想要缩小 $T_{周}$，只有设法缩小 $\sum t_{起停} + \sum \tau_{站}$ 的数值。通过在限制区间合理地安排列车运行线的铺画方案，是可以达到上述目的的。如图2-19所示，运行图上列车运行线的可能铺画的方案有四种。

①上下行列车不停车通过车站而进入区间，如图2-20a)所示，运行图周期为：

$$T_{周} = t' + t'' + \tau_{不}^{a} + \tau_{不}^{b} + 2t_{停} \qquad (min)$$

②上下行列车不停车通过车站而开出区间，如图2-20b)所示，运行图周期为：

$$T_{周} = t' + t'' + \tau_{会}^{a} + \tau_{会}^{b} + 2t_{起} \qquad (min)$$

③下行列车不停车通过区间两端车站，如图2-20c)所示，运行图周期为：

$$T_{周} = t' + t'' + \tau_{不}^{a} + \tau_{会}^{b} + t_{起} + t_{停} \qquad (min)$$

④上行列车不停车通过区间两端车站，如图2-20d)所示，运行图周期为：

$$T_{周} = t' + t'' + \tau_{会}^{a} + \tau_{不}^{b} + t_{起} + t_{停} \qquad (min)$$

在选择限制区间列车运行线的合理铺画方案时，应考虑到区间两端车站的具体条件。例如，在a站(图2-20)下行出站方向有较大上坡道时，如果采用下行列车在a站停车进入区间的方案，就有可能造成下行列车出发起动困难，这时就应选用下行列车通过a站而 $T_{周}$ 又是较小的方案。

2. 非平行运行图通过能力

(1)非平行运行图通过能力计算方法

非平行运行图的通过能力，是指在旅客列车数量及其铺画位置既定的条件下，该区段一昼夜内所能通过的货物列车和旅客列车对数(或列数)。

计算非平行运行图通过能力的方法有两种：

一是图解法。在运行图上首先铺画旅客列车,然后在旅客列车间隔内,铺画其他货物列车(包括摘挂列车)。在运行图上所能最大限度铺画的客货列车总数即为该区段的非平行运行图的通过能力。图解法比较精确,但较烦琐,故只在特殊需要时采用。

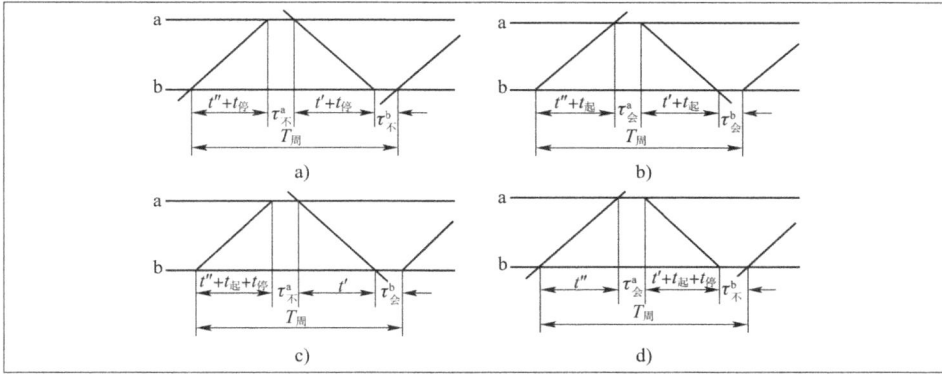

图 2-20 列车运行线铺画方案示意图

二是分析法。根据旅客列车和摘挂列车的扣除系数,可以近似地计算非平行运行图的通过能力 $n_{非}$,计算公式为:

$$n_{货}^{非} = n - \varepsilon_{客} n_{客} - (\varepsilon_{快货} - 1) n_{快货} - (\varepsilon_{摘挂} - 1) n_{摘挂} \quad (对或列)$$

$$n_{非} = n_{货}^{非} + n_{客} \quad (对或列)$$

式中:$n_{货}^{非}$——非平行运行图的货物列车通过能力(包括快运货物列车、沿零摘挂列车和摘挂列车在内);

$\quad n_{客}$——在运行图上铺画的旅客列车对数或列数;

$\quad n_{快货}$——在运行图上铺画的快运货物列车的对数或列数;

$\quad n_{摘挂}$——在运行图上铺画的摘挂列车的对数或列数;

$\quad \varepsilon_{客}$——旅客列车的扣除系数;

$\quad \varepsilon_{快货}$——快运货物列车的扣除系数;

$\quad \varepsilon_{摘挂}$——摘挂列车的扣除系数。

所谓扣除系数,是指因铺画一对或一列旅客列车、快运货物列车或摘挂列车,须从平行运行图上扣除的货物列车对数或列数。由公式可以看出,分析法的精确性,主要取决于扣除系数数值的规定是否合理。因此,当研究用分析法确定非平行运行图的通过能力时,首先必须研究如何确定扣除系数。

(2)旅客列车扣除系数

如图 2-21 所示,在运行图上铺画旅客列车所造成的扣除系数,由如下两部分组成。

①基本扣除系数($\varepsilon_{基}$)。一对旅客列车占用限制区间的时间 $t_{客占}$ 与一对货物列车占用限制区间的时间 $T_{周}$ 之比,称为基本扣除系数。$t_{客占}$ 由旅客列车区间运行时分 $t_{客}$ 和车站间隔时间 $\tau_{站}$ 两部分组成,即:

$$t_{客占} = t'_{客占} + t''_{客占} = (t'_{客} + t''_{客}) + \sum \tau_{站} = \Delta(t' + t'') + \sum \tau_{站}$$

$$\varepsilon_{基} = \frac{t_{客占}}{T_{周}} = \frac{\Delta(t' + t'') + \sum \tau_{站}}{T_{周}}$$

式中：$t'_{客}$、$t''_{客}$——旅客列车在限制区间的上下行运行时分(min)；

$\quad\quad\quad$ t'、t''——货物列车在限制区间的上下行运行时分(min)；

$\quad\quad\quad$ Δ——货物列车与旅客列车速度的比值。

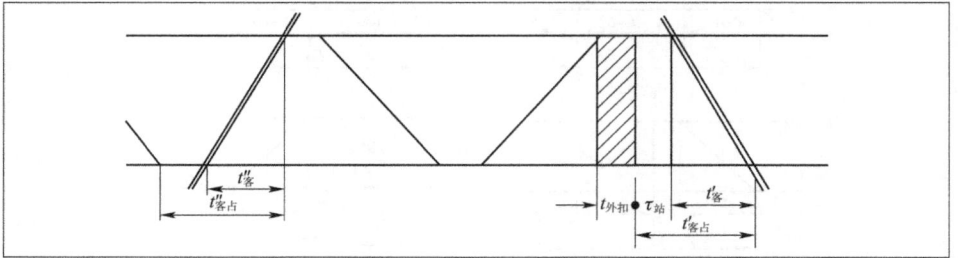

图 2-21　运行图上铺画旅客列车所形成的扣除时间图

②额外扣除系数($\varepsilon_{外扣}$)。由于两相邻旅客列车之间的时间间隔不是货物列车占用限制区间时间的整倍数，而产生的额外扣除时间 $t_{外扣}$ 与一对货物列车占用限制区间的时间 $T_{周}$ 之比，称为额外扣除系数。$\varepsilon_{外扣}$ 数值的大小与运行图上旅客列车对数及其铺画位置、区间不均等程度、中间站到发线数目等因素有关。在单线区段可近似地按如下经验公式计算：

$$\varepsilon_{外扣} = 0.7j - 0.025N_{客} - 0.1$$

式中：j——区间不均等程度，它等于货物列车平均运行图周期与限制区间运行

$\quad\quad\quad$ 图周期之比，即 $j = \dfrac{T_{周}^{平均}}{T_{周}}$。在一般情况下，额外扣除系数可取 $0.2 \sim$

$\quad\quad\quad$ 0.5。

因此，旅客列车的扣除系数 $\varepsilon_{客}$ 应为：

$$\varepsilon_{客} = \varepsilon_{基} + \varepsilon_{外扣}$$

快运货物列车扣除系数的确定方法，与旅客列车基本相同。

(3)摘挂列车扣除系数

摘挂列车的运行速度虽然与货物列车一样，但由于摘挂列车在中间站停站次数较多、停站时间较长，所以对通过能力也有一定影响。区间越均等，运行图铺满程度越高，这种影响就越大。如图 2-22a)所示，在平行运行图上，当区间均等时，摘挂列车每一次在车站完成作业后发出，都要从运行图上扣掉一条列车运行线。在这种情况下，摘挂列车的扣除系数等于停站次数加 1。

在非平行运行图上，除了因铺画旅客列车而产生一定的空费时间 $t_{外扣}$ 外，由于区间不均等，在邻接较小区间的车站还将产生运行图空隙。利用这些空费时间和运行图空隙铺画摘挂列车，就可以使摘挂列车扣除系数大大缩小，如图 2-22b)所示。

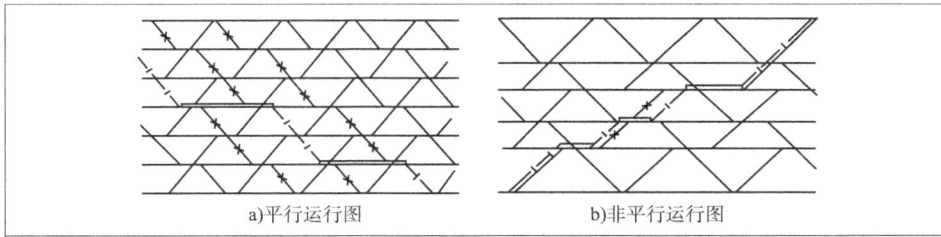

a)平行运行图　　　　　　　　b)非平行运行图

图 2-22 摘挂列车对区间通过能力影响图

从上述分析可以看出,扣除系数的大小与一系列因素有关,其中主要有:

①区间的不均等程度;

②旅客列车、快运货物列车、摘挂列车的运行速度、数量及其在运行图上的铺画位置;

③旅客列车和摘挂列车在区段内的停站次数及停站时间。

这些因素的影响只能在运行图铺画好之后才能完全确定。因此,在计算通过能力时,不得不利用扣除系数的经验数值。目前,我国铁路采用的扣除系数见表2-4、表2-5。

列车扣除系数表　　　　　　　　　　表2-4

区间正线	闭塞方法	旅客列车	快运货物列车	摘挂列车	备注
单线	自动	1.0	1.0	1.3~1.5	
	半自动	1.1~1.3	1.2	1.3~1.5	摘挂列车3对以上取1.3
双线	自动		2.0~2.3	2.5~3.0	摘挂列车3对以上取2.5,6对以上取2.0
	半自动	1.3~1.5	1.4	1.5~2.0	

注:其他闭塞方式可参照半自动闭塞取值。

三显示双线自动闭塞区段旅客列车扣除系数表　　　　　　　　表2-5

$n_客$(列)	$I_追$(min)						
	6	7	8	9	10	11	12
5~10			2.3~2.4	2.15~2.3	2.05~2.2	1.95~2.1	1.9~2.0
11~20			2.3~2.35	2.15~2.2	2.05~2.1	1.95~2.0	1.8~1.9
21~30		2.4~2.45	2.2~2.25	2.05~2.1	1.95~2.0	1.85~1.9	1.7~1.8
31~40	2.5~2.55	2.3~2.35	2.1~2.15	1.95~2.0	1.85~1.9	1.75~1.8	1.6~1.7
41~50	2.4~2.45	2.2~2.25	2.0~2.05	1.85~1.9			
51~60	2.3~2.35	2.1~2.15	1.9~1.95				
61以上	用图解法确定						

注:四显示双线自动闭塞区段,用图解法并参照本表取值确定。

三、高速铁路通过能力的计算

在高速铁路线路上,由于在列车运行组织方面与一般铁路有着明显的不同,因而在通过能力计算上具有如下特点:

(1)若以客运站作为客流的主要始发站和终到站,并将客流主要始发站与终到站之间的铁路区段定义为客流区段,则旅客列车通常应以客流区段为单位制订开行方案,亦即在高速铁路上通常只开行客运站间的旅客列车。因而,高速铁路通过能力应以客流区段为单位,计算客流区段别的通过能力。

(2)在一个客流区段内,高速列车也可能在中间客运站或中间站停车办理客运作业,与不停车高速列车比较,它将产生额外的占用列车运行图时间,即开行在客流区段内有关车站停车办理作业的高速列车,将对通过能力产生不利影响。在高速铁路通过能力计算中,若采用扣除系数法,这一影响可用高速列车扣除系数 $\varepsilon_{高}$ 表示。因此,研究高速铁路通过能力扣除系数计算法时,还应通过分析的方法或模拟的方法,确定高速列车扣除系数。

(3)当采用高、中速列车共线运行的运输组织模式时,在高速铁路上开行的中速列车,由于列车运行速度较高速列车低,而且停车办理作业的次数也可能较多,因而占用列车运行图时间较长,亦即开行中速列车将对通过能力产生不利的影响。在高速铁路通过能力计算中,若采用扣除系数法,这一影响可用中速列车扣除系数 $\varepsilon_{中}$ 表示。因此,在研究高速铁路通过能力扣除系数计算法时,还应通过分析方法或模拟方法,确定中速列车的扣除系数。

(4)为使高速铁路技术设备经常处于质量良好的使用状态,以确保行车安全,在高速铁路列车运行图中,一般应为设备日常维修和养护预留出必要时间的"天窗"。它不仅缩短了运行中可供列车运行的时间段,而且人为地将列车运行图分割为两个隔开的时间段,致使在列车运行图上不能组织列车24h循环运行,对通过能力造成了相当大的影响。

(5)为方便旅客乘车旅行,在编制列车运行图时,应尽可能规定适宜的旅客列车始发和终到时刻。为此,对于高速铁路来说,一般应规定在6:00—24:00间在客流区段内到发。受这一有效到发时间限制,在列车运行图中除"天窗"时间之外,还将产生一定的称之为无效时间的时间段,它对通过能力也有一定的影响。

根据上述分析,当采用"全高速"运输组织模式时,高速铁路通过能力 $n_{高}$ 可按下式计算:

$$n_{高} = \frac{1440 - (t_{检} + t_{无效})}{I\varepsilon_{高}}$$

式中: $t_{检}$ ——列车运行图"天窗"时间(min);

$t_{无效}$ ——列车运行图无效时间(min);

I ——追踪列车间隔时间(min)。

当采用"高、中速列车共线运行"运输组织模式时,高速列车通过能力 $n_{高}$ 则应按下式计算：

$$n_{高} = \frac{1440 - (t_{检} + t_{无效})}{I[\varepsilon_{高} + \alpha_{中}(\varepsilon_{中} - \varepsilon_{高})]}$$

式中：$\alpha_{中}$——列车运行图中的中速列车比重。

四、使用能力

以上计算出来的非平行运行图货物列车通过能力,称为计算能力,即最大能力。在实际工作中,列车运行由于受到各种主、客观因素的影响,实现计算能力是很困难的。为了考核分析日常工作中通过能力的实际利用程度,在计算能力的基础上,规定了一个能够实现的数值,即使用能力。

使用能力 $N_{使}$ 是根据现有工作组织水平,并考虑运输工作不均衡的影响,将货物列车计算能力扣除一定损失后,即在当前一定时期内能够实现的货物列车通过能力。其计算公式为：

$$N_{使} = N_{货} K_{使} \qquad （对或列）$$

式中：$K_{使}$——区间通过能力使用系数。

五、提高区间通过能力的措施

随着国民经济的发展,运量不断增加,铁路运输能力应予以加强。

铁路区间通过能力是否需要提高,应按国民经济发展计划进行运量预测,并计算需要通过能力,其计算公式为：

$$N_{需} = (n_{货} + \varepsilon_{客} n_{客} + \varepsilon_{摘} n_{摘} + \varepsilon_{快} n_{快})(1 + \gamma_{备})$$

式中：$n_{货}$——直达、直通、区段等一般货物列车对数或列数；

　　$\gamma_{备}$——通过能力储备系数,我国铁路规定单线为 20% ,双线为 15% 。

当现有通过能力不能满足 $N_{需}$ 的要求时,应有计划的采取措施,提高区间通过能力。例如图 2-23 所示甲—乙区段,若区段通过能力需要 30 对时,应对 B—C、D—E 区间采用提高能力的措施。

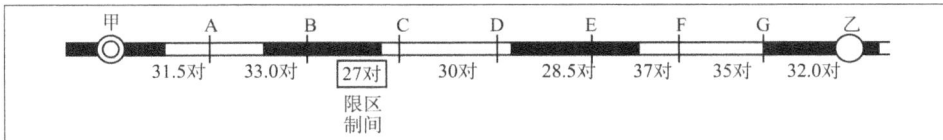

图 2-23　甲—乙区段各区间通过能力示意图

提高区间通过能力的措施,基本上可以分为技术组织措施和改建措施两大类。凡是通过改进行车组织方法或改善技术设备的使用方法,不需大量投资的,属于技术组织措施；凡是增加或改建铁路技术设备的加强措施,属于改建措施,一般需要较大投资。

1.提高区间通过能力的技术组织措施

(1)改善机车功率的利用,提高列车运行速度。

(2)采用双机、补机或多机牵引,提高列车运行速度。

(3)缩短车站间隔时间或追踪列车间隔时间。车站间隔时间越短,运行图周期越小,通过能力就越大。

(4)采用不成对运行图。当上下行方向运量不相等,而行车量较大方向的能力受限制时,在单线非自动闭塞区段,可采用不成对运行图,以适应行车量较大方向的需要。根据计算,在单线非自动闭塞区段采用不成对运行图时,行车量较大方向的通过能力比成对运行图可增加 10% ~ 20%。

2. 提高区间通过能力的改建措施

(1)装设完善的信、联、闭设备,如采用自动闭塞、集中联锁、调度集中等设备。

(2)增设线路所或会让站。

(3)铺设双线插入段及修建双线或第三线、第四线。

(4)减缓线路的坡度及提高线路和桥隧建筑的质量,以提高线路允许速度。

(5)采用先进牵引机型,提高列车运行速度和重量等。

复习思考

1.《行细》包括哪些内容?

2.调度集中分散自律控制模式分为哪三种操作方式?

3.什么是集控站?

4.调度集中设备遇哪些情况可转为非常站控模式?

5.遇发生影响行车的设备故障(列车设备故障除外)时,原则上应如何处理?

6.车务应急值守的要求有哪些?

7.列车分类及列车运行等级顺序是如何规定的?

8.什么情况应使用紧急制动阀(紧急制动装置)?

9.什么是列车运行图?列车运行图如何分类?

10.列车运行图有哪些要素?

11.什么情况应编制分号运行图?

12.什么是铁路通过能力?

13.提高区间通过能力的技术组织措施有哪些?

编组列车

项目内容

本项目主要介绍高速铁路编组列车、列车中车辆检查、列车制动等内容。

学习目标

1. 能力目标

能够了解和掌握高速铁路编组列车的有关规定。

2. 知识目标

了解编组列车的基本要求、列尾装置的使用、列车中车辆检查方法以及列车中关门车的编挂。

3. 素质目标

培养责任意识,正确处理好安全和效率的关系。

建议学时

4~6学时。

任务 1　编组列车的基本要求

编组列车就是按列车种类、用途和运输性质,根据《技规》、列车运行图规定的编挂条件、重量或长度编组,将车辆或车组选编成车列。高速铁路一般不开行货物列车,故关于货物列车编组的要求不再叙述。

一、编组列车的要求

(一)编组列车必须符合编入列车的技术条件

编组列车必须符合《技规》关于机车车辆编入列车的技术条件,自动制动机作用、关门车编挂要求、列尾装置、编入列车的机车编挂位置等规定。

(二)编组列车必须符合旅客列车编组的相关要求

1.动车组列车

动车组列车由动车和拖车组成,固定编组。

(1)单组动车组列车在运用状态下不得解编,两组短编组同型动车组可重联运行。

(2)遇救援等特殊情况时,两组不同型号的动车组可重联运行。采用机车牵引方式挂运时,应使用过渡车钩整列挂运。

(3)动车组禁止加挂各型机车车辆(无动力调车时的调车机车、救援机车、无动力回送时的本务机车及回送过渡车除外),禁止编入其他列车。

(4)超过检修期限的动车组禁止上线运行(经车辆部门鉴定的回送动车组除外)。

2.动车组以外的旅客列车

动车组以外的旅客列车必须严格按列车编组表规定的车种、辆数、编挂位置编组。为方便旅客乘坐,非乘坐旅客的行李车、邮政车、发电车等车辆应分别挂于机车后第一位和列车尾部,起隔离作用。

3.编组列车

编组列车必须符合该区段列车运行图所规定的列车重量或长度标准。

二、禁止编入列车的机车车辆

编组列车时,对所编挂的车辆,在技术条件上必须符合规定标准,凡属于下列情况之一的车辆,禁止编入列车。

(1)插有扣修、倒装色票的车辆及车体倾斜超过规定限度的车辆。货车插有"色票",表示该车辆定检到期或技术状态不良,需要进行检修。

(2)曾经发生冲突、脱轨、火灾、爆炸或曾编入发生特别重大、重大、大事故列车内以及在自然灾害中损坏,未经检查确认可以运行的车辆。这些车辆经过激烈冲撞,其主要部件、零件,如转向架、轮对、轴箱、车钩及车底架等可能存在隐患,如不经列检细致检查,并确定对行车无妨碍就编入列车,将严重威胁运行安全。

(3)装载货物超出机车车辆限界,无挂运命令的车辆。没有调度命令的超限车,禁止挂运。

(4)装载跨装货物的平车(跨及两平车的汽车除外),无跨装特殊装置的车辆。为使跨装货物的车辆能灵活地通过曲线,必须在车辆与货物之间使用特殊装置——货物转向架。同时,为了防止因车钩弹簧压缩、伸张而造成货物的窜动,在货物跨装的车辆与车辆之间还必须使用车钩缓冲停止器(特殊情况除外)。若无特殊装置,列车通过曲线或坡道地段则可产生移动,从而引起不良后果。

(5)平车、砂石车及敞车装载货物违反装载和加固技术条件的车辆。货物装载和加固必须保证能经受正常调车作业及列车运行中的冲击,以保证货物在运输的全过程中,不致发生移动、滚动、倾覆、倒坍或坠落等情况。平、敞、砂石车装载的货物,必须符合货车装载加固技术条件。

(6)未关闭端、侧板的(有特殊规定者除外)平车;未关闭侧开门、底开门的车辆以及底开门的扣铁未全部扣上的车辆。未关端、侧板或侧开门的车辆,在运行中侧板与侧开门可能掀动或摇晃,甚至超出机车车辆限界,威胁线路附近设备和人员的安全。一旦端、侧板或侧门脱落,还可能招致列车脱轨,甚至颠覆。底开门不关闭,容易刮坏道岔,甚至脱落。每一底开门为两个扣铁,如只用一个扣铁关闭底开门,经过震动底开门仍可能开放,使货物散落而引起车辆脱轨。

(7)由于装载的货物需要停止自动制动机作用,而未停止的车辆。列车制动时,防止车轮踏面与闸瓦摩擦发热,产生高温或迸发火星。特别是在长大下坡道上,制动时间过长,闸瓦处于高热状态,如不停止自动制动机,对装有爆炸品或怕受高温的货物车辆,有可能引燃或引爆,所以必须停止自动制动机的作用。

(8)缺少车门的(检修回送车除外)车辆。装货后,容易造成货物窜出或坠落、丢失,不能保证货物的完整和行车安全。

(9)超过定期检修期限的客车车辆(经车辆部门鉴定的回送客车除外)禁止编入旅客列车。超过了定期检修期限的客车车辆,由于超期运行,其各部技术状态可能会发生变化,直接威胁行车和人身安全。

(10)铁路局集团公司规定禁止编入列车的其他机车车辆。

任务2　列车中机车车辆的编挂和连挂

一、工作机车的编挂

担任牵引列车的机车为工作机车,包括本务机车及补助机车。工作机车编

入列车时应遵守下列规定:

(1)为保证工作机车的司机瞭望信号、标志和线路状况,保证行车安全,充分发挥机车最大牵引效能,工作机车应挂于列车头部,正向运行。担当救援及路用列车的机车,因客观条件限制及工作性质的需要,允许逆向运行。

(2)双机或多机牵引时,本务机车的职务由第一位机车担当。

二、回送机车的编挂

(1)走行部和制动装置良好的客运机车(出入厂、段的修程机车除外)需附挂旅客列车跨铁路局集团公司回送时,按国铁集团调度命令办理。

(2)回送机车,应当挂于本务机车次位,挂有重联机车时为重联机车次位。

因机车重量大,如挂于列车中部或后部,在列车制动时,容易产生冲动。遇列车紧急制动时,还可能将其前位的车辆挤坏,应挂于本务机车(重联机车)次位。

(3)禁止办理机车专列回送。高速铁路限制坡度较大,受机车制动条件限制,禁止办理机车专列回送。

(4)不得办理铁路救援起重机回送作业(在高速铁路救援时除外)。

三、车辆编挂的限制

(1)旅客列车、回送客车底不准编挂货车。

(2)旅客列车、回送客车底编入的客车车辆最高运行速度等级应当符合该列车规定的速度要求。

四、车辆的连挂

(1)动车组以外的列车中相互连挂的车钩中心水平线的高度差,不得超过75mm。

(2)动车组重联时,被控动车组应当退出占用,主控动车组使用调车模式与被控动车组连接。解编操作时,主控动车组转换为调车模式后,应当一次移动5m以上方可停车。

(3)动车组以外的旅客列车中,与机车相连接的客车端门及编挂在列车尾部的客车后端门应当加锁。动车组司机室与旅客乘坐席间的门应当锁闭。

五、列尾装置的摘挂及运用

客车列尾装置由机车综合无线通信设备(CIR)和 KLW 主机设备两部分组成。CIR 安装在机车上,由司机负责操作,具有列车尾部风压查询、风压自动提示、供电电压欠压自动提示、辅助排风制动和列车防护报警等功能。KLW 主机设备安装在列车尾部客车内,由主机(含连接软管组成)及电源插座、车顶天线、馈线等附属装置组成。

列尾装置的变挂应按下列规定执行：

（1）动车组以外的旅客列车应安装列尾装置。特殊情况下，无法安装或使用列尾装置时，应当制定具体办法。

（2）列车列尾装置尾部主机的安装与摘解、风管及电源的连结与摘解的作业分工，由铁路局集团公司规定。

（3）列尾装置在使用前，应当按规定进行检测，合格后方可投入运用。

（4）路用列车尾部可不挂列尾装置。

任务3　列车中车辆的检查

一、车辆检查及维修

为使车辆经常保持良好的技术状态，必须对列车中的车辆进行技术检查、制动机性能试验和故障修理工作，具体规定如下：

（1）列检作业应根据列车技术作业性质不同，按规定的检查范围和质量标准进行检查和修理。

（2）为确保沿途故障车辆得到及时抢修恢复运用，车辆段根据实际设置运用故障诊断指导组，利用安全防范系统等，对管辖区域内的车辆故障进行及时的诊断、处置指导及处置结果的确认。

（3）动车组检修作业执行特定的检修规程，因此动车组运行（含回送）途中不进行客列检作业。

二、车辆主要部件的要求

车辆编入列车须达到运用状态。主要部件必须作用良好，符合质量要求。自动制动机、人力制动机和货车的自动制动机空重车调整装置状态良好、位置正确。

三、动车组试运行

为保证旅客列车的安全，上线运营的动车组须符合出所质量标准，包括车体及车端连接、转向架、高压牵引系统、辅助电气系统、供风及制动系统、网络控制系统、旅客信息系统、车内环境控制系统、给排水及卫生系统、车内设施、驾驶设施等质量均需符合标准。

遇下述情况时，须先安排动车组进行试运行：

（1）新型动车组运营、新线开通前须安排动车组进行模拟试运行，主要对动车组与线路、站台设施、接触网供电、通信、信号设备等正式运营线路环境的适应性进行进一步检验，对机务、车务、电务、车辆、客运等运营各专业有关人员进行业务培训，并为开展作业演练、检验作业流程、磨合结合部、优化作业组织提供条件。

（2）动车组新造出厂后须安排进行新造试运行，是在线路上以动车组最高允许速度进行的试运行。主要是调试、整定动车组相关参数，检查各系统功能是否正常，是否满足合同技术规格要求。

（3）动车组高级检修修竣后须安排进行检修试运行，三级检修试运行主要是对动车组走行及专项检修改造部件进行检验，重点检查动车组转向架、制动系统、网络控制系统以及车端连接部位，检验动车组轮对轴箱、牵引电机、齿轮箱、电务车载设备运行状态；四、五级检修试运行主要是对转向架、制动系统、牵引系统、行车安全设备、电务车载设备、网络系统、空调、供电照明、车载设备、给水、卫生、信息等系统及门、窗、座椅等设备及改造部件进行检验。

（4）动车组临修更换转向架、轮对、万向轴、主变压器、牵引电机后，须安排进行临修试运行，其目的是确认动车组主要部件更换后的运转性能是否符合正式上线运营要求。

（5）动车组重要部件、软件加装、升级后须安排进行专项试运行，其目的是对重要部件、软件加装、升级后的动车组安全可靠性进行检验和验证。

四、车辆技术状态不良时的处理

（1）旅客列车在有库、客列检的车站，列检人员发现技术不良车辆时，应尽量在列车中修复。如在技检时间内不能修复时，应及时通知列检值班员与车站办理扣修手续，将技术不良车辆送往站修作业场或指定的地点修理。

（2）列车在其他车站发现技术不良车辆，因特殊情况不能摘下时，如能确保行车安全，经车辆调度员同意，可回送到指定地点进行施修。

（3）装有密接式车钩的客车回送时，原则上应附挂旅客列车回送。

五、车辆定期检修

（1）运用中的车辆，应按规定的定期检修周期进行检修。客车由配属车辆段按规定自行掌握扣修；货车检修周期到期、过期的车辆，由列检作业场按规定办理扣修（包括重车插票）。

（2）为保证按计划检修车辆，缩短修车时间，加速车辆周转，车站与车辆段双方签订取送车协议。车站应按协议规定，将取送车辆计划纳入车站调度日计划。车辆段扣修车辆时，应及时办理手续。

（3）车辆段调度员和列检值班员，要经常掌握扣车情况，与车站调度员加强联系，紧密配合，车站应做到及时取送列检扣修的厂修、段修、辅修、临修的检修车和出入厂、段的车辆。

六、动车组以外的列车制动试验

动车组以外的列车自动制动机是保证列车运行安全的关键设备。在列车制动试验时,要认真确认列车制动主管风压漏泄程度、贯通状态和制动作用是否良好,以便发现故障及时处理。列车自动制动机试验分为全部试验、简略试验和持续一定时间的全部试验三种。

1. 全部试验

(1)列检作业场对运行途中自动制动机发生故障的到达列车;

(2)旅客列车库内检修作业;

(3)在有客列检作业的车站折返的旅客列车。

站内设有试风装置时,应当使用列车试验器试验,连挂机车后只做简略试验。对装有空气弹簧等装置的旅客列车应当同时检查辅助用风系统的泄漏。

2. 简略试验

(1)客列检作业后和旅客列车始发前;

(2)更换机车或者更换机车乘务组时;

(3)无列检作业的始发列车发车前;

(4)列车软管有分离情况时;

(5)列车停留超过 20min 时;

(6)列车摘挂补机,或者第一机车的自动制动机损坏交由第二机车操纵时;

(7)机车改变司机室操纵时;

(8)列车进行摘、挂作业开车前。

在站简略试验:有列检作业的由列检人员负责,无列检作业的由车辆乘务员负责,无车辆乘务员的由车站人员负责。挂有列尾装置的列车由司机负责(挂有列尾装置的旅客列车,始发前、摘挂作业开车前及在途中换挂机车站、客列检作业站,有列检作业的由列检人员负责,无列检作业的由车辆乘务员负责)。

3. 持续一定时间的全部试验

旅客列车出库前应当进行持续一定时间的全部试验,在接近长大下坡道区间的车站,是否进行持续一定时间的全部试验,由铁路局集团公司规定。

七、动车组制动试验

动车组制动装置是保证动车组运行安全的关键设备。在动车组制动试验时,要认真确认动车组制动作用是否良好,制动主管压力是否正常,以便发现故障及时处理。

(1)动车组在出段(所)前或者折返地点停留出发前需要进行全部制动试验,一级检修作业后的动车组在出发前不再进行全部制动试验;

(2)动车组列车在始发前需在操纵端进行简略制动试验;

(3)动车组列车更换动车组司机(同向换乘除外)或者操纵端后,需进行简略制动试验;

(4)动车组列车在途中重联或者解编后,开车前需在操纵端进行简略制动试验;

（5）动车组列车使用紧急制动停车后，开车前需进行简略制动试验；

（6）动车组在采用机车救援、无动力回送连挂机车或者回送过渡车时，按动车组无动力回送作业办法进行制动性能确认。

八、列车编组顺序表的交接

动车组不办理编组顺序表交接。动车组以外的旅客列车编组顺序表按以下规定办理交接：

（1）在始发站由车站人员按列车编组顺序表核对现车，无误后，与司机办理交接。

（2）中途换挂机车时，到达司机与车站间、车站与出发司机间办理交接。仅更换机车乘务组时，机车乘务组之间办理交接。

（3）途中摘挂车辆时，车站负责修改列车编组顺序表。

（4）列车到达终到站后，司机与车站办理交接。

（5）车站与司机的交接地点均为机车停留位置。

任务4　列车制动

一、列车的换算闸瓦压力

列车的换算闸瓦压力按表3-1、表3-2规定计算。

机车计算重量及每台换算闸瓦压力表　　　　　　　　表3-1

种类	机型	计算重量(t)	换算闸瓦压力(kN)
电力机车	SS₃、SS₆	138	700
	SS₁	138	830
	SS₃B、SS₆B	138	680
	SS₄	184	900
	SS₇	138	1100
	SS₇E、SS₉	126	770
	SS₈	90	520
	DJ₁	184	1120
	6K	138	780
	8G、8K	184	880
	HXD1、HXD2	200	900(320)
	HXD1B、HXD2B、HXD3B	150	680(240)
	HXD1C、HXD2C、HXD3、HXD3C	138/150	680(240)
	HXD1D、HXD3D	126	790(280)

种类	机型	计算重量(t)	换算闸瓦压力(kN)
内燃机车	DF4、DF5、DF7、DF8、DF11	138	680
	DF11G、DF11Z	145	770
	DF7B、DF7C、DF7D	138	680
	DF8B	150	900
	BJ	90	680
	ND5	135	800
	HXN5、HXN3	150	680(240)
	NJ2	138	620(220)

注:1. 表中为按铸铁闸瓦换算闸瓦压力。

2. 新型机车根据120km/h速度下紧急制动距离在1100m以内的要求计算,括弧内为按 H 高摩合成闸瓦换算闸瓦压力。

车辆换算闸瓦压力表　　　　　　　　　　　　　　表3-2

种类	车型			每辆换算闸瓦压力(kN)	
				自动制动机列车主管压力按600kPa	人力制动机
客车	普通客车(踏面制动,120km/h)			(350)	(80)
	新型客车(盘形制动,120km/h,140km/h,160km/h)	120km/h	自重41~45t	137(412)	13
			自重46~50t	147(441)	
			自重51~55t	159(477)	
			自重≥56t	173(519)	
		双层		178(534)	13
		140km/h 及160km/h	自重41~45t	146(438)	13
			自重46~50t	156(468)	
			自重51~55t	167(501)	
			自重≥56t	176(528)	

注:1. 按 H 高摩合成闸瓦计算,括弧内为按铸铁闸瓦计算。

2. 旅客列车自动制动机主管压力为600kPa。

3. 客车车辆在列车主管压力为500kPa时的闸瓦压力,按600kPa时闸瓦压力的1:1.15换算。

二、列车制动限速

列车制动限速受每百吨列车重量换算闸瓦压力及下坡道坡度限制。普通旅客列车按表3-3规定;140km/h 旅客列车按表3-4 规定;160km/h 旅客列车按表3-5 规定。列车下坡道制动限速随下坡道千分数的增加而递减,坡道每增加1‰,限速减少1km/h 左右。

普通旅客列车制动限速表(km/h) 表 3-3

(计算制动距离 800m,高磷铸铁闸瓦)

i	每百吨列车重量的换算闸瓦压力 P(kN)													
	500	520	540	560	580	600	620	640	660	680	700	720	740	760
0	106	107	109	110	111	112	113	114	115	116	117	118	119	120
1	105	107	108	109	110	111	113	114	115	116	117	118	118	119
2	105	106	107	109	110	111	112	113	114	115	116	117	118	118
3	104	105	107	108	109	110	111	112	114	115	116	117	117	118
4	103	105	106	107	109	110	111	112	113	114	115	116	117	117
5	102	104	106	107	108	109	110	111	112	113	114	115	116	116
6	102	104	105	106	107	109	110	111	112	113	114	115	116	116
7	101	103	104	106	107	108	109	110	111	112	113	114	115	115
8	100	102	103	105	106	107	109	110	111	112	113	114	115	115
9	99	101	102	104	105	107	108	109	110	111	112	113	114	114
10	98	100	102	103	104	106	107	109	110	111	112	112	113	113
11	97	99	101	103	104	105	107	108	109	110	111	112	113	113
12	97	99	101	102	103	105	106	107	109	110	111	111	112	112
13	96	98	100	102	103	104	106	107	108	109	110	111	112	112
14	96	98	100	101	102	104	105	106	107	109	110	110	111	111
15	95	97	99	101	102	103	105	106	107	108	109	110	111	111
16	95	97	99	100	101	103	104	105	106	107	108	109	110	110
17	94	96	98	100	101	102	103	105	106	107	108	109	109	110
18	94	96	98	99	100	102	103	104	105	106	107	108	108	109
19	93	95	97	99	100	101	102	103	104	105	106	107	108	109
20	93	95	97	98	99	100	101	102	103	104	105	106	107	108

注:1. 每百吨列车重量的闸瓦压力低于 760kN 需限速运行。例如 22 型客车(踏面制动)编成列车在每百吨列车重量的闸瓦压力 660kN 条件下的制动限速为 115km/h。

2. 对于超过 20‰的下坡道,铁路局集团公司应当根据实际试验规定,对列车制动限速表作出规定。

3. i 为下坡道千分数(‰)。

4. 本表每百吨列车重量的换算闸瓦压力计算包括机车。

5. 本表适用于 120km/h 旅客列车。

140km/h 旅客列车制动限速表(km/h) 表 3-4

(计算制动距离 1100m,盘形制动)

i	每百吨列车重量的换算闸瓦压力 P(kN)							
	230	240	250	260	270	280	290	300
0	138	140						
1	137	139						
2	136	138						
3	135	137	140					

i	每百吨列车重量的换算闸瓦压力 $P(\mathrm{kN})$							
	230	240	250	260	270	280	290	300
4	135	137	139					
5	134	136	138					
6	133	135	137	140				
7	132	134	136	139				
8	132	134	136	139				
9	131	133	135	138				
10	130	132	134	137	140			
11	129	131	133	136	139			
12	128	130	132	135	138			
13	128	130	132	134	137	140		
14	127	129	131	133	136	139		
15	126	128	130	132	135	138		
16	125	127	129	131	134	137	140	
17	125	127	129	131	134	137	139	
18	124	126	128	130	133	136	139	
19	123	125	127	129	132	135	138	
20	122	124	126	128	131	134	137	139

注：1. 新型客车（盘形制动）每百吨列车重量按高摩合成闸片换算闸瓦压力应当在 275kN 以上。

2. 对于超过 20‰ 的下坡道，铁路局集团公司应当根据实际试验规定，对列车制动限速表作出规定。

3. i 为下坡道千分数（‰）。

4. 本表每百吨列车重量的换算闸瓦压力计算包括机车。

160km/h 旅客列车制动限速表（km/h）　　　　　表 3-5

（计算制动距离 1400m，盘形制动）

i	每百吨列车重量的换算闸瓦压力 $P(\mathrm{kN})$								
	230	240	250	260	270	280	290	300	310
0	155	158	160						
1	154	157	159						
2	153	156	159						
3	152	155	158	160					
4	151	154	157	159					
5	150	153	156	159					
6	149	152	155	158	160				
7	148	151	154	157	159				
8	147	150	153	156	159				
9	146	149	152	155	158	160			

续上表

i	每百吨列车重量的换算闸瓦压力 P(kN)								
	230	240	250	260	270	280	290	300	310
10	146	149	152	155	157	159			
11	145	148	151	154	156	159			
12	144	147	150	153	155	158	160		
13	143	146	149	152	155	157	159		
14	142	145	148	151	154	156	158		
15	141	144	147	150	153	155	157	160	
16	140	143	146	149	152	154	157	159	
17	139	142	145	148	151	154	156	159	
18	138	141	144	147	150	153	155	158	160
19	137	140	143	146	149	152	154	157	159
20	137	140	143	146	149	151	153	156	158

注：1. 新型客车(盘形制动)每百吨列车重量按高摩合成闸片换算闸瓦压力应当在 275kN 以上。

2. 对于超过 20‰ 的下坡道，铁路局集团公司应当根据实际试验规定，对列车制动限速表做出规定。

3. i 为下坡道千分数(‰)。

4. 本表每百吨列车重量的换算闸瓦压力计算包括机车。

三、关门车编挂

(1)列车中的机车和车辆的自动制动机，均应当加入全列车的制动系统。

(2)路用列车中因装载的货物规定需停止制动作用的车辆，自动制动机临时发生故障的车辆，准许关闭截断塞门(简称关门车)，编入路用列车的关门车数不得超过现车总辆数的 6%(尾数不足一辆按四舍五入计算)。关门车不得挂于机车后部三辆车之内，在列车中连续连挂不得超过两辆，列车最后一辆不得为关门车，列车最后第二、三辆不得连续关门。

(3)旅客列车不准编挂关门车。在运行途中(包括在站折返)如遇自动制动机临时故障，在停车时间内不能修复时，准许关闭一辆，但列车最后一辆不得为关门车，120km/h 速度等级及编组小于 8 辆的 140km/h、160km/h 速度等级列车按规定关门时需限速运行，车辆乘务员须向司机递交限速证明书。

四、列车紧急制动距离限值

列车在任何线路上的紧急制动距离限值按表3-6规定。

列车紧急制动距离限值表　　　　表3-6

列车类型	最高运行速度(km/h)	紧急制动距离限值(m)
旅客列车(动车组列车除外)	120	800
	140	1100
	160	1400

五、动车组最高运行速度

动车组的长度、重量及最高运行速度按表3-7规定。

动车组长度、重量及最高运行速度表 表3-7

动车组类型	换算长度(m)	整备重量(t)	计算重量(t)	最高运行速度(km/h)
CRH1A-200	19.4	429.7	483.1	200
CRH1A-250	19.4	432.6	483.1	250
CRH1A-A	18.6	431.0	480.0	250
CRH1B	38.8	857.6	961.5	250
CRH1E(不锈钢车体)	38.8	887.8	942.2	250
CRH1E(铝合金车体)	37.2	910.9	987.0(按座票定员)	250
CRH2A	18.3	375.8	425.9	250
CRH2B	36.5	745.3	846.3	250
CRH2E	36.5	813.1	869.8	250
CRH2E(纵向卧铺车)	37.5	836.2	915.4	250
CRH2G	18.3	393.3	442.3	250
CRH3A	19.1	438.9	487.9	250
CRH5A	19.2	430.0	479.7	250
CRH5G	19.2	429.0	478.0	250
CRH5E	38.0	927.3	999.9	250
CRH2C 一阶段	18.3	381.8	431.9	310
CRH2C 二阶段	18.3	401.5	451.6	350
CRH3C	18.2	432.0	476.6	310/350
CRH380A	18.5	411.4	452.3	350
CRH380AL	36.6	836.5	924.4	350
CRH380B	18.5	450.8	495.3	350
CRH380BG	18.5	454.9	499.4	350
CRH380BL	36.3	893.1	977.3	350
CRH380CL	36.4	902.8	987.0	350
CRH380D	19.6	464.7	510.0	350
CR400AF	19.0	427.8	472.3	350
CR400BF	19.0	461.8	506.3	350
CRH6F	18.3	383.4	471.6	160
CRH6A	18.3	382.2	417.9	200

注:CRH3C型动车组齿轮箱传动比为2.7931时,最高运行速度为310km/h;齿轮箱传动比为2.429时,最高运行速度为350km/h。

复习思考

1. 动车组列车编组有哪些要求？
2. 哪些车辆禁止编入列车？
3. 回送机车的编挂应遵循哪些规定？
4. 列车中车辆技术状态不良时应如何处理？
5. 铁路救援轨道起重机编入列车时有什么要求？
6. 列尾装置的使用有哪些规定？
7. 关门车编入列车时有哪些规定？
8. 动车组以外的列车自动制动机试验分为哪几种？

调车工作

项目内容

本项目主要介绍高速铁路调车工作的一般要求、领导与指挥、计划与准备、调车作业等内容。

学习目标

1.能力目标

能够认识高速铁路调车工作的重要性,在作业中能够认真执行调车工作制度,能够严格执行调车作业的有关规定,保证调车安全。

2.知识目标

了解和掌握高速铁路调车工作制度、调车作业方法以及机车车辆停留的要求。

3.素质目标

养成大局意识,培养爱岗敬业、团队协作的精神。

建议学时

4~6学时。

任务1　一般要求

调车工作是铁路运输生产的重要环节,是车站、动车段(所)的重要工作之一。除列车在车站的到达、出发、通过及在区间内运行外,凡机车车辆进行的一切有目的的移动统称为调车。高速铁路调车工作主要包括动车组出入段(所)、转线、重联或解编作业,旅客列车车底取送、解体、编组、转线、摘挂等作业,以及施工、路用列车解体、编组、转线、摘挂等作业。

一、调车工作的任务和要求

车站、动车段(所)的调车工作,应按列车运行图、车站或动车段(所)的技术作业过程及调车作业计划进行。参与调车工作有关人员应做到:

(1)及时办理动车组出入段(所)、转线及车底取送等作业,保证按列车运行图的规定时刻发车,不影响接车。

车站、动车段(所)组织动车组出入段(所)、转线的顺序及完成时间,应按列车运行图规定的各次列车发车时间去安排。发车前,正确编制动车组出段(所)、转线计划,合理运用到发线,及时将规定的动车组、车底调入到发线待发。列车终到后,及时组织进行动车组入段(所)、转线和检修作业,这样既可减少占用到发线时间,又可保证正常接发其他列车。这些作业都必须保证按列车运行图的规定时刻发车,不影响接车。

(2)充分运用一切技术设备,采用先进工作方法,用最少的时间完成调车任务。

调车作业中,调车人员要在经济合理地运用一切技术设备的基础上,最大限度地发挥技术设备的效能,采用先进工作方法,周密计划,合理安排,及时转线、快取快送,尽可能组织平行作业,压缩各种非生产时间,完成调车任务,提高调车效率。

(3)认真执行作业标准,保证调车有关人员的人身安全及行车安全。

调车工作是在动态中进行的,作业组织复杂、影响因素多,容易发生事故。因此,在调车工作中,所有人员必须认真执行规章制度,落实作业标准,才能防止事故的发生,保证调车人员的人身安全和作业安全。

二、调车工作的统一领导和单一指挥

高速铁路车站调车工作是由动车组司机、随车机械师、列车调度员、车站值班员、车务应急值守人员、信号员、调车作业人员、机车或自轮运转特种设备乘务人员等共同完成的,多工种在不同的条件和环境下联合作业,为了安全、迅速、准确、协调地完成调车作业任务,必须实行统一领导和单一指挥。

1. 统一领导

高速铁路采用调度集中,绝大多数车站为集控站,车站调车作业由该区段列车调度员(由车站负责办理调车进路时为车站值班员或车务应急值守人员)担当调车领导人。分场控制时的调车工作,由负责该场调车进路的列车调度员(车站值班员或车务应急值守人员)担当调车领导人。所有车站的调车工作,都应根据调车领导人的命令、计划办理;所有与调车工作有关的人员,必须认真执行调车领导人的命令、计划。

(1)CTC 中心操作方式的车站,车站调车作业由该区段列车调度员统一领导;由车站负责办理调车进路(CTC 车站调车操作方式、CTC 车站操作方式和非常站控模式)时为车站值班员或车务应急值守人员担当调车领导人。

(2)较大的枢纽站、多条高速铁路或高速铁路与普速铁路的交会站设有高速场、普速场、城际场时,车站调车工作由负责该场调车进路的列车调度员(车站值班员或车务应急值守人员)担当调车领导人。

2. 单一指挥

调车作业单一指挥就是对每台担当调车作业的调车动力(动车组、机车或自轮运转特种设备)在同一时间内只准由调车指挥人(无调车人员时为司机)一人指挥。所有调车有关人员(调车组、司乘人员等)都必须按调车指挥人的指挥进行作业。

(1)调车组担当的调车作业,由调车长指挥。

(2)无调车组、未配调车长情况下,必须进行调车时,可由经鉴定、考试合格的胜任人员担当调车指挥人。

(3)动车组自走行调车作业、机车及自轮运转特种设备转线等作业由司机负责,不另设调车指挥人。

三、调车作业通信设备的使用

(1)调车作业时,应使用机车综合无线通信设备、调度台(车站)FAS(固定用户接入交换机)终端或注册的 GSM-R 手持终端进行联系。

高速铁路配备了机车综合无线通信设备、调度台(车站)FAS 终端或注册的 GSM-R 手持终端、450MHz 无线调度通信设备、无线对讲机、无线调车灯显设备等设备,调车作业过程中,有关作业人员应充分使用这些设备,加强联系。

(2)使用机车进行调车作业时,应使用无线调车灯显设备(机车摘挂、转线等不进行车辆摘挂的作业除外),并使用规定频率,其显示方式须符合有关要求。无线调车灯显设备应与列车运行监控装置配合使用,无线调车灯显设备的使用、维修及管理办法由铁路局集团公司规定。

高速铁路利用机车进行调车作业时,应使用无线调车灯显设备。但动车组调车作业为自走行方式,自轮运转特种设备调车、机车摘挂、转线等作业过程简单,可不使用无线调车灯显设备。无线调车灯显设备与列车运行监控装置配合使用,能将无线调车灯显设备的机控器与列车运行监控装置相连,使列车运行监控装置接收无线调车灯显设备发出的指令,并按指令的要求控制调车速度,在调车作业中能够有效地防止调车超速连挂、调车冲突等。无线调车灯显设备的使用、维修、管理办法,由铁路局集团公司规定。

(3)无线调车灯显设备正常使用时停用手信号,对灯显以外的作业指令采用通话方式;无线调车灯显设备发生故障时,改用手信号作业。

为了避免灯显和手信号同时使用,增加调车作业环节和作业人员负担,形成"双指令",也给司机带来识别困难,因此,无线调车灯显设备正常时,调车作业人员应停用手信号。考虑到目前灯显设备存在部分作业指令和作业联系等无法显示的情况,为了保证作业安全,对此种情况可采用通话方式代替。无线调车灯显设备发生故障时,应停止作业,调车组人员间电台通话功能良好时,可使用电台相互联系,但调车长须改用手信号方式指挥司机。

四、调车作业中调车长的要求

在调车作业中,调车长既是组织者又是指挥者,对组织调车人员执行规章制度、落实作业标准,严格按规定和调车作业计划进行工作,保证安全,提高效率,全面完成任务,负有重要责任。因此,调车长不仅要做好本身的工作,还要组织、督促并指挥调车人员共同完成调车任务。

(1)调车作业前,调车长要组织完成和落实的有关准备工作。

①在计划安排方面,要传达核对计划,制定作业方法,进行作业分工,并针对重点工作进行安全预想;

②在工具准备方面,要对调车组的每台无线调车灯显设备进行检查试验,特别是须与司机试验确认无线调车灯显设备作用良好,要准备好口笛、安全带、灯具及防溜器具(铁鞋、止轮器)等;

③在了解情况方面,要掌握是否空线,各线车辆停留位置、停留车组间隔及检修、装卸、旅客上下车等作业是否完成,防护用具是否撤除等;

④在需要提前行动方面,选择防溜器具,对综合维修工区、动车段(所)的线路、道岔、大门、停留车辆、线路及车辆上下有无障碍物、堆放路料距离等进行检查。

(2)调车作业中,调车长应做好的工作。

①组织调车人员正确及时地完成调车任务。"正确"是指按调车作业计划——"调车作业通知单"的要求进行作业,做到停留车不堵门,尽量缩小车组间隔距离;取送客车和检修车时,要对好位置;编组列车、摘挂车辆时,要连挂正确等。"及时"是指按"调车作业通知单"要求的时刻,及时完成调车任务。

②正确及时地显示信号(发出指令),指挥作业。调车长显示的调车手信号或使用无线调车灯显设备发出的指令,是对调车作业行动发出的命令,有关人员必须认真执行,所以信号显示或发出的指令必须正确、及时。"正确"是指信

号显示方式或发出的指令意义必须符合有关规定,并做到规范化。如手信号显示要横平、竖直、灯正、圈圆等。"及时"是指根据不同作业要求及距离、速度、作业方法等,及时显示信号或发出指令。

③负责调车人员的人身安全和行车安全。保证调车作业中的人身安全和行车安全,是调车长最重要的责任之一。要求调车长认真学习规章制度和调车作业标准,熟悉调车作业技能,在作业中认真落实作业标准化,严格要求,不间断瞭望,并随时随地掌握参加作业人员的动态,了解他们执行作业标准情况,确认其所在位置及信号显示,发现情况不明、信号不清及其他特殊情况危及作业安全时,应立即采取停车措施,以确保人身安全和调车作业安全。

五、调车作业中司机的要求

司机负责调车动力(机车、动车组、自轮运转特种设备等)的操纵,是保证调车安全和完成调车任务的关键之一。因而司机应做到:

(1)组织动车组(机车、自轮运转特种设备)乘务人员正确及时地完成调车任务。

接收作业计划,确认调车作业方法与注意事项,并及时传达给本乘务组人员,组织本乘务组人员正确及时地完成调车任务。

(2)负责操纵动车组(机车、自轮运转特种设备),做好整备,保证机车、自轮运转特种设备质量良好。

开始调车作业前,组织本乘务组人员按规定做好相关设备整备,调车作业中负责操纵机车(动车组、自轮运转特种设备),确保机车(动车组、自轮运转特种设备)质量良好;开始作业前,应检查确认车载通信设备、列控车载设备(列车运行监控装置、轨道车运行控制设备)良好,使用无线调车灯显设备调车作业时,还应与调车长共同试验确认无线调车灯显设备作用良好。

(3)时刻注意确认信号,不间断地进行瞭望,认真执行呼唤应答制,正确及时地执行信号显示(作业指令)和调车速度的要求,没有信号(指令)不准动车,信号(指令)不清立即停车。

调车手信号和无线调车灯显设备发出的指令是对调车作业发出的命令,作业中要认真确认、执行信号显示(作业指令)和调车速度的要求。没有信号或指令不准动车,遇有固定信号、手信号显示不明或不正确和无线调车灯显设备故障、指令不清、错误显示、无信号显示或接到紧急停车指令时,要立即停车,确认信号或指令后再行作业,严禁臆测行车。

(4)负责调车作业的安全。不间断的瞭望,确认信号显示(作业指令),督促本乘务组人员注意瞭望、互控,认真执行呼唤应答制度,发现危及人身或作业安全时,要立即采取措施确保安全。

任务2　调车作业计划

调车作业计划是调车人员的行动依据,调车领导人是通过调车作业计划来实现对调车工作的领导,完成调车工作任务。调车领导人必须根据日计划、列车运行图和车站技术作业过程等要求,结合动车组、客车底、车辆分布情况,正确及时地编制、布置调车作业计划。

1.调车作业计划的编制

调车领导人编制调车作业计划时,应根据列车到发计划、动车组(客车底)运用计划、车底套用情况、动车组(客车底)检修计划和施工、路用列车编组等,在保证安全的前提下,合理安排调车作业顺序,做到计划周密,正确无误,尽可能地实现各项作业均衡衔接。

在编制计划时要在充分考虑各方面因素的基础上,努力提高作业效率,用最少的作业钩数,最短的调车行程,占用最少的线路,消耗最少的时间,完成日计划所规定的各项调车工作任务。

(1)根据日计划、列车运行图和列车运行计划等,掌握列车到达和始发时刻,提前做好计划,使调车作业有序衔接;

(2)计划内容正确,减少变更;

(3)计划完整,占用股道、出入段(所)动车组对应车次、取送车底名称、摘挂车数等准确,注意事项详细。

2.调车作业计划的下达

高速铁路使用机车进行调车作业少,司机对车站、动车段(所)设备及停留车位置不够熟悉,进行有车辆摘挂的调车作业时,不论作业计划钩数多少,均使用有示意图的"调车作业通知单"(示意图可另附),以书面形式下达,为作业提供方便条件,确保作业安全有序进行。

在"调车作业通知单"上,应有调车作业的机车(自轮运转特种设备)或车次、计划开始与终了时间、使用线路、摘挂辆数、注意事项等。

3.调车作业方法的制定与传达

为正确及时地完成调车作业计划,调车指挥人每次接受调车作业计划后,应根据计划内容和要求,结合设备、车辆停留和人员配备等情况,制定具体的调车作业方法,连同注意事项亲自向司机交递和传达;对调车组人员也应亲自传达,由于距离较远,亲自传达有困难时,应指派连结员进行传达,使参加调车作业的人员明确作业方法和注意事项,按照计划统一协调行动。

4.调车指挥人确认

调车指挥人确认有关人员均已正确了解调车作业计划、掌握作业要求及注意事项后,方可开始作业。

5.调车作业计划的变更

调车作业计划下达后或调车作业过程中遇特殊情况需变更调车作业计划时,调车领导人应通知调车指挥人(无调车指挥人时为司机)先停止作业,重新编制并下达调车作业计划;调车指挥人须重新制定作业方法和分工,连同注意事项等一并向司机和调车人员传达,确认无误后,方可继续作业。

6.动车组等转线调车作业计划

动车组、路用列车及机车、自轮运转特种设备需转线时,作业简单,不需要其他调车人员参与,司机根据需要向列车调度员(车站值班员或车务应急值守人员)提出申请,列车调度员(车站值班员或车务应急值守人员)可不编制书面调车计划,以口头通知的形式向动车组(机车、自轮运转特种设备)司机进行布置、下达,但需将作业办法、内容和注意事项向司机传达、布置清楚并听取复诵无误,在计划布置、下达完毕,进路准备好后,方可通知司机开始作业。

任务3 调车作业

一、调车作业的准备工作

提前做好调车作业前的准备工作,做好安全预想,才能顺利地进行调车作业,安全迅速地完成调车任务。调车作业前主要做好下列准备工作:

(1)提前核对计划及相关调度命令,确认进路。

在调车作业开始前,为了使调车作业人员清楚作业计划、分工、注意事项,有关人员应核实、确认计划及相关调度命令,做好安全预想。特别是调车指挥人不能亲自传达布置调车作业计划的人员,更要认真核对计划,防止错漏。

确认进路是确保调车作业安全的重要环节,不仅要确认进路上所有相关调车信号机都处于开放状态,而且要做到钩钩确认。在轨道电路分路不良区段进行调车作业时,调车组人员(司机)还应确认调车车列(机车)到达指定地点后,再通知进路准备人员排列进路,防止因轨道电路分路不良造成道岔途中转换,危及调车安全。

(2)进行车辆摘挂、转线的作业,提前检查线路、道岔(集中联锁区除外)、停留车及车辆防溜等情况。

挂车前应先检查停留车是否采取了防溜措施,牵出或推进车列时,要检查车下有无铁鞋、止轮器,人力制动机是否松开(人力制动机紧固器是否取下),防止因拉鞋、轧止轮器或抱闸造成事故。对摘下需要采取防溜措施的车辆,要检查是否按规定采取了防溜措施,是否牢靠固定、防盗措施齐全。

(3)准备足够的良好防溜器具。作业前,应准备足够良好的铁鞋、止轮器、紧固器,选好人力制动机,确保防溜器具数量足够。

(4)无线调车灯显设备试验良好。使用无线调车灯显设备的调车作业,作业开始前必须进行试验,作业过程中必须时刻保持无线调车灯显设备良好的状态,以防作业过程中发生故障,影响调车作业的正常进行。

二、调车速度

调车作业的最高速度是根据调车作业的特点和安全需要规定的,要求参加调车作业的人员必须认真遵守。

(1)在空线上牵引运行时,不准超过40km/h;推进运行时,不准超过30km/h;动车组后端操作时,不准超过15km/h。

调车作业时,调车机车在作业中经常牵出和推进作业交替进行,规定在空线上牵引运行时,不得超过40km/h。推进运行时,因车列在前,司机不便于瞭望前方的进路和信号,只依靠车列前端负责瞭望的调车人员向调车指挥人显示信号或发出指令,再由调车指挥人显示减速或停车信号(指令),而中转信号、通信联系等需要时间,一旦发生险情,司机制动的时机延迟,容易造成事故,故调车速度不得超过30km/h。动车组调车作业后端操作时,类同于推进运行,速度不准超过15km/h。

(2)调动乘坐旅客车辆时,速度不准超过15km/h。

(3)接近连挂车辆时,速度不准超过5km/h。

(4)在尽头线上调车时,距线路终端应有10m的安全距离;遇特殊情况,必须近于10m时,要严格控制速度。

尽头线的终端一般为车挡或尽头站台,一旦速度超速,可能造成前端车辆冲上车挡或与尽头站台发生冲突,所以距线路终端要留出10m的安全距离。在尽头式站台上进行装卸作业等特殊情况,必须进入10m安全距离以内时,要严格控制速度,保证安全。

(5)电力机车、动车组在有接触网终点的线路上调车时,应控制速度,距接触网终点标应有10m的安全距离;遇特殊情况,必须近于10m时,要严格控制速度。

为了防止担当调车作业的电力机车或动车组越过接触网终点标进入无网区,造成刮弓、塌网等事故,电力机车或动车组在该线路上调车时,调车人员与司机应严格控制速度,并保证距接触网终点标有10m的安全距离。遇特殊情况,必须近于10m时,要严格控制速度,确保不越过终点标。

(6)为防止调车作业中连挂冲撞、超速连挂等影响旅客上下车平稳、安全,在旅客上下车期间,旅客未上下车完毕,除本务机车、补机摘挂作业外,不得同时进行旅客列车(车底)的连挂作业。

(7)遇天气不良等非正常情况,应适当降低速度。

三、调车作业的要求和限制

(1)高速铁路禁止溜放调车、手推调车和跟踪出站调车作业。高速铁路坡度大,且多为动车组列车运行和动车组调车作业,站场条件有限、列车运行速度高、安全标准和要求高,为确保安全,高速铁路禁止溜放调车、手推调车和跟踪出站调车作业。

(2)为确保安全,调车作业人员须停车上下。

(3)调车信号机故障不能开放时,调车指挥人(司机)无法从设备上确认进路和取得允许运行的信号,考虑调车作业是按计划进行,作业大多是在车站、动车段(所)的咽喉和线路间进行,故障发生后不宜长时间停留、等待,影响咽喉能力和调车任务,因此,允许进路准备人员通过 CTC 终端(非常站控时为集中联锁设备)将相关道岔操纵至所需位置并实施单独锁闭,确认调车进路准备妥当后通知调车指挥人(司机)准许越过故障的调车信号机,调车指挥人指挥司机或司机接到通知后越过故障的调车信号机,继续进行作业。

四、动车组调车作业

(1)动车组自带动力,一般情况下动车组进行调车作业应采用自走行方式(故障救援、非电化区段调车等必要时才采用动车组无动力调车方式)。司机根据调车作业计划,凭地面信号机的显示进行作业。

(2)动车组是固定编组、单独运用,与其他机车车辆连挂时需使用过渡车钩。为减少使用过渡车钩影响作业效率,防止作业过程中机车车辆的碰撞、冲击对动车组造成损伤,动车组禁止连挂其他机车车辆(动车组故障时连挂救援机车,动车组连挂回送过渡车以及动车组无动力调车时的调车机车、公铁两用牵引车除外)调车。

(3)动车组自走行调车作业时,司机应在动车组运行方向的前端操作,前方进路的确认由动车组司机负责。在不得已情况下必须在后端操作时,应指派随车机械师或其他胜任人员站在动车组运行方向的前端指挥,发现危及行车或人身安全时,应立即使用紧急停车按钮(紧急制动装置)使动车组停车或通知司机停车。

动车组调车作业司机在后端操作时,司机无法瞭望前方的进路和信号,只依靠前端负责瞭望的随车机械师或其他胜任人员指挥,一旦发生险情,司机制动的时机有可能延迟,容易造成事故,调车速度应加以限制,速度不得超过15km/h。

五、动车组以外的调车作业

动车组以外的调车作业是指除动车组自走行以外的调车作业,包括使用机车调车作业(含使用机车调动动车组)、自轮运转特种设备调车作业等。

1. 调车作业时,凭地面信号机的显示运行

有调车指挥人时,凭调车指挥人的指令及地面信号机的显示运行,没有看到调车指挥人的起动信号,不准动车。有调车指挥人时,司机需凭调车指挥人

的手信号(无线调车灯显设备发出指令)及地面信号机的显示运行,每钩作业动车前,须由调车指挥人确认条件具备,发出起动信号(或指令),司机确认调车指挥人的起动信号(或指令)、牵引或单机运行时还要确认地面信号机显示正确后,方可动车。

2.信号显示的规定

(1)调车作业过程中,调车人员需按规定及时、正确地显示信号或使用无线调车灯显设备发出指令;司机须不间断地确认地面信号机和调车指挥人显示的手信号(无线调车灯显设备发出指令),并须及时回示,表示确已收到。

(2)推进连挂车辆时,调车指挥人应根据停留车位置的距离,及时显示"十、五、三车"距离信号或发出相应的指令:在调车车列前端距离被连挂车辆十车(约110m)时,显示十车信号或发出"十车"的指令;距离五车(约55m)时,显示五车信号或发出"五车"的指令;距离三车(约33m)时,显示三车信号或发出"三车"的指令。如距离不足十车时,仅显示"五、三车"信号或发出"五、三车"的指令;不足五车时,仅显示"三车"信号或发出"三车"的指令;不足三车时,仅显示接近连挂信号或发出相应的指令。

推进连挂车辆时,司机须时刻注意确认"十、五、三车"距离信号或无线调车灯显设备的指令,及时回示。同时,应按信号或指令的要求正确控制速度。为避免司机误认,调车指挥人在距停留车十车以内,不再显示减速信号。调车指挥人显示"十、五、三车"距离信号或发出指令后,如发现司机未回示或没有按规定减速时,应立即显示停车信号或发出紧急停车指令。

单机或牵引挂车时,因司机视线不受影响,调车指挥人可不显示"十、五、三车"距离信号,使用无线调车灯显设备时可不发出"十、五、三车"指令。

(3)推送车辆时,要先试拉(牵出后折返推送作业时除外),以检查车钩连挂状态,防止车钩没有挂好,导致推进中车辆溜逸发生事故。在同一线路内,连续连挂车辆时,可不停车连挂,但要确认连挂状态,车组间距超过十车以上时,必须顿钩或试拉。

推送车辆运行或连挂其他车辆时,调车指挥人确认前方进路和"十、五、三车"距离有困难时,可指派制动员、连结员在推进车辆的前部进行瞭望确认,有关人员须及时显示相关信号或发出指令,推进车辆较多时应派中转人员按规定中转信号,调车长应掌握显示信号或发出指令情况,发现盲目推进等情况时,要及时采取减速或停车措施。

(4)有天气不良、照明不足或地形地物影响等原因,调车指挥人看不清停留车位置时,应派人在停留车的连结一端显示停留车位置信号。

3.调车作业人员的规定

调车作业是一项复杂的工作,涉及进路、信号的确认,停留车及线路的检查,车辆的摘挂、软管摘结、防溜措施的采取与撤除及机车车辆的移动等,一个人很难完成上述工作,除机车、自轮运转特种设备转线作业由司机负责完成作业外,其他调车作业应另配足够的调车人员,以确保调车作业顺利进行,确保作业安全和人身安全,更好地完成调车任务。

(1)由于高速铁路车站基本不配属调车机车和专门的调车人员,而施工路用列车均自带动力(机车或自轮运转特种设备)进入高速铁路运行和作业,是有计划进行的,施工(使用)单位应根据施工计划和作业需要提前做好调车动力和调车人员的配备工作。施工路用列车、自轮运转特种设备调车作业时,施工(使用)单位或所属单位可以使用本单位的调车动力和调车人员,也可向其他单位租用,具体办法由所属铁路局集团公司规定。

(2)为保证调车作业安全和人身安全,更好地完成调车任务,确保除调车指挥人外,至少有人配合作业,如推送车辆作业前方领车瞭望、确认停留车位置、车辆防溜或撤除防溜措施等,参加作业的调车人员至少必须达到两人,否则不准进行调车作业。

4. 调车进路的确认

调车进路的确认是保证安全的重要基础,为明确责任,规定机车、自轮运转特种设备运行或牵引车辆运行时,前方进路的确认由司机负责;推进车辆运行时,前方进路的确认由调车指挥人负责。在推进车辆运行中,调车指挥人应站在即易于确认前方进路,又能使司机看见其显示信号(指令)的位置。如两者不能兼顾时,调车指挥人应站在能使司机看见其显示信号(指令)的位置,车列前部再指派其他调车人员确认进路,并及时向调车指挥人显示信号或使用无线调车灯显设备发出指令。

六、正线、到发线上调车作业

(1)列车调度员(车站控制时为车站值班员)是车站接发列车的组织者和指挥者,对不间断地接发列车负有直接责任。车站的正线、到发线主要办理列车接发、通过、会让作业,因此,占用或影响正线、到发线的调车,必须经过列车调度员(车站控制时为车站值班员)的准许。

(2)在接发列车时,调车作业占用或穿过列车进路直接影响接发列车作业,称为影响列车进路的调车作业。列车调度员(车站控制时为车站值班员)应掌握调车作业情况,按《行细》规定的时间,确认影响列车进路的调车作业和对列车运行安全有影响的其他作业已停止,再排列接发车进路,开放信号。

(3)在接发旅客列车时,除应遵守正线、到发线及影响列车进路的调车作业相关规定外,为防止调车中的机车车辆溜逸、冒进信号闯入接发车进路,与正在进出站的旅客列车发生冲突,在接发旅客列车时,与接发列车进路没有隔开设备或脱轨器的线路,不准向能进入接发列车进路的方向调车。

接发旅客列车时,与接发列车进路没有隔开设备或脱轨器的线路,本务机车在停留线路内摘挂作业,由于机车移动范围小,为了尽可能地压缩非生产等待时间,提高效率,允许与接发旅客列车同时进行,但须严格控制速度,只能在本线路内进行。

(4)由于在高速铁路区段,调车作业大多在正线或到发线进行,且许多车站线路地面不设调车信号机,使用列车信号进行调车作业,为确保调车作业安全,同一股道只允许一端调车作业,禁止两端同时向同一股道排列调车进路。

(5)调车作业中,应执行钩钩联系制度。每钩作业前,司机(调车指挥人)应主动向列车调度员(车站负责办理调车进路时为车站值班员或车务应急值守人员)请求进路;进路准备妥当后,列车调度员(车站值班员或车务应急值守人员)方可通知司机(调车指挥人)。

七、越出站界调车

越出站界调车是在区间空闲(自动闭塞为第一闭塞分区空闲)的情况下,进入区间调车的一种方法。由于是进入区间即两个车站的公共区域,不同于一般的站内调车作业,为了保证列车运行和调车作业的安全,必须遵守下列规定:

(1)必须区间(自动闭塞区间正方向为第一个闭塞分区)空闲,单线自动闭塞区间闭塞系统还应在发车位置;由列车调度员发布准许越出站界调车的调度命令后,方可进行。该命令同时发给关系区间两端站(线路所)(列车调度员负责办理调车进路的除外);反方向越出站界调车时,不需要停止基本闭塞法。

(2)越出站界调车期间,相邻站(线路所)禁止向该区间放行列车。越出站界调车作业完毕,司机或调车指挥人应报告列车调度员(车站值班员或车务应急值守人员)。车站值班员、车务应急值守人员应及时报告列车调度员,列车调度员通知两端站(线路所)后方可组织行车。

(3)需在未设调车信号机的线路上调车作业时,根据需要可按越出站界调车作业办理,办理列车进路(进、出站信号机常态为灭灯时,应点灯)时,由列车调度员发布准许越出站界调车的调度命令,司机根据调度命令和进、出站信号机的显示进行调车作业。

任务4 机车车辆停留

一、机车车辆的停留

为确保动车组列车运行安全和有关作业安全,机车车辆在车站停留时必须停在警冲标内方,并遵守以下规定:

(1)有动车组以外的旅客列车上线运行的高速铁路,在动车组运行时段,除动车组、旅客列车车底及本务机车外,车站正线、到发线不应停留其他机车车辆。临时停留的其他客货车辆、施工机械、施工路用列车及车辆、自轮运转特种设备等应转入正线、到发线以外的线路,以防止正线、到发线停留的机车车辆非正常进入列车运行径路。受车站线路条件限制及作业需要等特殊情况下确需在到发线停留时,由铁路局集团公司制定安全措施,明确停留期间机车车辆防溜、线路隔开、作业要求、人员机具管理及邻线行车限制等事宜。

(2)仅运行动车组列车的高速铁路,在动车组运行时段,车站正线、到发线不应停留动车组以外的其他机车车辆。临时停留的动车组以外的其他机车车辆应转入正线、到发线以外的线路,以防止正线、到发线停留的机车车辆非正常进入列车运行径路。受车站线路条件限制及作业需要等特殊情况下确需在到发线停留时,由铁路局集团公司制定办法和安全措施,明确停留期间机车车辆防溜、线路隔开、作业要求、人员机具管理及邻线行车限制等事宜。

(3)临时停留公务车的线路,应将两端道岔置于不能进入该线的位置并在控制台上进行单独锁闭(非集中联锁及联锁失效的道岔需现场加锁),不准利用该线进行与其无关的调车作业。

(4)安全线上禁止停留机车车辆。

二、机车车辆的防溜

高速铁路车站线路基本上是正线、到发线,而且运行的多为动车组列车,运行速度高,一旦发生机车车辆溜逸,将造成十分严重的后果,所以机车车辆防溜工作至关重要。

1. 动车组防溜

动车组为固定编组,调车作业大多是自走行作业,除使用机车调车作业外,不需要车站人员参与,而且动车组大多带有停放制动装置,可保证动车组无动力停留安全。特殊情况下人工防溜时也需使用动车组自配的铁鞋(止轮器)。

(1)动车组无动力停留时,有停放制动装置的动车组,由司机负责将动车组处于停放制动状态;动车组无停放制动装置或在坡度为20‰以上的区间无动力停留时,由司机通知随车机械师进行防溜,防溜时应使用铁鞋牢靠固定。

(2)重联动车组在设置铁鞋(止轮器)防溜时,仅在前列采取防溜措施。因单列防溜能确保防溜效果,同时也能减少作业环节和作业强度。

(3)如需在同一股道内停留两列不重联的动车组时,两列动车组间隔应不小于20m 的安全防护距离(动车段、动车所内的股道除外),并分别进行防溜。

2. 车辆防溜

(1)车辆在车站停留时,应连挂在一起,拧紧两端车辆的人力制动机,并以铁鞋牢靠固定。特殊情况下分组停放时,应分别采取防溜措施。

(2)一批调车作业中临时停留的车辆,须拧紧两端车辆的人力制动机或以铁鞋止轮。

(3)调车作业实行"谁作业、谁防溜(撤除)"的原则,防溜措施的设置和撤除由调车人员(机车及自轮运转特种设备为司机,其他无调车人员的为设备使用单位人员)负责。

3.机车及自轮运转特种设备防溜

机车及自轮运转特种设备在车站停留时,由司机负责将其保持制动(防溜)状态,并按规定采取止轮措施。

4.施工路用车辆及自轮运转特种设备

施工路用车辆及自轮运转特种设备需在车站停留时,使用单位应派人负责看守。其他车辆在车站到发线停留时,由车站人员(车务应急值守人员或其他胜任人员)对其防溜措施进行检查、确认。

三、防溜器具管理

(1)为保证车辆防溜的需要,车站行车室必须配备足够良好的防溜器具。

防溜器具必须符合相关技术标准,其主要包括人力制动机紧固器、止轮器、铁鞋等。防溜器具的使用、管理实行登记、交接制度,有关作业人员来行车室领取、使用或交回防溜器具时,均须办理登记交接手续,领取(交回)人与保管人共同清点数量、编号无误,确认状态良好后分别签认。车站值班员(车务应急值守人员)负责日常保管和交接,确保数量齐全、状态良好。发生防溜器具丢失、损坏时,应及时补充、更换,办理备案登记手续。

(2)车站值班员(车务应急值守人员)须在行车室对停留车及其防溜情况进行揭示。作业人员采取或撤除防溜措施后,应立即告知车站值班员(车务应急值守人员),一批作业结束后双方进行签认。

复习思考

1.什么是调车?

2.调车领导人和调车指挥人如何确定?

3.在调车作业中对调车长和司机有哪些基本要求?

4.调车作业前应做好哪些准备工作?

5.调车速度有哪些规定?

6.调车作业有哪些限制?

7.动车组调车作业有哪些规定?

8.机车车辆停留有何规定?

9.车辆防溜有何要求?

10.防溜器具管理有哪些规定?

列车运行

项目内容

本项目主要介绍高速铁路行车闭塞、接发列车、列车区间运行组织等。

学习目标

1. 能力目标

能按有关规定,组织列车在车站、区间运行,实现列车按图行车。

2. 知识目标

了解接发列车的基本要求,掌握列车在车站、区间运行的组织方法。

3. 素质目标

培养严格执行作业标准、操作规程的职业精神。

建议学时

4~6 学时。

任务1　行车闭塞

一、区间及闭塞分区的划分

列车运行是以车站、线路所所划分的区间及自动闭塞区间的通过信号机或区间信号标志牌所划分的闭塞分区作间隔。区间及闭塞分区的界限,按下列规定划分:

1. 站间区间——车站与车站间

(1)在单线上,以进站信号机柱中心线为车站与区间的分界线。单线铁路站间区间如图5-1所示。

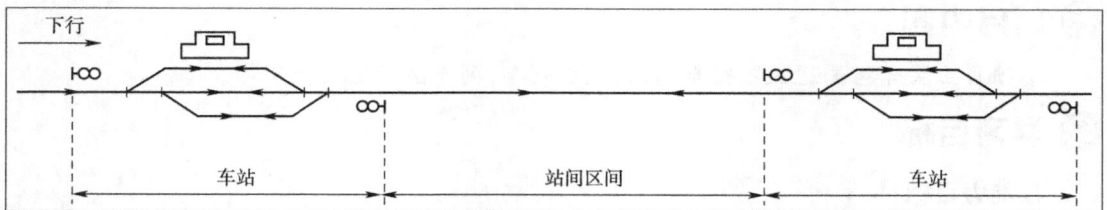

图5-1　单线铁路站间区间

(2)在双线或多线站间区间的各线上,分别以各该线的进站信号机柱或站界标的中心线为车站与区间的分界线。双线铁路站间区间如图5-2所示。

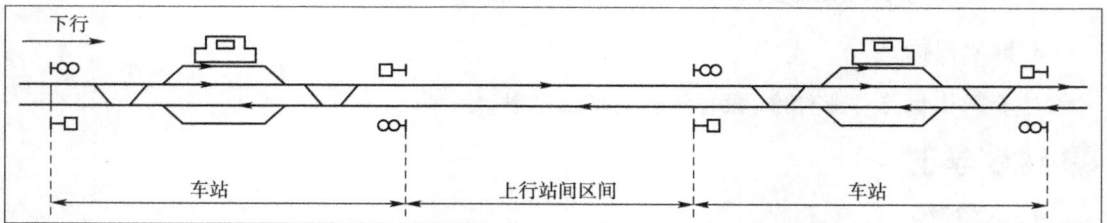

图5-2　双线铁路站间区间

2. 所间区间——两线路所间或线路所与车站间

以该线上的通过信号机柱的中心线为所间区间的分界线。设有进站信号机的线路所,所间区间的分界方法与站间区间相同。双线铁路所间区间如图5-3所示。

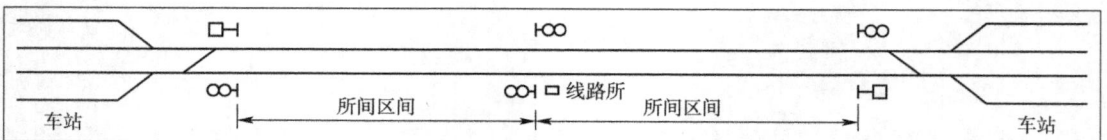

图5-3　双线铁路所间区间

3.闭塞分区——自动闭塞区间同方向相邻的两架色灯信号机间

以该线上的通过信号机柱的中心线为闭塞分区的分界线。双线铁路自动闭塞分区如图5-4所示。

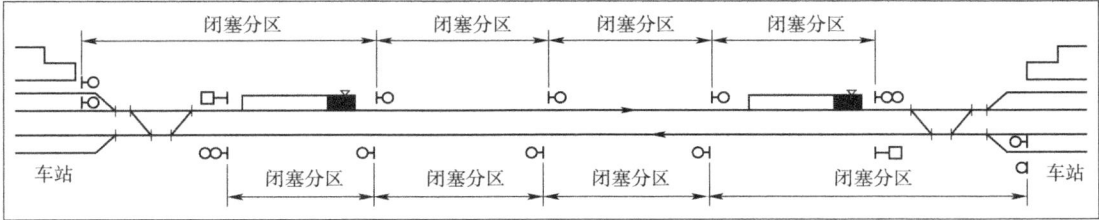

图5-4　双线铁路自动闭塞分区

二、行车闭塞法

在列车运行时,通过相邻车站、线路所、闭塞分区的设备或人为控制,使列车与列车相互间保持一定间隔,以保证列车安全运行的行车方法称为行车闭塞法。行车闭塞法有空间间隔法和时间间隔法两种。

1.空间间隔法

空间间隔法也叫距离间隔法,以车站、线路所所划分的区间,自动闭塞区间的通过信号机所划分的闭塞分区,作为两列车间隔的行车方法。在同一时间一个区间或闭塞分区内,只准一列列车运行。空间间隔法有以下优点:

(1)由于铁路线路划分成若干个区间或闭塞分区,在一定时间内每一区间(闭塞分区)都可以开行列车,这样可提高通过能力。

(2)由于在车站都有为列车到、发、会让而铺设的配线,可保证列车安全会让。

(3)由于在一个区间(闭塞分区)只准许一列列车运行,列车可按规定的速度在区间运行,这样既能在保证行车安全的情况下提高列车速度,又能提高区间通过能力,加速机车车辆周转。

(4)有的区段在干线上设立了线路所,对提高通过能力,也起到一定作用。

基于空间间隔法有以上优点,我国铁路正常行车采用空间间隔法。

2.时间间隔法

时间间隔法,是指在一个区间,按规定的时间,将同方向运行的列车彼此间隔开运行。即第一列车发车后,经过一定的时间,再发出下一列列车。

由于用时间间隔列车,没有设备上的控制,容易发生事故,安全性较差。所以采用这种间隔放行列车只有在特殊情况下(如临时性的缓解列车堵塞、事故起复后的车流疏散、战时行车等)采用。

我国高速铁路采用的使列车相互间保持一定间隔的方法有基本闭塞和电话闭塞。基本闭塞有自动闭塞、自动站间闭塞两种。电话闭塞是当基本闭塞不能使用时所采用的代用闭塞方法。

三、自动闭塞

自动闭塞是将站间区间划分为若干闭塞分区,以闭塞分区作为列车追踪运行空间间隔,根据列车运行及有关闭塞分区状态,自动变换信号显示和发送列车移动授权信息,列车凭地面信号或车载信号行车的闭塞方法。

1.正常情况下的行车凭证

(1)列控车载设备显示的允许运行的速度值。使用自动闭塞法行车,动车组列车在完全监控、引导或者部分监控模式下运行时,行车凭证为列控车载设备显示的允许运行的速度值。

(2)允许运行的信号(在信号机常态灭灯的区段,信号机应点灯)。动车组列车按 LKJ 方式运行及动车组以外的列车,在信号机常态点灯的区段,进入闭塞分区的行车凭证为出站或者通过信号机显示的允许运行的信号;在信号机常态灭灯的区段,进入区间的行车凭证为出站信号机或者线路所通过信号机显示的允许运行的信号,信号机应点灯。

2.发车预告的办理

(1)调度集中区段。一个调度区段内可不办理发车预告手续。

(2)两相邻调度集中的调度区段间或者调度集中区段车站(线路所)向非调度集中区段车站(线路所)发车时,由系统自动办理发车预告,遇设备故障无法自动办理时,人工办理发车预告(相邻调度区段列车运行调整计划一致时可不办理发车预告)。非调度集中区段车站(线路所)向调度集中区段车站(线路所)发车时,车站值班员应当向列车调度员(车站控制时为车站值班员)办理发车预告。

3.特殊情况下的行车凭证

(1)在信号机常态点灯的 CTCS-2 级自动闭塞区段,特殊情况下办理发车的行车凭证规定见表 5-1。

信号机常态点灯的 CTCS-2 级自动闭塞区段特殊情况下办理发车的行车凭证表　表 5-1

序号	特殊情况	控车方式	行车凭证	发给行车凭证的依据	附带条件
1	出站信号机(线路所通过信号机)故障时发出列车	LKJ(GYK)控车	调度命令	1.确认第一个闭塞分区空闲 2.确认道岔位置正确及进路空闲	以不超过 20km/h(动车组列车为不超过 40km/h)速度运行至第一架通过信号机,按其显示的要求执行
2		隔离模式运行		1.确认区间空闲 2.确认道岔位置正确及进路空闲	以不超过 40km/h 速度运行至前方站进站信号机(线路所通过信号机)
3	发车进路信号机故障时发出列车	LKJ(GYK)控车	调度命令	1.确认发车进路空闲 2.确认道岔位置正确	以不超过 20km/h(动车组列车为不超过 40km/h)速度运行至次一信号机
4		隔离模式运行			以不超过 40km/h 速度运行至次一信号机

序号	特殊情况	控车方式	行车凭证	发给行车凭证的依据	附带条件
5	区间一架及以上通过信号机故障时发出列车	CTCS-2级控车	列控车载设备显示的允许运行的速度值	确认区间空闲	
6		LKJ(GYK)控车	出站信号机(线路所通过信号机)显示的允许运行的信号		
7	反方向发出列车	CTCS-2级控车	列控车载设备显示的允许运行的速度值	1.确认区间空闲 2.反方向行车的调度命令	
8		LKJ(GYK)控车	出站信号机(线路所通过信号机)显示的允许运行的信号		

（2）CTCS-3级以及信号机常态灭灯的CTCS-2级自动闭塞区段,特殊情况下办理发车的行车凭证规定见表5-2。

CTCS-3级以及信号机常态灭灯的CTCS-2级自动闭塞区段特殊情况下办理发车的行车凭证表　　表5-2

序号	特殊情况	控车方式	地面信号机状态	行车凭证	发给行车凭证的依据	附带条件
1	开放引导信号发出列车	CTCS-3级控车 CTCS-2级控车	灭灯	列控车载设备显示的允许运行的速度值	1.确认第一个闭塞分区空闲(发车进路信号机开放引导信号时,为确认至次一信号机间空闲) 2.确认道岔位置正确及进路空闲	
2		LKJ(GYK)控车	点灯	出站信号机(发车进路信号机、线路所通过信号机)显示的允许运行的信号	1.确认区间空闲(发车进路信号机开放引导信号时,为确认至次一信号机间空闲) 2.确认道岔位置正确及进路空闲	

序号	特殊情况	控车方式	地面信号机状态	行车凭证	发给行车凭证的依据	附带条件
3	出站信号机(线路所通过信号机)故障且引导信号不能开放时发出列车	LKJ(GYK)控车	点灯	调度命令	1.确认区间空闲 2.确认道岔位置正确及进路空闲	以不超过40km/h速度运行至前方站进站信号机(线路所通过信号机)
4		隔离模式运行				
5	发车进路信号机故障且引导信号不能开放时发出列车	LKJ(GYK)控车	点灯	调度命令	1.确认发车进路空闲 2.确认道岔位置正确	以不超过20km/h(动车组列车为不超过40km/h)速度运行至次一信号机
6		隔离模式运行				以不超过40km/h速度运行至次一信号机
7	区间一个及以上闭塞分区轨道电路红光带时发出列车	CTCS-3级控车 CTCS-2级控车	灭灯	列控车载设备显示的允许运行的速度值	确认区间空闲	
8		LKJ(GYK)控车	点灯	调度命令	1.确认区间空闲 2.确认道岔位置正确及进路空闲	
9	反方向发出列车	CTCS-3级控车 CTCS-2级控车	灭灯	列控车载设备显示的允许运行的速度值	1.确认区间空闲 2.反方向行车的调度命令	
10		LKJ(GYK)控车	点灯	出站信号机(线路所通过信号机)显示的允许运行的信号		

（3）有关说明：

①表5-1中第1、2项以及表5-2中第3、4项,是在出站信号机故障且引导信号不能开放时发出列车,此时发车进路与信号机间失去了联锁关系或无联锁关系。列车调度员(车站值班员)必须在做好下列工作后,方准发布调度命令,组织发出列车。

a.确认第一个闭塞分区空闲,当按隔离模式运行时以及在 CTCS-3 级以及信号机常态灭灯的 CTCS-2 级区段,须确认区间空闲。

b. 确认进路道岔位置正确及进路空闲。

②表 5-1 中第 3、4 项以及表 5-2 中第 5、6 项,是指发车进路信号机(同一发车进路上一架或多架进路信号机)因故不能开放(有引导信号时且引导信号不能开放)的情况下发出列车时,列车调度员(车站值班员)确认发车进路空闲、进路道岔位置正确后,发布调度命令发出列车的作业方式。

③表 5-1 中第 5、6 项以及表 5-2 中第 7、8 项,是指区间一架及以上通过信号机故障或区间一个及以上闭塞分区轨道电路红光带时发出列车,列车调度员(车站值班员)确认区间空闲后,对 ATP 控车的列车,列车以列控车载设备显示的允许运行的速度值作为行车凭证;对 LKJ(GYK)控车的列车,在信号机常态点灯的 CTCS-2 级区段,行车凭证为出站信号机(线路所通过信号机)显示的允许运行的信号,在 CTCS-3 级以及信号机常态灭灯的 CTCS-2 级区段,行车凭证为调度命令。

④表 5-1 中第 7、8 项以及表 5-2 中第 9、10 项,是指列车在正方向运行线路上运行时,可自动追踪运行,在反方向线路上运行时,按站间间隔运行。由于我国铁路在双线区间实行左侧单方向行车制度,反方向行车时,应发布调度命令,在发车前必须确认反方向运行的线路上无迎面列车运行,区间空闲,在控制台上确认区间占用表示灯表示区间空闲后,办理改变列车运行方向手续,排列反方向发车进路,组织反方向发出列车。列车进入区间的行车凭证:对列控车载设备(ATP)控车的列车,列车以列控车载设备显示的允许运行的速度值作为行车凭证;对 LKJ(GYK)控车的列车,行车凭证为出站信号机(线路所通过信号机)显示的允许运行的信号。

⑤表 5-2 中第 1、2 项,是指开放引导信号发出列车时,应确认区间空闲、道岔位置正确及进路空闲,对 ATP 控车的列车,列车以列控车载设备显示的允许运行的速度值作为行车凭证;对 LKJ(GYK)控车的列车,行车凭证为出站信号机(线路所通过信号机)显示的允许运行的信号。

四、自动站间闭塞

自动站间闭塞是由区间两端站的出站信号机(线路所通过信号机)和轨道检查装置构成联锁关系,自动检查区间空闲,列车以站间(所间)区间为间隔运行,通过办理发车进路和检查列车出清区间的方式,自动实现区间闭塞和区间开通。

(一)正常情况下的行车凭证

1. 列控车载设备显示的允许运行的速度值

使用自动站间闭塞法行车,动车组列车在完全监控、引导或者部分监控模式下运行时,行车凭证为列控车载设备显示的允许运行的速度值。

2. 允许运行的信号(在信号机常态灭灯的区段,信号机应点灯)

动车组列车按LKJ方式运行及动车组以外的列车,进入区间的行车凭证为出站信号机或者线路所通过信号机显示的允许运行的信号(在信号机常态灭灯的区段,信号机应点灯)。

(二)发车预告的办理

(1)一个调度区段内可不办理发车预告手续。

(2)两相邻调度集中的调度区段间或者调度集中区段车站(线路所)向非调度集中区段车站(线路所)发车时,应由系统自动办理发车预告,遇设备故障无法自动办理时,人工办理发车预告(相邻调度区段列车运行调整计划一致时可不办理发车预告)。非调度集中区段车站(线路所)向调度集中区段车站(线路所)发车时,车站值班员应当向列车调度员(车站控制时为车站值班员)办理发车预告。

(三)特殊情况下的行车凭证

(1)在信号机常态点灯的CTCS-2级自动站间闭塞区段,特殊情况下办理发车的行车凭证规定见表5-3。

(2)CTCS-3级以及信号机常态灭灯的CTCS-2级自动站间闭塞区段,特殊情况下办理发车的行车凭证规定见表5-4。

信号机常态点灯的CTCS-2级自动站间闭塞区段特殊情况下办理发车的行车凭证表　　表5-3

序号	特殊情况	控车方式	行车凭证	发给行车凭证的依据	附带条件
1	出站信号机(线路所通过信号机)故障时发出列车	LKJ(GYK)控车	调度命令	1.确认区间空闲 2.确认道岔位置正确及进路空闲	以不超过40km/h速度运行至前方站进站信号机(线路所通过信号机)
2		隔离模式运行			
3	发车进路信号机故障时发出列车	LKJ(GYK)控车	调度命令	1.确认发车进路空闲 2.确认道岔位置正确	以不超过20km/h(动车组列车为不超过40km/h)速度运行至次一信号机
4		隔离模式运行			以不超过40km/h速度运行至次一信号机
5	反方向发出列车	CTCS-2级控车	列控车载设备显示的允许运行的速度值	1.确认区间空闲 2.反方向行车的调度命令	
6		LKJ(GYK)控车	出站信号机(线路所通过信号机)显示的允许运行的信号		

**CTCS-3 级以及信号机常态灭灯的 CTCS-2 级自动站间闭塞区段特殊情况下
办理发车的行车凭证表**　　　　　　　　　　表 5-4

序号	特殊情况	控车方式	地面信号机状态	行车凭证	发给行车凭证的依据	附带条件
1	开放引导信号发出列车	CTCS-3 级控车 CTCS-2 级控车	灭灯	列控车载设备显示的允许运行的速度值	1. 确认区间空闲(发车进路信号机开放引导信号时,为确认至次一信号机间空闲) 2. 确认道岔位置正确及进路空闲	
2		LKJ(GYK)控车	点灯	出站信号机(发车进路信号机、线路所通过信号机)显示的允许运行的信号		
3	出站信号机(线路所通过信号机)故障且引导信号不能开放时发出列车	LKJ(GYK)控车	点灯	调度命令	1. 确认区间空闲 2. 确认道岔位置正确及进路空闲	
4		隔离模式运行				以不超过40km/h 速度运行至前方站进站信号机(线路所通过信号机)
5	发车进路信号机故障且引导信号不能开放时发出列车	LKJ(GYK)控车	点灯	调度命令	1. 确认发车进路空闲 2. 确认道岔位置正确	以不超过20km/h(动车组列车为不超过40km/h)速度运行至次一信号机
6		隔离模式运行				以不超过40km/h 速度运行至次一信号机
7	反方向发出列车	CTCS-3 级控车 CTCS-2 级控车	灭灯	列控车载设备显示的允许运行的速度值	1. 确认区间空闲 2. 反方向行车的调度命令	
8		LKJ(GYK)控车	点灯	出站信号机(线路所通过信号机)显示的允许运行的信号		

(3)有关说明:

①表 5-3 中第 1、2 项以及表 5-4 中第 3、4 项,是在出站信号机故障且引导信号不能开放时发出列车,此时发车进路与信号机间失去了联锁关系或无联锁关系。列车调度员(车站值班员)必须在做好下列工作后,方准发布调度命令,组织发出列车。

a. 确认区间空闲,在 CTCS-3 级以及信号机常态灭灯的 CTCS-2 级区段,须确认区间空闲并点灯。

b.确认进路道岔位置正确及进路空闲。

②表5-3中第3、4项以及表5-4中第5、6项,是指发车进路信号机(同一发车进路上一架或多架进路信号机)因故不能开放的情况下发出列车时,列车调度员(车站值班员)确认发车进路空闲、进路道岔位置正确后,发布调度命令发出列车的作业方式。

③表5-3中第5、6项以及表5-4中第7、8项,是指在自动站间闭塞区段,列车在正方向运行线路上运行时,按站间间隔运行,在反方向线路上运行时,仍按站间间隔运行。由于我国铁路在双线区间实行左侧单方向行车制度,反方向行车时,应发布调度命令,在发车前必须确认反方向运行的线路上无迎面列车运行,区间空闲,在控制台上确认区间占用表示灯表示区间空闲后,排列反方向发车进路,组织反方向发出列车。列车进入区间的行车凭证:对ATP控车的列车,列车以列控车载设备显示的允许运行的速度值作为行车凭证;对LKJ(GYK)控车的列车,行车凭证为出站信号机(线路所通过信号机)显示的允许运行的信号。

④表5-4中第1、2项,是指开放引导信号发出列车时,应确认区间空闲、道岔位置正确及进路空闲,对ATP控车的列车,列车以列控车载设备显示的允许运行的速度值作为行车凭证;对LKJ(GYK)控车的列车,行车凭证为出站信号机(线路所通过信号机)显示的允许运行的信号。

五、电话闭塞

当基本闭塞法不能使用时,应根据列车调度员命令采用电话闭塞法行车。

基本闭塞法停用按电话闭塞法行车时,列控车载设备不能正常使用,对装备LKJ的动车组列车,由于LKJ设有电话闭塞行车相应的控车模式,动车组列车司机应根据调度命令将列控车载设备转为LKJ方式运行;对未装备LKJ的动车组列车,由于列控车载设备接收不到行车许可,无法正常运行,只能将列控车载设备隔离,根据调度命令转为隔离模式运行。

1.使用时机

当发生下列情况时,应停止使用基本闭塞法,改用电话闭塞法行车。

(1)自动闭塞设备发生故障,不能保证列车按自动闭塞方式行车时,应停止使用自动闭塞改按电话闭塞行车;自动站间闭塞设备故障,不能保证列车按自动站间闭塞行车时,应停止使用自动闭塞改按电话闭塞行车。

(2)自动站间闭塞区间,当出站信号机故障且引导信号不能开放时,不能按自动站间闭塞方式组织行车,应停止使用自动闭塞改按电话闭塞行车。

2.行车凭证

(1)使用电话闭塞行车时,列车占用区间的行车凭证为调度命令(表5-5)。

调度命令   表 5-5

_____年_____月_____日_____时_____分   第___号

受令处所		调度员姓名	
内容			

（规格 110mm×160mm）   受令车站_____车站值班员_____

（2）发布时机。列车调度员办理发车时,应当查明区间空闲,接车站(线路所)为车站控制或者邻台列车调度员控制时,还应当取得其承认的电话记录号码(双线正方向首列后发车为取得前次列车到达的电话记录号码);在发车进路准备妥当后,方可发布作为行车凭证的调度命令。

车站值班员办理发车时,应当查明区间空闲,并取得接车站(线路所)承认的电话记录号码,但双线正方向首列后发车为取得前次列车到达的电话记录号码(办理发车及接车的车站、线路所为同一车站值班员指挥时不办理电话记录号码),在发车进路准备妥当后,方可向列车调度员报告,请求发布作为行车凭证的调度命令。

3.电话记录号码

办理电话闭塞时,下列各项应当发出电话记录号码(办理发车及接车的车站、线路所为同一车站值班员或者列车调度员指挥时除外),并做好记录:

（1）承认闭塞;

（2）列车到达;

（3）取消闭塞。

电话记录号码自每日 0 时起至 24 时止,按日循环编号,编号办法由铁路局集团公司规定。

任务2　接发列车作业

一、接发列车的要求

接发列车工作是车站(线路所)根据行车闭塞方式及技术设备条件,按照规定的程序,办理列车接、发、通过作业的整个过程。

接车作业是指接车站从承认邻站发车时起,至列车全部到达本站停于警冲标内方,并办完开通区间有关作业为止的一段时间内所办理的全部作业。

发车作业是指发车站从向邻站请求发车(双线为预告发车)时起,至列车全部开出站界,并办完有关作业为止的一段时间内所办理的全部作业。

1. 接发列车的基本任务

接发列车是铁路运输生产活动的一项重要内容,是列车运行过程中不可缺少的重要环节,所有列车都需经过发车和接车作业,方能进入区间运行或接入站内进行各项技术作业。因此,严格按照列车运行图规定的时刻,安全、正点、不间断地接发列车,是车站行车工作的主要任务。

2. 接发列车的主要内容及人员分工

高速铁路接发列车的主要内容有:办理闭塞(预告)、布置与准备进路、开闭信号、交接凭证。参与车站接发列车工作的人员有:列车调度员、车站值班员、信号员、车务应急值守人员和其他人员。

当车站值班员办理接发列车(列车调度员人工办理接发列车)时,上述接发列车工作,原则上由车站值班员(列车调度员)亲自办理。由于设备条件(如设备分散,调度集中设备故障等)或业务量(如行车方向多或列车集中到发)等原因,车站值班员难以完全亲自办理时,除布置进路(包括听取进路准备妥当的报告)这一程序外,其他可在车站值班员统一指挥下,分别指派信号员或其他人员办理。当列车调度员人工办理接发列车时,除办理闭塞、布置进路(包括听取进路准备妥当的报告)外,其他可在列车调度员统一指挥下,分别指派车务应急值守人员或其他人员办理。

3. 车站发车的要求

(1)动车组列车

动车组列车由列车长确认旅客上下完毕后,通知司机关闭车门;列车进站停车时,司机按动车组停车位置标停车,确认列车停稳、对准停车位置后开启车门。按钮不在司机操作台上的,由列车长通知随车机械师关闭车门;列车到站停稳后,由随车机械师开启车门。如自动开关门装置故障或者特殊情况需单独开关车门时,由司机通知列车工作人员手动开关车门。

动车组列车在车站出发,动车组列车司机在确认行车凭证和开车时间,车门关闭后,即可起动列车。

(2)动车组以外的列车

动车组以外的其他列车在车站出发,司机确认行车凭证正确,发车条件完备后,直接起动列车;办理客运业务时,车站客运人员确认旅客乘降、上水、行包装卸完毕后,通过无线对讲设备通知司机,司机应当在得到车站客运人员的报告后,方可起动列车。

二、人工办理进路

(一)列车进路

列车在车站接入、发出、通过所经由的一段线路称为列车进路,列车进路包括接车进路、发车进路和通过进路。

1.接车进路

接入停车列车时,由进站信号机起,至接车线末端警冲标或出站信号机(若有延续进路,为至延续进路末端)止的一段线路,如图5-5所示。

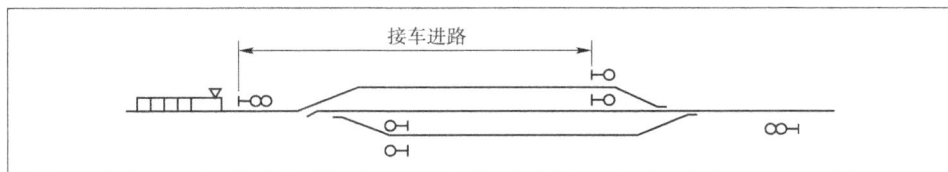

图5-5 接车进路示意图

2.发车进路

发出列车时,由列车前端起,至相对方向的进站信号机或站界标止的一段线路,如图5-6所示。

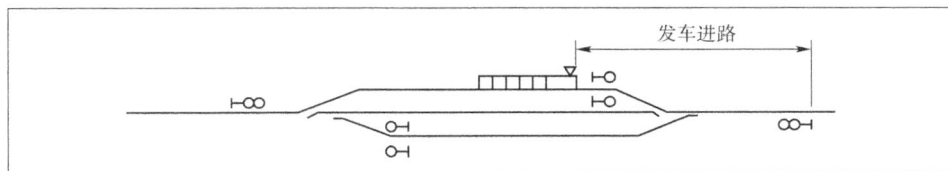

图5-6 发车进路示意图

3.通过进路

列车通过时,该列车通过线两端进站信号机或站界标间的一段线路,如图5-7所示。

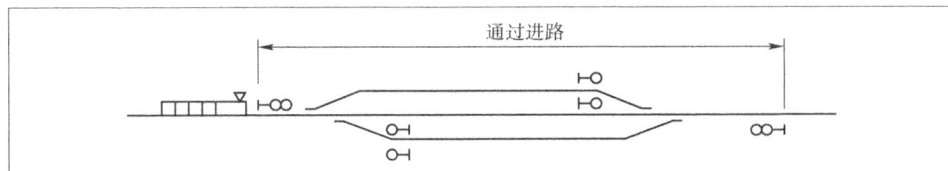

图5-7 通过进路示意图

(二)布置与准备进路

1.布置进路

正确及时地准备好列车进路是接发列车的关键。车站值班员(车务应急值守人员)或列车调度员必须亲自布置和听取进路准备妥当的报告。

自动站间闭塞人工办理发车进路前,须确认区间空闲、接车站(线路所)未办理同一区间发车进路。

(1)布置内容。车站值班员(车务应急值守人员)或列车调度员应向有关人员讲清车次和占用线路(接入某股道或由某股道出发)。如果车站一端有两个及其以上列车运行方向或双线反方向行车时,还应讲清方向、运行线路。

（2）布置要求。

①按《行细》(《站细》)规定时间,正确、及时地布置进路。

②布置进路应使用规定的用语,不得简化。布置进路的命令不能与其他作业的命令、通知一起下达。

③受令人复诵。当两个及其以上人员同时接受准备进路的命令时,应指定一人复诵。车站值班员(车务应急值守人员)或列车调度员要认真听取复诵,核对无误后,方可命令"执行"。

2. 准备进路

（1）作业人员必须按车站值班员(车务应急值守人员)或列车调度员布置的接发列车进路命令,正确及时地准备进路。

（2）作业人员在扳动道岔、操纵信号时,要"眼看、手指、口呼",认真执行"一看、二扳(按)、三确认、四显示(呼唤)"制度。

"一看":看道岔标志、信号手柄(按钮)位置。

"二扳(按)":将道岔、信号扳(按)至所需位置。

"三确认":扳(按)完道岔、信号按钮后,通过表示灯或标志确认有关进路道岔开通位置是否正确;手动道岔确认闭止块是否"落槽",确认信号开放、关闭状态是否正确。准备接发车进路时,还要确认影响接发列车进路的调车作业是否已经停止。

"四显示(呼唤)":确认无误后,就地显示规定的信号或按规定执行呼唤制度。扳动道岔、操纵信号,执行"一看,二扳(按)、三确认、四显示(呼唤)"的同时,要执行"眼看、手指、口呼"的制度。

作业人员于接发车进路准备完了或信号开放后,应及时向车站值班员(车务应急值守人员)或列车调度员报告进路准备情况。

3. 确认进路

（1）确认接车线路空闲;

（2）确认进路上的道岔位置正确,需加锁的道岔已经加锁;

（3）确认影响进路的调车作业已经停止。

(三) 信号机开放时机

信号机开放过早,会提前占用咽喉区,影响调车作业及其他工作;开放过晚,会造成列车在信号机外减速或停车,不仅影响正点率,而且威胁安全。因此,严格按《行细》(《站细》)规定时机开闭信号机,是保证安全正点接发列车的一项重要工作。

计算进站信号机开放时机时,主要是确定列车运行进站距离所需的时间,如图 5-8 所示。

$$L_{进} = l_{确} + l_{制} + l_{进}$$

式中：$L_{进}$——列车通过的进站距离（m）；

$l_{确}$——司机确认进站信号机或预告信号机显示时间内所走行的距离（m）；

$l_{制}$——该站进站信号机前规定的制动距离（m）；

$l_{进}$——进站信号机至接车线末端出站信号机或警冲标的距离（m）。

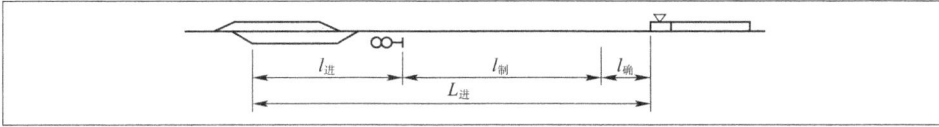

图5-8　进站信号机开放时机示意图

用分析计算法计算开放进站信号机时机的公式如下：

$$t_{开} = t_{到} - t_{进} = t_{到} - 0.06(l_{确} + l_{制} + l_{进})/v_{进} = t_{到} - 0.06 L_{进}/v_{进}$$

式中：$t_{开}$——列车到达车站前最晚开放进站信号机的时刻；

$t_{到}$——按规定列车到达车站的时刻；

$t_{进}$——列车走完进站距离（$L_{进}$）的时间（min）；

$v_{进}$——列车走完进站距离的平均速度（km/h）；

0.06——将km/h化成m/min的系数。

在一般情况下，考虑列车运行可能早到，应附加一定时间，适当提前开放进站信号的时机。

发车时，列车调度员（车站值班员）开放出站信号，应能保证完成包括确认出站信号机的显示等作业所需的时间。

（四）发车进路的取消

出站信号机已开放或行车凭证已交付，遇特殊情况需取消发车进路时，列车调度员（车站控制时为车站值班员）应与司机联系，确认列车尚未起动，待司机明了后，对司机持有行车凭证的应在收回行车凭证后，方可取消发车进路。当出发列车已经起动时，禁止取消发车进路。

三、接发列车线路使用原则

为保证安全和正确地接发列车，便于进行列车技术作业，接发列车应在正线或到发线上办理，并应遵守下列原则：

（1）旅客列车应接入规定线路。为便于旅客乘降、行包装卸及客车上水等工作，旅客列车应接入靠近站台的旅客列车到发线。

（2）动车组列车在车站办理客运业务时，须固定股道、固定站台、固定停车位置。遇设备故障、自然灾害、列车晚点等不可抗力原因必须调整动车组列车固定股道时，必须经调度所值班主任（值班副主任）准许。

（3）通过列车原则上应在正线办理。正线线路条件好，道岔一般处于直向位置，允许速度高，可以保证司机有良好的瞭望条件。

(4)原规定为通过的旅客列车由正线变更为到发线停车、通过及动车组列车、特快旅客列车遇特殊情况须变更基本进路时,必须经列车调度员准许,并预告司机,以便司机做好降低速度的准备。如来不及预告司机时,应使列车在站外停车后,再开放进站信号,将列车接入站内。

(5)动车组列车按列控车载设备方式行车时,必须要在设置有列控信息的股道及进路上接发,禁止在未设置列控信息的股道及进路上接发。因为当股道及进路上未设置列控信息时,会造成列控车载设备收不到控车信息,从而触发制动,危及动车组运行安全。

四、站内无空闲线路时的接车

车站无空闲线路是指车站正线、到发线及符合接车条件的线路,均有车占用(包括因故障封锁的线路)。

1. 对接入列车的限制

在站内无空闲线路的特殊情况下,只准接入为排除故障、事故救援、疏散车辆等所需要的救援列车、不挂车的单机及重型轨道车。

2. 接车办法

(1)接车前,列车调度员(车站控制时为车站值班员)指定的胜任人员确认接车线停留车位置和空闲地段的长度,并通知接车线内停留的机车、重型轨道车司机禁止移动位置;

(2)接车时不开放进站信号机,也不使用引导接车办法,接车人员应站在进站信号机(或站界标)外方。所接列车在站外停车,由接车人员通知司机接车线路、停留车位置、列车停车地点及其他注意事项,然后接车人员登乘机车,以调车手信号旗(灯)按调车办法将列车领入站内。

五、列车进站停车的要求

列车进站后,应停于接车线警冲标内方,以防止侧面冲突及影响邻线接发列车和调车作业。在设有出站(进路)信号机的线路上,列车头部不得越过该信号机,因为出站信号机起着防护前方道岔和区间的作用。

列车进站后,如没有进入警冲标内方或压轨道绝缘时,应使用列车无线调度通信设备等通知司机,指挥列车移动到警冲标或轨道绝缘内方停车。

六、列车在站内临时停车的处理

列车在站内临时停车,待停车原因消除且继续运行时,应按下列规定办理:

(1)司机发现机车车辆主要装置设备故障、危及行车或人身安全的情况等,而主动停车时,等停车原因消除后,由司机自行起动列车,列车调度员(车站值班员)不再通知司机开车。

(2)在本列车上由乘务人员或其他人员使用紧急制动装置(紧急制动阀)

使列车停车,由车辆乘务员(随车机械师)查明情况消除隐患后,通知司机开车,列车调度员(车站值班员)不再通知司机开车。

(3)列车调度员(车站值班员)因设备故障、自然灾害等原因通知司机在站内临时停车的,在停车原因消除后,由列车调度员(车站值班员)通知司机开车。

(4)因其他原因临时停车,由列车调度员(车站值班员)会同司机、随车机械师(车辆乘务员)共同查明原因,恢复运行条件后,由列车调度员(车站值班员)通知司机开车。

上述(1)、(2)、(4)项在临时停车后,司机应立即向列车调度员(车站值班员)报告,并说明停车原因。上述情况车站值班员均应及时报告列车调度员。

七、引导信号接车

进站、接车进路信号机不能使用时,应当使用引导信号。引导信号无法使用时,列车调度员应当向司机发布调度命令,司机根据调度命令越过该信号机。

引导接车时,列车以不超过20km/h(动车组列车为不超过40km/h)速度进站,并做好随时停车的准备。

八、无联锁时的接发列车

在无联锁的线路上接发列车时,除严格按接发列车手续办理外,应当将进路上无联锁的道岔及邻线上防护道岔加锁。进路上无联锁的分动外锁闭道岔无论对向或者顺向,均应当对密贴尖轨、斥离尖轨和可动心轨加锁。由铁路局集团公司规定具体加锁办法。

九、相对方向同时接车及同方向同时发接列车

在车站接发车工作中,经常遇到相对方向同时接车或同方向同时发接列车的情况,如图5-9、图5-10所示。

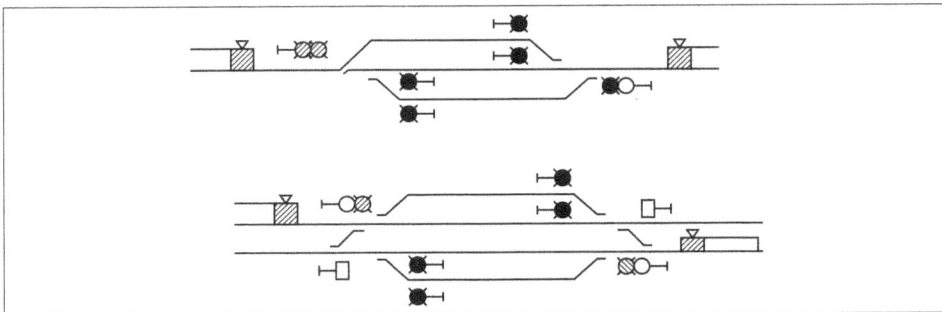

图5-9 相对方向同时接车示意图

在相对方向列车同时接车时,如接车线末端没有隔开设备,接入列车越过警冲标或冒进出站(发车进路)信号,就可能与另一列车发生冲突;在同方向同时发接列车时,如接车线末端没有隔开设备,接入列车越过警冲标或冒进出站

（发车进路）信号,也可能与发出的列车发生冲突。

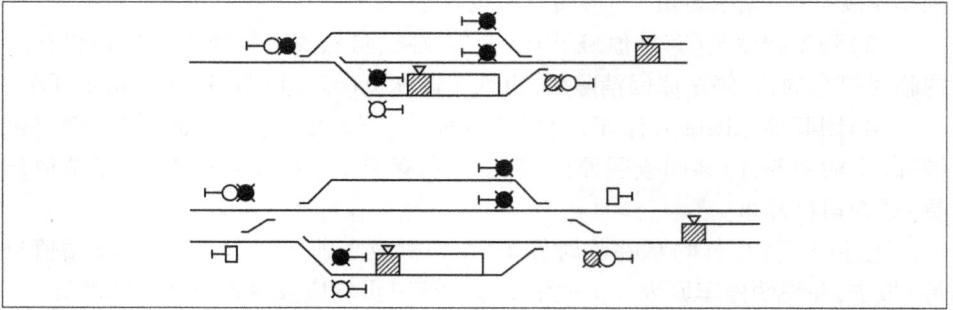

图 5-10　同方向同时发接列车示意图

　　为保证车站接发列车作业的安全,须根据进站方向的坡度、接车线末端有无隔开设备及列车的性质,确定车站能否办理相对方向同时接车或同方向同时发接列车。

　　(1)在进站信号机外制动距离内,进站方向为超过6‰的下坡道,而接车线末端无隔开设备时,禁止办理相对方向同时接车和同方向同时发接列车(仅运行动车组列车的区段除外),如图 5-11、图 5-12 所示。

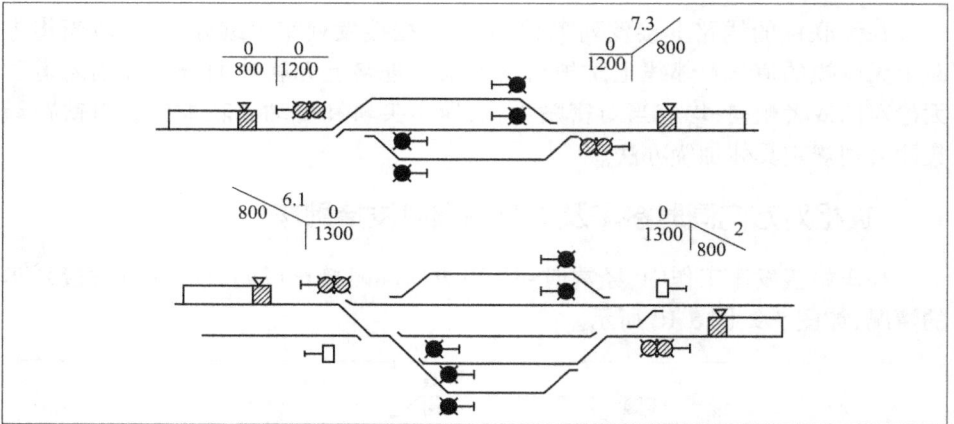

图 5-11　禁止相对方向同时接车示意图

　　列车在超过6‰的下坡道上运行时,列车制动的难度加大,如司机不能正确施行制动,一旦越过接车线末端警冲标或冒进出发信号,而该线末端未设隔开设备,就可能与另一端进、出站的列车发生冲突。因此规定进站信号机外制动距离内有超过6‰的换算下坡道,接车线末端又无隔开设备时,禁止办理相对方向同时接车和同方向同时发接列车。但是,高速铁路采用了先进的动车组列车和列控系统,根据有关研究结论,动车组列车在列控车载设备(或列车运行监控装置)、制动系统工作正常情况下,能保证列车不超速、不冒进,列车进站停车时可安全停在规定的区域内,设备正常时无须延续进路起防护作用。因此规定了仅运行动车组列车的区段可不执行上述规定。同时,对仅运行动车组列车的区段,对进站方向为超过6‰下坡道的接车线末端也不再设置延续进路。隔开设备系指安全线、避难线及平行进路和能起隔开作用的有联锁的防护道岔。

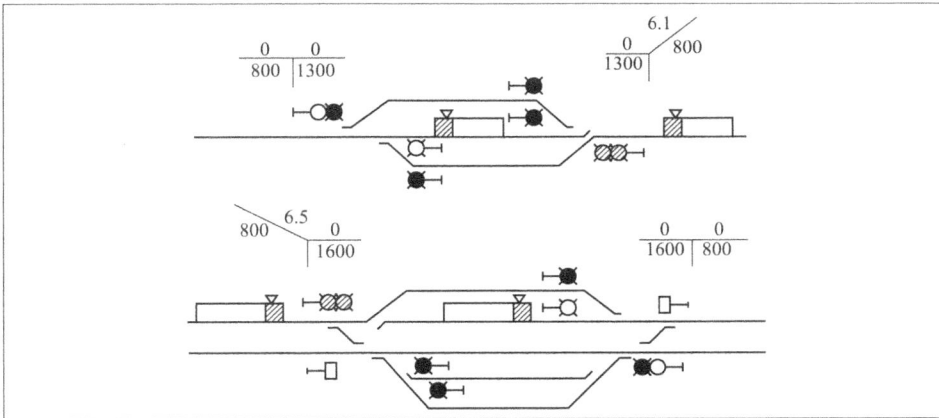

图5-12 禁止同方向同时发接列车示意图

（2）在接发列车的同时,接入列控车载设备及列车运行监控装置均故障的动车组列车、制动力部分切除的动车组列车、列车运行监控装置或轨道车运行控制设备故障的其他列车,而接车线末端无隔开设备时,禁止办理相对方向同时接车和同方向同时发接列车。

我国铁路牵引列车的机车均已安装列车运行监控装置以及轨道车均已安装运行控制设备,动车组列车已安装列控车载设备（部分动车组还安装了列车运行监控装置）,列车运行的安全控制水平有了很大的提高,列车可以严格按照信号机的显示运行。当接入列控车载设备及列车运行监控装置（LKJ）均故障的动车组列车（包括由于其他原因按隔离模式运行的动车组列车）、制动力部分切除的动车组列车、列车运行监控装置（LKJ）或轨道车运行控制设备（GYK）故障的其他列车,而接车线末端无隔开设备时,禁止办理相对方向同时接车和同方向同时发接列车,其他情况下不受限制,从而既确保了列车运行安全,又保证了高速铁路的正点和高效。

车站相对方向不能同时接车而两列车同时接近车站时,应先接不适于在站外停车的列车、停车后起动困难的列车或后面有续行列车的列车。

遇两列车不能同时接发时,原则上应按列车运行计划顺序接发,以尽量维持原列车运行秩序。

十、非常站控时的行车

在调度集中设备故障以及发生危及安全的情况需要转为车站控制等情况下,集控站转为车站控制时,车务应急值守人员应报告站段指派胜任人员赶赴现场,协助做好非正常接发列车工作。此时,如列车进路无法正常排列时,还应指派胜任人员组织工务、电务人员现场准备进路。

除因危及行车安全需要时必须立即转换为非常站控外,列车调度员提出需转为非常站控时,由于调度集中设备具备的防错办、防止电力机车进无电区等功能已无法实现,此时还涉及车站指挥权的交接、车站行车有关事项的交接等,原接发列车作业组织流程发生了变化,容易出现疏漏,办理接发列车存在一定的风险,所以要经调度所值班主任(值班副主任)准许。

转为非常站控时,车务应急值守人员和列车调度员须在"CTC控制模式转换登记簿"(表5-6)内登记,记明转换的原因;同时,为了保证接发列车安全,行车指挥权从列车调度员转到了车务应急值守人员,所以必须将设备状况、站内停留车情况、列车运行计划、邻站(线路所)控制模式及与本站(线路所)有关的调度命令等情况交接清楚。转为非常站控后,应通知司机车站(线路所)转为非常站控。

CTC控制模式转换登记簿 表5-6

序号	分散自律转为非常站控的原因	转入非常站控				转回分散自律				备注
		月日	时分	列车调度员	车站值班员	月日	时分	列车调度员	车站值班员	

(规格 190mm×265mm)

转为非常站控的原因消除后,双方需在"CTC控制模式转换登记簿"内登记,并及时转回。

十一、总辅助按钮的使用

自动闭塞区间,遇轨道电路发生故障等情况,需使用总辅助按钮改变闭塞方向,由车站办理接发列车时,车站值班员确认区间空闲后,根据列车调度员命令,使用总辅助按钮改变闭塞方向,并在"行车设备检查登记簿"中登记;由列车调度员办理接发列车时,列车调度员确认区间空闲后,使用总辅助按钮改变闭塞方向,并在"行车设备检查登记簿"中登记。

任务3 接发列车作业程序图

(1)单(双)线自动闭塞分散自律控制模式下车站操作方式车站的接车(含通过)作业程序图,如图5-13所示。

(2)单(双)线自动闭塞分散自律控制模式下车站操作方式车站的发车作业程序图,如图5-14所示。

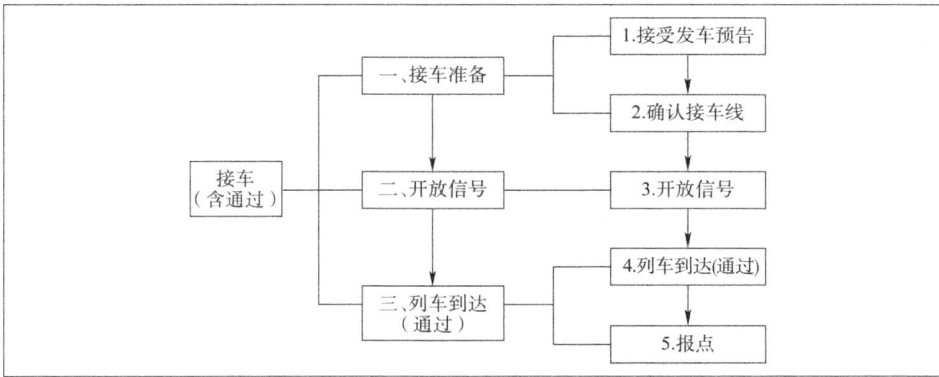

图 5-13 单(双)线自动闭塞分散自律控制模式下车站操作方式车站的接车(含通过)作业程序图

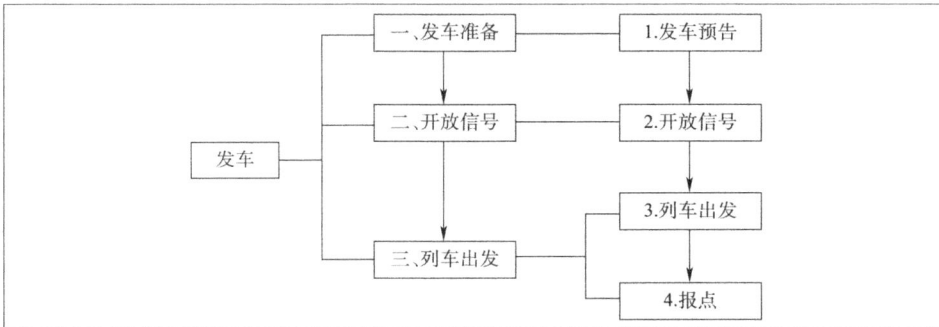

图 5-14 单(双)线自动闭塞分散自律控制模式下车站操作方式车站的发车作业程序图

(3)单(双)线自动站间闭塞分散自律控制模式下车站操作方式车站的接车(含通过)作业程序图,如图 5-15 所示。

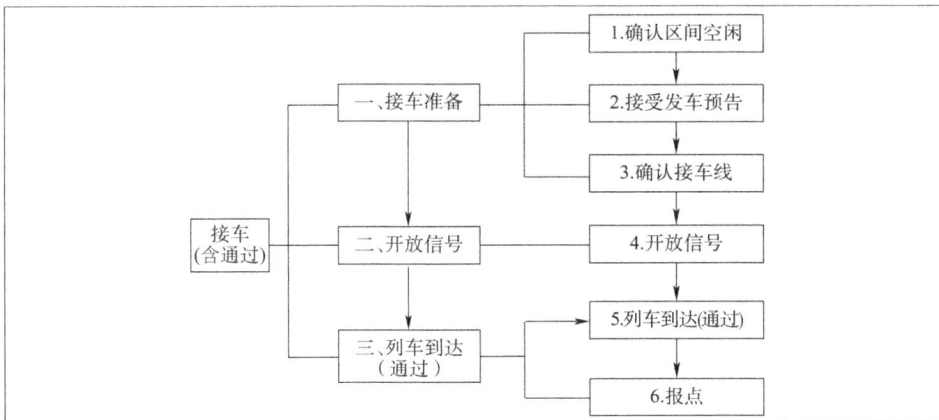

图 5-15 单(双)线自动站间闭塞分散自律控制模式下车站操作方式车站的接车(含通过)作业程序图

(4)单(双)线自动站间闭塞分散自律控制模式下车站操作方式车站的发车作业程序图,如图 5-16 所示。

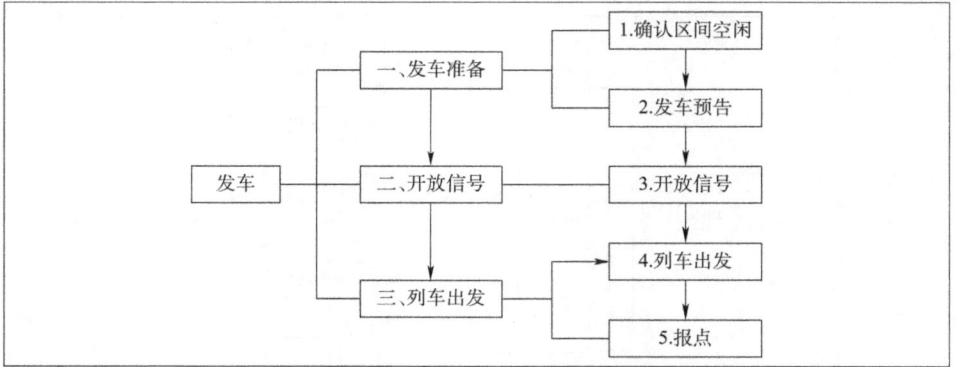

图 5-16 单(双)线自动站间闭塞分散自律控制模式下车站操作方式车站的发车作业程序图

任务 4　列车区间运行

一、动车组列车运行

1. 按隔离模式运行

(1)动车组列车按隔离模式运行时,完全依靠司机人工控制列车运行。因此,必须确认区间空闲后,按站间组织行车,列车运行速度不超过 40km/h,列车按地面信号显示运行,常态灭灯的区段应点灯,待该列车到达前方站(线路所)后方可放行后续列车。

(2)在较大上坡道地段,动车组以不超过 40km/h 的速度运行,存在动车组无法越过接触网分相无电区的情况,列车调度员可根据司机请求发布调度命令,列车以不超过 80km/h 的速度越过接触网分相。

2. 动车组遇小曲线半径时的行车

动车组一般情况下不得通过半径小于 250m 的曲线,通过曲线半径为 300m 曲线时,限速 35km/h;通过曲线半径为 250m 曲线时,限速 30km/h;特殊情况通过曲线半径为 200m 曲线时,限速 25km/h;通过 6 号对称双开道岔时限速 15km/h;不得侧向通过小于 9 号的单开道岔和小于 6 号的对称双开道岔。

3. 特殊情况

在动车组列车运行时段内,特殊情况需开行路用、救援列车(利用动车组、单机担当救援时除外)时,列车调度员口头通知邻线会车范围内运行的动车组列车司机限速 160km/h 运行。

二、列车运行速度

为保证列车运行安全,应严格控制列车运行速度,列车(动车组列车按列控车载设备方式行车时除外)运行限制速度规定见表 5-7。

列车运行限制速度表　表5-7

项目	速度（km/h）
四显示自动闭塞区段通过显示绿黄色灯光的信号机	在前方第三架信号机前能停车的速度
通过显示黄色灯光的信号机	在次一架信号机前能停车的速度
通过显示一个黄色闪光灯光和一个黄色灯光的信号机	该信号机防护进路上道岔侧向的允许通过速度
通过减速地点标	按运行揭示或行车调度命令执行，未收到命令时为25
推进	30
退行	15
接入站内尽头线，自进入该线起	30

三、列车在区间停车需下车处理

（1）列车在区间被迫停车后，司机、车辆乘务员（随车机械师）或其他乘务人员需下车处理时，为了确保人身安全，列车调度员应发布邻线列车限速160km/h及以下的调度命令，限速位置按停车列车位置前后各1km确定，司机在接到列车调度员已发布相关调度命令的口头指示后，通知有关作业人员下车处理。

（2）需组织旅客疏散时难度大，邻线再运行列车，势必危及旅客人身安全，司机在接到列车调度员已扣停邻线列车的口头指示后，通知有关作业人员办理。

四、跨线运行

（1）未装备列车运行监控装置的动车组在CTCS-0/1级区段按机车信号模式运行时，应严格执行以下要求：

①以地面信号机显示为行车凭证，最高运行速度不超过80km/h，运行中加强对地面信号瞭望和确认。

②遇地面信号机未开放或显示不明时，及时采取停车措施。

③运行区段有低于80km/h的运行揭示或临时限速调度命令时，司机应认真确认地面限速标志，司机按运行揭示或临时限速调度命令，人工控制列车运行速度。

（2）CTCS-2级区段与CTCS-0/1级分界处，设置了级间转换应答器，当应答器故障或动车组自身原因造成在CTCS-2级区段与CTCS-0/1级区段级间自动转换失败时，司机应立即报告列车调度员（车站值班员），并按下述规定办理：

①由CTCS-2级区段向CTCS-0/1级区段运行时，由于动车组还是在列控车载设备方式控车下，进入CTCS-0/1级区段后地面没有控车信息，会触发紧急制动，因此司机应停车后根据调度命令手动转换。

②由CTCS-0/1级区段向CTCS-2级区段运行时，当列车进入CTCS-2级区

段运行时,因为列车仍可按 LKJ 方式运行,因此可维持按 LKJ 方式继续运行。

(3)CTCS-3 级区段与 CTCS-2 级分界处,设置了级间转换应答器,当应答器故障或动车组自身原因造成在 CTCS-3 级区段与 CTCS-2 级区段级间自动转换失败时,司机应立即报告列车调度员(车站值班员),并按下述规定办理:

①由 CTCS-3 级区段向 CTCS-2 级区段运行时,由于动车组还是在 CTCS-3 级列控车载设备方式控车下,是通过无线闭塞中心向动车组传送行车许可,进入 CTCS-2 级区段后不是无线闭塞中心覆盖的范围,动车组列车无法收到行车许可,会触发紧急制动,因此司机应停车后手动转换。

②由 CTCS-2 级区段向 CTCS-3 级区段运行时,当列车进入 CTCS-3 级区段运行时,因为列车还是按 CTCS-2 级列控车载设备方式控车,能按照司机控制台显示的目标距离、目标速度控制列车运行,因此可维持按 CTCS-2 级继续运行。

(4)为了统一高速铁路车站与衔接的普速铁路等其他线路车站间的行车凭证,便于车站和司机执行,高速铁路车站(线路所)向衔接的其他线路车站(线路所)发出列车时,有关行车凭证按高速铁路有关规定执行;高速铁路衔接的其他线路车站(线路所)向高速铁路车站(线路所)发出列车时,有关行车凭证按其他线路有关规定执行。

五、动车组回送要求

(1)动车组回送按旅客列车办理,原则上采用自走行方式。无动力回送时可根据回送技术条件加挂回送过渡车,使用客运机车牵引,回送过渡车应当挂于机后第一位。8 辆编组的动车组可两列重联回送。未装备 LKJ 的动车组需在 CTCS-0/1 级区段回送时,应当采取无动力回送方式。

(2)动车组回送运行时,应当安排动车组司机及随车机械师值乘。有动力回送时,非担当区段应当指派带道人员。

(3)动车组回送不进行客列检作业。

(4)动车组安装过渡车钩回送时,按规定限速运行,尽可能避免实施紧急制动。发生紧急制动后,本务司机应当通知随车机械师,经随车机械师检查过渡车钩状态良好后方可继续运行。

(5)动车组回送时,相关动车段(所)、造修单位应当提出限速、回送方式(有动力、无动力)、可否折角运行等注意事项。

复习思考

1. 如何划分区间和闭塞分区?
2. 行车基本闭塞法有哪几种?
3. 什么情况下应停止基本闭塞法改按电话闭塞法行车?
4. 自动闭塞法和自动站间闭塞法的行车凭证各有哪些?

5. 什么是列车进路？列车进路有哪些？

6. 接发列车线路使用应遵循哪些原则？

7. 作业人员准备进路有哪些要求？

8. 列车在站内临时停车需继续运行时应如何办理？

9. 什么情况下禁止办理相对方向同时接车和同方向同时发接列车？

10. 动车组遇小曲线半径时如何行车？

项目6

调度指挥

🌀 项目内容

本项目主要介绍铁路运输调度机构、高速铁路调度日计划、调度命令、限速管理、调度指挥方法等。

◎ 学习目标

1.能力目标

根据列车运行图、《技规》和《铁路运输调度规则》(简称《调规》)等相关规定,正确组织指挥列车运行。

2.知识目标

了解高铁运输调度的基本要求,掌握运输调度日常工作必须遵循的基本原则、工作方法、作业程序。

3.素质目标

培养"大局"的意识,树立"调度工作无小事"的观念。

❈ 建议学时

4~6学时。

任务 1　铁路运输调度机构

铁路运输具有高度集中的特点,各工作环节须紧密联系、协同配合。铁路运输组织工作,必须贯彻安全生产的方针,坚持集中领导、统一指挥、逐级负责的原则。

一、铁路运输调度的基本任务

铁路运输调度部门是铁路日常运输组织的指挥中枢,分别代表各级领导组织指挥日常运输工作。铁路运输调度的基本任务是:

(1)贯彻执行国家运输政策,完成国家重点运输任务,如军事运输、重点物资运输等。

(2)科学合理地组织客货运输,提高客货运输服务质量。

(3)组织列车按运行图行车,保障铁路运输安全。

(4)正确地编制和执行运输工作日常计划,经济合理地使用机车车辆等运输设备,充分利用现有通过能力,提高运输效益。

因此,各级调度人员必须精心组织,科学调度,努力增运增收、节支降耗。凡与运输有关的各部门、各工种都必须在运输调度的统一组织指挥下,进行日常生产活动。

二、铁路运输调度组织机构设置

铁路运输调度工作实行分级管理、集中统一指挥。国铁集团设运输调度指挥中心(简称调度中心),铁路局集团公司设调度所,运输站段宜设生产调度指挥中心(简称指挥中心),指挥中心可与运输站段既有生产指挥机构合设或合署办公。

国铁集团高铁调度设计划、行车、动车调度台,根据工作量有关调度台可合并设置,涉及高铁的其他工种调度工作由相关普速铁路调度台兼任。

铁路局集团公司高铁调度设值班副主任、计划、列车、客服、动车、供电、施工调度台,涉及高铁的其他工种调度台由铁路局集团公司根据需要设置或由相关普速铁路调度台兼任。根据各工种调度台工作量情况,有关调度台可合并设置,具体由铁路局集团公司确定。各工种调度可根据需要设置主任调度员岗位。

运输站段指挥中心调度设主任(值班主任)、生产、专业调度等调度岗位(或在既有生产指挥机构内设调度岗位)。

国铁集团、铁路局集团公司(专业运输公司)、运输站段调度分别代表国铁集团、铁路局集团公司(专业运输公司)、运输站段负责日常运输组织指挥工作。国铁集团值班主任、铁路局集团公司值班主任、运输站段指挥中心值班主任分别领导一班调度工作。在日常运输组织工作中,下级有关部门和人员必须服从上级调度的指挥,执行上级调度指令。

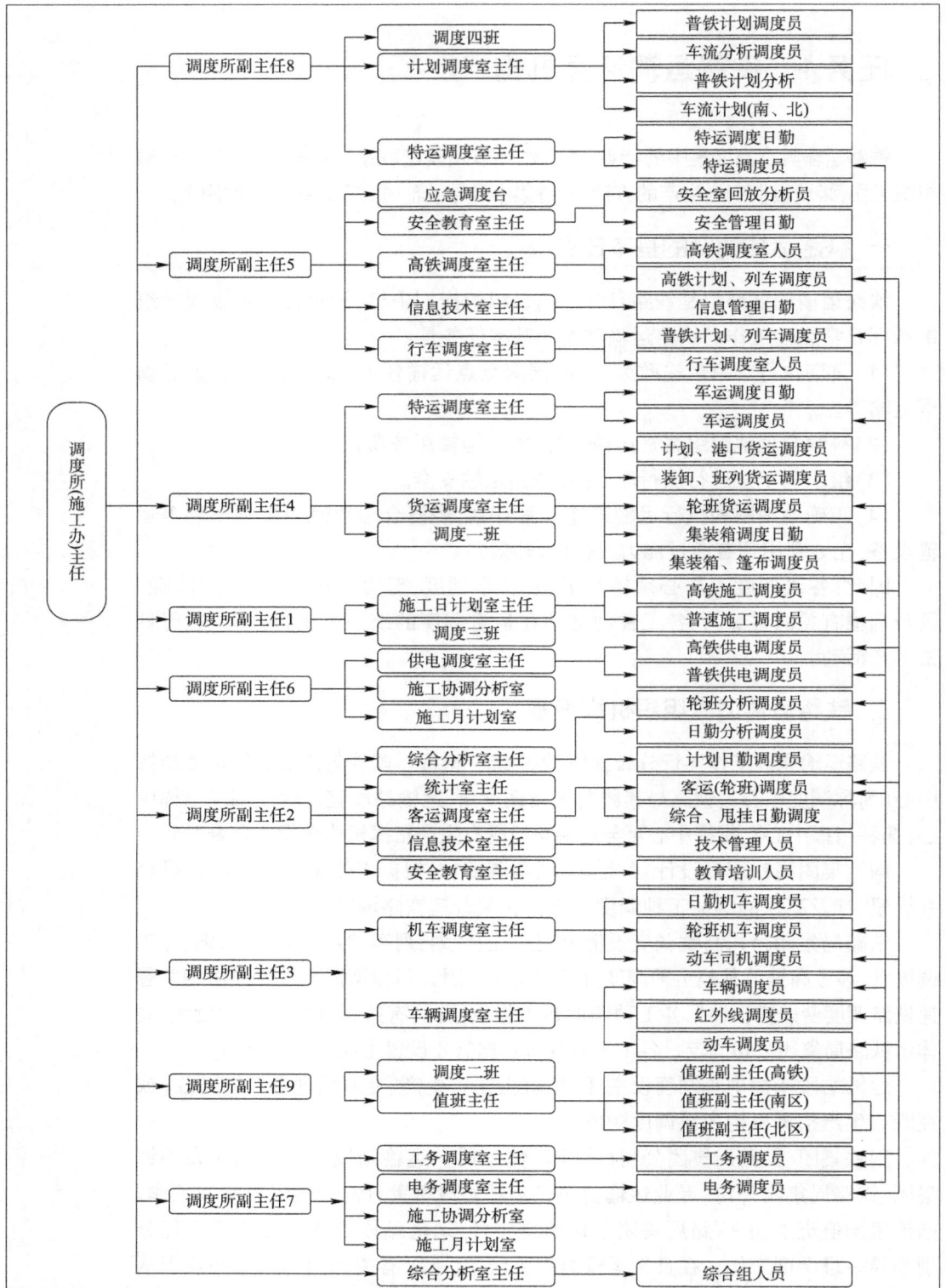

图 6-1 ××铁路局集团公司调度所调度组织系统图

国铁集团调度统一指挥各铁路局集团公司和专业运输公司完成运输生产经营任务;铁路局集团公司调度统一指挥铁路局集团公司管内运输生产单位完成运输生产经营任务;运输站段调度组织(督促)、协调本站段有关作业人员完成运输生产任务。

各级调度应根据调度岗位的作业特点合理确定班制。国铁集团、铁路局集团公司主要工种调度全路统一实行四班制(国铁集团有特殊要求的除外)。

在日常运输组织工作中,各级调度按照业务分工,设置了若干不同职名的调度员,分别负责一定的工作。铁路局集团公司调度所一般设有:

(1)列车调度员,负责管辖区段内列车运行的组织指挥工作,实现按图行车,保证列车运行安全。

(2)计划调度员,负责管辖范围内的列车工作计划的编制和计划的组织实现。

(3)客运调度员,负责旅客运输组织和客车运用工作。

(4)货运调度员,负责管辖区段内的装卸车组织以及管内重车的输送。

此外根据需要还设有施工调度员、篷布调度员、特运调度员、机车调度员、工务调度员、电务调度员、电力调度员、车辆调度员等。××铁路局集团公司调度所调度组织系统如图6-1所示。

任务2　调度日计划

调度日计划是日常运输组织工作的基础,是0:00—24:00一日运输工作的综合部署,是保证均衡完成运输生产经营和施工任务的前提,包括列车开行计划和施工、维修计划。

一、调度日计划的内容

为规范高速铁路调度日计划管理机制,给各部门一个统一标准,让各部门、各单位提报、编制计划内容时有章可循,对列车开行计划、施工计划、维修计划的主要内容进行了统一。

(1)列车开行计划主要包括:列车开行车次、临时定点列车始发站、终到站、沿途客运业务办理站及其到(发)时分、动车组股道运用计划,开行动车组列车所对应的车组(型号、车组号)、动车组车底运用方案及路用列车开行计划,以及日班工作中的重点事项。

(2)施工日计划由调度所施工调度依据月度施工计划编制,应将主管业务部室提报的施工日计划申请与月度施工计划(或批复文电、月度补充计划)进行核对,对施工编号、等级、项目、日期、作业内容、地点、时间、施工限速、影响范围、行车方式变化及设备变化、施工单位(含配合单位)、施工负责人以及路用列车进出施工地段方案、区间及站内装卸路料计划等事项予以明确。

(3)调度所施工调度负责审核、下达维修日计划,主要对作业项目、地点、时间、作业单位、配合作业单位、作业负责人、影响范围、路用列车进出区间方案等事项予以明确。

二、编制的主要依据

(1)列车运行图、有关技术作业时间标准。

(2)有关文件、电报、调度命令。

(3)动车组运用(车型、组数)、检修计划及回送、试运行、调向申请等。

(4)月度施工计划(批复文电)及主管业务部室提报的施工计划、路用列车开行、设备维修作业计划申请。

编制列车开行车次时,须结合基本列车运行图(包括分号列车运行图)、文件电报、调度命令等因素,还应考虑动车组试运行、回送、司乘人员配置等因素;编制动车组列车所对应的车组(型号、车组号)、动车组车底运用方案时必须综合考虑动车组走行公里、客流以及检修情况。同时,还应根据月度施工计划(批复文电)及主管业务处提报的施工计划、路用列车开行、设备维修作业计划申请等,编制施工日计划和维修日计划。

三、调度日计划的编制原则

(1)坚持安全生产的原则。

(2)贯彻国家运输政策和保证重点运输的原则。

(3)按列车运行图行车的原则。

(4)按施工、维修计划安排施工、维修,坚持运输与施工、维修兼顾的原则。

(5)经济合理地使用机车车辆和其他运输设备,提高运输效率和效益的原则。

四、列车开行计划的编制

(1)计划调度员每日 10:00 前根据列车运行图及相关文件、电报、调度命令确定次日动车组开行方案,转交动车调度员和相关机务(机辆)段、动车(车辆段)、客运段。

(2)动车调度员 15:00 前将动车组车底运用方案(含热备车)及重点事项,转交计划调度员。

(3)施工调度员 15:00 前将路用列车运行方案,转交计划调度员。

(4)计划调度员 16:00 前与邻局调度所交换列车开行计划。

(5)17:00 前形成全日列车开行计划。

五、施工计划编制

1.施工计划内容

(1)施工计划编号、等级、项目。

（2）施工日期、作业内容、地点（含线别、区间、车站、股道、道岔、行别、里程）和时间。

（3）施工限速（含施工邻线限速）、影响范围、行车方式变化及设备变化。

（4）施工单位（含配合单位）、施工负责人。

（5）施工作业车进出施工地段方案。

（6）区间及站内装卸路料计划。

2. 施工计划编制和下达流程

（1）施工单位于施工前3日将施工日计划申请报铁路局集团公司主管业务部室（建设项目施工日计划申请应先报项目管理机构）预审,再报主管业务部室,主管业务务部室审核（盖章）后,于施工前2日9:00前向施工办提报施工日计划申请,其中铁路局集团公司所管设备越过局间分界站延伸至相邻铁路局集团公司调度管辖区段（简称延伸段）的施工日计划申请,向调度管辖区段铁路局集团公司施工办提报。

（2）施工办应将主管业务部室提报的施工日计划申请与月度施工计划（批复文电）进行核对,并将Ⅰ级施工、高速铁路和繁忙干线国铁集团管理施工计划申请于施工前2日15:00前报国铁集团调度中心,调度中心根据国铁集团月度施工计划和批准的施工文电进行审核后,于施工前2日18:00前反馈相关铁路局集团公司施工办,施工办据此编制施工日计划。

（3）纳入月度施工计划的施工项目原则上不准停止施工。因专特运等原因需停止施工时,应经铁路局集团公司分管运输副总经理（总调度长）同意,原则上于前1日14:00前以调度命令通知有关单位。已批准的国铁集团管的施工计划,应经国铁集团调度中心主任（副主任）批准。

（4）编制的施工日计划经施工办主任（副主任）审批后,纳入调度日计划。

（5）施工办于施工前1日12:00前（0:00至4:00执行的施工日计划于前1日8:00前）将施工日计划下达有关机务（机辆）段、动车（车辆）段和车务段（直属站）,传（交）主管业务部室和相关计划调度台、列车调度台、供电调度台。主管业务部室负责通知施工单位、配合单位,车务段（直属站）负责通知相关车站。其中涉及邻局的车务段（直属站）和相关调度台时,传（交）邻局施工办并由其负责转达。施工日计划不作为机务部门行车依据。

（6）Ⅰ级施工、高速铁路和繁忙干线国铁集团管理的施工日计划,施工办于施工前1日15:00前报国铁集团调度中心。

（7）施工日计划下达后,不得随意取消施工日计划（项目）。因特殊原因临时取消时,应经铁路局集团公司分管运输副总经理（总调度长）批准（Ⅰ级施工、高速铁路和繁忙干线国铁集团管理的施工计划还应经国铁集团调度中心主任或副主任批准）并采取行车安全措施后,以调度命令办理取消（含取消或重新发布运行揭示调度命令）。

（8）施工日计划下达后,施工开始前,施工单位因自身原因取消施工时,不发布取消施工的调度命令。涉及运行揭示调度命令的施工取消时,施工单位应登记行车条件,铁路局集团公司调度所根据登记发布调度命令。

六、维修计划编制内容、流程

1. 维修计划编制内容

维修计划编制的内容包括作业项目、地点、时间、作业单位、配合作业单位、作业负责人、影响范围、路用列车进出区间方案等。

2. 维修计划编制流程

(1)设备管理单位于维修作业前3日向本铁路局集团公司主管业务部室提报计划申请,其中延伸段的维修作业计划申请,设备管理单位于维修作业前4日向本铁路局集团公司主管业务部室提报,本铁路局集团公司主管业务部室与局内相关业务部室沟通协调后,于维修作业前3日向调度管辖区段铁路局集团公司主管业务部室提报计划申请,由调度管辖区段铁路局集团公司主管业务部室编制维修计划并向施工办提报实施。

铁路局集团公司主管业务部室根据设备管理单位的提报,与其他主管业务部室沟通协调后编制本专业维修计划,于维修作业前2日9:00前报铁路局集团公司施工办,施工办负责审核维修日计划。

(2)施工办于维修作业前1日12:00前将维修日计划下达本铁路局集团公司有关车务段(直属站),传(交)主管业务部室和有关计划调度台、列车调度台、供电调度台,其中涉及邻局的车务段(直属站)和相关调度台,传(交)邻局施工办并由其负责转达。主管业务部室负责通知作业单位、配合单位,车务段(直属站)负责通知相关车站。

(3)维修日计划下达后,不得随意取消维修日计划(项目)。因特殊原因临时取消时,须经铁路局集团公司分管运输副总经理(总调度长)批准,以调度命令办理取消。施工单位因自身原因取消维修时,不发布取消维修的调度命令。

(4)维修日计划下达后,因特殊原因需临时增加维修作业时,在不与其他施工及维修作业产生冲突的情况下,由设备管理单位报调度管辖铁路局集团公司主管业务部室审核同意后,报调度管辖区段铁路局集团公司施工办实施。铁路局集团公司所管设备越过局间分界站延伸至邻局调度指挥区段时,由调度管辖铁路局集团公司业务部室审核同意后,报铁路局集团公司施工办实施。

七、高速铁路调度日计划的下达和执行

(1)计划调度员于17:30前将高速铁路调度日计划报调度所主任(副主任)。调度所主任(副主任)审核并报国铁集团调度后,于18:00前下达给有关单位、调度台。

(2)各单位接到高速铁路调度日计划后,根据计划认真组织好本部门的工作,确保计划的兑现。

任务3　调度命令

调度命令是各级调度在组织指挥日常运输工作中对下级调度或站段,以及有关人员按规定发布的有关完成日常运输生产的具体部署和指挥行车工作的命令。换言之,调度命令是行车调度处理日常行车工作中有关问题以及在非正常情况下组织指挥行车有关部门、单位和人员办理行车工作、指示作业方法和安全注意事项的带有约束性的指令,是行车各部门具体办理行车工作的根据,是行车调度人员组织指挥行车工作和安全生产的必要手段,也是考察行车调度人员组织指挥工作的过程及工作质量的依据。它体现了铁路行车工作集中领导、统一指挥的原则。

为确保列车运行安全、正点,按计划完成施工任务,积极妥善地处理各种突发事件,各级调度发布与运输有关的调度命令前,必须详细了解并掌握现场情况,保证调度命令发布及时、正确。下级调度以及行车有关单位、人员必须贯彻落实调度集中统一指挥原则,坚决执行调度命令。

一、高速铁路需要发布行车调度命令的情况

根据调度集中统一指挥的原则,一个调度区段内由本区段列车调度员统一指挥,指挥列车运行的命令或口头指示,只能由值班列车调度员发布(运行揭示调度命令为调度所施工调度室发布)。

(1)当区间内进行线路、桥隧、接触网等施工或由于自然灾害、设备故障、行车事故的影响,不能再向该区间发出正常运行的列车,需对区间进行封锁时,必须以发布调度命令的方式向有关人员提出明确的要求,并严格执行有关规定,确保行车安全。当封锁区间的因素消除后恢复行车时,在行车上有时还有一些限速运行等方面的要求,因此必须以调度命令的方式明确要求有关行车人员认真执行,确保安全。

(2)当区间因施工或由于自然灾害、设备故障、行车事故等情况的影响封锁后,区间的设备情况和行车条件发生了很大的变化,需向区间内开行一些进行施工作业、抢修、救援的列车,并进行相应的作业,为保证施工作业及抢修、救援的安全,也为保证不再向区间发出正常运行的列车,在行车组织办法和作业要求上都发生很大变化,因此必须发布调度命令,使办理行车工作的有关人员及施工作业、抢修、救援人员明确行车要求和作业注意事项,保证在封锁区间内行车及作业的安全。

(3)高速铁路采用自动闭塞和自动站间闭塞两种基本闭塞法,以使列车严格按空间间隔运行,在最大的程度上保证列车安全。当发生基本闭塞设备不能使用等情况,需采用人工方式保证列车按空间间隔的办法运行时,行车凭证、作

业要求等方面都发生了变化,为使车站接发车人员明确作业办法和要求,引起作业人员的重视,须发布调度命令。当基本闭塞设备恢复正常时,也须发布调度命令,向有关车站明确,在行车中避免引起闭塞方式上的混乱。

(4)高速铁路绝大部分车站由列车调度员直接办理接发列车,规定停止使用基本闭塞法发出列车时,行车凭证为调度命令,高速铁路行车调度命令项目见表6-1。

高速铁路行车调度命令项目表

表6-1

序号	命令项目	受令者	
		司机	车站值班员
1	封锁、开通区间		○
2	向封锁区间开行救援列车、路用列车	○	○
3	临时变更或恢复原行车闭塞法	○	○
4	停止使用基本闭塞法发出列车	○	○
5	双线反方向行车、由双线改为单线或恢复双线行车	○	○
6	变更列车径路	○	○
7	动车组列车在区间被迫停车后返回(退回)后方站	○	○
8	向区间发出停车作业的列车	○	○
9	在车站、区间临时停车上、下人员	○	○
10	列车需临时降弓运行	○	○
11	因行车设备故障、灾害或施工,以及列车中挂有限速的机车车辆等,需要使列车临时限速运行(纳入运行揭示调度命令或本务机车、动车组自身设备原因限速时除外)	○	○
12	动车组列车空调失效需打开部分车门限速运行	○	○
13	车站使用总辅助按钮		○
14	准许列车越过故障的进站、出站、进路信号机或线路所通过信号机(能开放引导信号时除外)	○	○
15	调度日计划以外,临时加开或停运列车(单机除外)	○	○
16	按地面信号显示运行的列车改按天气恶劣难以辨认信号的办法行车或恢复正常行车	○	○
17	动车组列车转入或退出隔离模式(被救援时除外)	○	○
18	动车组列车在列控车载设备控车和LKJ控车之间人工转换	○	○
19	越出站界调车	○	○
20	利用天窗施工、维修作业		○
21	施工、维修作业较指定时间延迟结束		○
22	运行揭示调度命令与实际限速、行车方式或设备不符时	○	○

序号	命令项目	受令者	
		司机	车站值班员
23	正线、到发线接触网停电或送电(接触网倒闸、跳闸后试送电、向中性区送电或弓网故障排查除外)		○
24	正线、到发线接触网停电后准许登顶作业	○	○
25	动车组列车按隔离模式运行需以不超过80km/h的速度越过接触网分相	○	
26	双管供风旅客列车运行途中改为单管供风	○	○
27	列车调度员认为有必要记录的上述以外的命令	有关人员	

注:1.划○者为受令人员。
　　2.若受令者为车站值班员,调度命令不发给集控站车务应急值守人员;集控站转为车站控制由车站值班员指挥行车时应发给车站值班员,并须将前发有关调度命令一并发给车站值班员。
　　3.动车组列车改按LKJ方式运行需将列控车载设备隔离时,列车调度员仅发布改按LKJ方式行车的调度命令。
　　4.仅发给车站值班员的命令只涉及集控站时不发布(转为车站控制时除外)。因调车作业动车组控车模式转换,不发布调度命令。

(5)我国铁路规定在双线区间按左侧单方向行车,相应的闭塞设备、列车信号机(区间信号标志牌)等行车设备也是按此设置的,在行车安全上有着可靠的保证;同时根据我国铁路成对行车的特点,列车在各自的线路上运行时,互不干扰,能够保证最大的通过能力,发挥最大的效益。因此当需要双线反方向行车及由双线改为单线行车时,必须以发布调度命令方式告知列车司机等行车有关人员,提醒有关行车变化,确保行车安全。当需恢复双线行车,也须发布调度命令,使不同的车站、列车乘务人员同时明确,避免不同人员不同的理解,造成错误办理,影响列车运行,危及列车安全。

(6)列车是按列车运行图规定的径路运行的,司机熟悉规定运行区段内的线路、信号、车站等设备,当因特殊原因列车必须改变运行径路时,行车设备发生了变化,特别是旅客列车改变运行径路时,还涉及旅客的运输组织,因此必须发布调度命令,向改变径路的车站、司机等明确改变后的列车运行径路、运行要求等,以便各方面做好准备,妥善安排好旅客,保证列车运行的安全。

(7)因设备故障等特殊情况,确需列车由区间返回后方站时,列车返回车站的行车办法与正常情况下行车不同,因此必须发布调度命令明确有关事项,以便行车有关人员、列车乘务人员统一办法,严格执行,保证列车运行的安全。

(8)正常情况下列车运行是从一个车站至另一个车站,在区间内不停车,特殊情况确需列车在区间内停车时,对列车在区间的有关作业、停留地点等都需要明确,因此必须在发出列车前发布调度命令,明确上述事项,以便行车有关人员、列车乘务人员统一办法,严格执行,确保完成区间工作任务,保证列车运行的安全。

（9）正常情况下,应严格按列车运行图的规定组织旅客列车运行,但根据高铁设备故障确认和抢修的需要,特殊情况下需在不停车的车站和区间内停车上、下人员时,必须发布调度命令对列车有关作业、停留地点等进行明确,保证列车运行的安全。

（10）因接触网挂异物或故障等特殊情况,需列车临时降弓通过故障地段时,列车司机须准确掌握降弓地点,做好降弓准备,因此必须发布调度命令明确相关事项,确保列车运行安全。

（11）当发生行车设备故障、灾害或在封锁施工后,以及在列车中挂有限速运行的机车、车辆等情况,需要使列车限速运行时,必须以调度命令明确列车运行速度限制。列车运行速度限制已纳入运行揭示调度命令时,列车司机已提前收到限速运行命令,不需再发布调度命令;本务机车或动车组自身故障时,列车司机已掌握故障情况,比列车调度员更清楚运行速度限制,不需列车调度员再发布调度命令。

（12）为保证动车组列车空调失效时车内通风良好,特殊情况下允许动车组列车打开部分车门运行,为确保开门运行时的旅客人身安全和列车运行安全,列车须限速运行,为使列车司机等有关人员及沿途车站值班员明确作业要求,必须发布调度命令。

（13）车站遇轨道电路故障、列车因故退回原发车站等情况,不能使用正常办理方式改变运行方向时,需使用总辅助按钮办理,此时不论区间是否有列车运行或遗留车辆,都能改变闭塞设备的发车方向,此时若不确认区间空闲就有可能发生行车事故,因此必须发布调度命令,由两端站共同确认区间空闲后,方可使用总辅助按钮,以确保列车运行的安全。列车调度员使用总辅助按钮办理时,不需发布调度命令。

（14）高速铁路车站一般由列车调度员直接办理接发列车。为便于作业人员掌握,统一规定高速铁路准许列车越过故障的进站、出站、进路信号机或线路所通过信号机的行车凭证为调度命令(能开放引导信号时除外)。

（15）列车是按运行图和调度日计划规定的数量开行的,有关运输的各部门都是按调度日计划开展工作的,比如取送车底、安排人员等,在调度日计划以外临时加开或停运列车时,需要增加或取消上述作业,因此必须发布调度命令,以使有关人员做好相应工作。因单机加开、停运频繁,单机开行及停运组织相对简单,故单机临时加开、停运采取口头指示等方式布置,不再发布调度命令。

（16）当列车按地面信号显示运行,改按天气恶劣难以辨认信号的办法行车或恢复正常行车时,作业办法发生改变并有明确的行车要求,因此必须发布调度命令向有关人员提出明确的要求,严格执行有关规定,确保行车安全。

（17）动车组列车转入隔离模式运行时,列控车载设备不再监控列车运行,由机车乘务员人工控制,行车凭证、作业要求等方面也都发生了变化,因此转入隔离模式运行必须得到列车调度员同意,以发布调度命令的方式明确,并引起作业人员的重视。当退出隔离模式运行时,也须发布调度命令,向有关车站、列车明确,在行车中避免引起行车凭证、作业要求上的混乱。动车组列车被救援而转入隔离模式时,因该动车组不再担当牵引动力,不发布调度命令。

(18)动车组列车在列控车载设备控车和列车运行监控装置控车之间人工转换时,行车凭证、作业要求等方面变化较大,必须得到列车调度员同意并发布调度命令明确。

(19)高速铁路主要运行旅客列车,为保证列车运行安全,须严格控制越出站界调车频次,须列车调度员以调度命令方式同意,并明确有关事项。

(20)当利用列车运行图规定的"天窗"进行施工、维修作业时,对接发列车、调车作业及列车在区间运行都有一定的要求,同时对施工和维修单位的作业及开始、结束的时间等都有一定的限制,有时还要加开路用列车、试运转列车等,因此必须发布调度命令,向有关人员明确上述事项。

(21)由于施工改变了列车运行条件、车站办理接发列车的方式及进入区间的行车凭证等,如果施工较规定的时间延迟结束,施工的影响时间将延长,必须发布调度命令,使受施工影响的车站、有关施工及配合单位均了解施工情况,准许施工单位按新的时间等要求继续组织施工。

(22)为便于车站、列车司机提前学习、掌握行车条件,运行揭示调度命令是提前发布的,并将限速数据写入了 IC 卡,因施工提前、延迟等特殊原因导致实际情况与运行揭示调度命令不符时,必须将运行速度限制等行车要求以调度命令方式告知车站、列车司机等相关人员,以确保行车安全。

(23)正线、到发线接触网有无电是车站办理接发列车的重要条件,停电或送电时如果作业指挥不当,可能造成电力机车进入无电区或发生弓网事故等,送电时还可能造成作业人员的伤害等,因此电气化区段的正线、到发线接触网停电或送电时均需发布调度命令,向车站人员及供电人员明确停送电时间、范围及作业要求等。接触网倒闸、强送电跳闸后试送电、向中性区送电或弓网故障排查时,可不发布调度命令。

(24)电气化区段登顶作业存在人身安全风险,须在正线、到发线接触网已停电并得到列车调度员准许后,方可在做好接地等安全防护措施后,登顶作业,因此必须发布调度命令。

(25)动车组列车按隔离模式运行速度不得超过 40km/h,但在大坡道地段存在动车组列车以 40km/h 难以越过部分分相绝缘的实际情况,因此,规定在闯分相绝缘有困难的特殊情况下,列车调度员根据司机请求发布调度命令,列车凭调度命令以不超过 80km/h 的速度越过分相绝缘。

(26)双管供风旅客列车改为单管供风时,原通过总风管供风的车辆集便装置、塞拉门及空气弹簧,改为通过制动主管供风,并需安排在车站进行有关作业,需向司机、车辆乘务员、车站值班员等有关作业人员发布调度命令准许办理有关作业。

（27）在指挥行车工作当中，还有可能遇到很多特殊情况和突发事件，为指示有关人员做好与行车相关的工作，列车调度员认为有必要时，可发布调度命令。

集控站车务应急值守人员正常情况下不参与行车作业，因此受令者为车站值班员的调度命令，不发给集控站车务应急值守人员；集控站转为车站控制由车站值班员指挥行车时应发给车站值班员，并须将前发有关调度命令一并发给。

当动车组列车改按 LKJ 方式运行需将列控车载设备隔离时，隔离列控车载设备属司机操作要求，列车调度员仅发布改按 LKJ 方式行车的调度命令。

因集控站在正常情况下为列车调度员办理接发列车，因此规定发给车站值班员的命令只涉及集控站时不发布；转为车站控制时，根据列车调度员指示，车务应急值守人员担当车站值班员，办理车站接发列车作业时，此时命令应发给车站值班员。

二、列车调度员不发布调度命令的情况

除《技规》有明确规定外，遇下列情况，列车调度员亦不发布调度命令。

（1）动车组列控车载设备由 CTCS-3 级人工转换为 CTCS-2 级行车时。

（2）列车调度员使用总辅助、故障按钮。

（3）旅客列车在技术停车站（不办理客运、通勤业务和技术作业）临时变更通过。

（4）使用引导信号接、发车。

（5）站内采用调车方式救援。

（6）已发布运行揭示调度命令的变更旅客列车固定走行径路。

（7）接发动车组列车变更固定股道。

（8）区间内机车信号、列车运行监控装置（LKJ）、轨道车运行控制设备（GYK）发生故障，运行至前方站。

（9）列车仅在区间内退行或发车时和完全出站需退回到股道内。

（10）自轮运转特种设备自走行时因自身设备原因限速。

（11）旅客列车发生制动故障关门，依据"旅客列车制动关门限速证明书"限速。

（12）调度集中系统（CTC）控制模式或操作方式转换。

三、发布调度命令的基本规定

（1）调度命令发布前，应详细了解现场情况，听取有关人员的意见，命令内容、受令处所必须正确、完整、清晰。

（2）使用计算机、传真机、调度命令无线传送系统发布调度命令时，必须严格遵守"一拟写、二审核（按规定需监控人审核的）、三签发（按规定需领导、值

班主任或值班副主任签发的)、四发布、五确认签收"的发布程序,命令接受人员确认无误后应及时反馈回执。

(3)使用电话发布调度命令时,必须严格遵守"一拟写、二审核(按规定需监控人审核的)、三签发(按规定需领导、值班主任或值班副主任签发的)、四发布、五复诵核对、六下达命令号码和时间"的发布程序。使用电话发收调度命令时,应填记"调度命令登记簿"(列车调度员使用调度命令系统记录时除外),指定受令人员中一人复诵,并记明发收人员姓名及时刻。

下列行车调度命令的发布须经调度所值班主任(值班副主任)准许:

①旅客列车反方向运行。

②处理设备故障、自然灾害需临时开行路用列车、轨道车。

③抢修作业。

④在车站、区间临时停车上、下人员。

(4)列车调度员应使用调度命令无线传送系统向司机发布书面调度命令,司机应及时签认接收,不再与列车调度员核对,有疑问时,应立即询问列车调度员。调度命令无线传送系统故障时,原则上使用语音记录装置良好的列车无线调度通信设备发布(不适于使用语音记录装置良好的列车无线调度通信设备发布的调度命令项目由各铁路局集团公司规定),司机接到命令后,须与列车调度员核对。由车站交付的调度命令,车站值班员可使用调度命令无线传送系统或按规定使用语音记录装置良好的列车无线调度通信设备向司机转达。

(5)调度命令书写不正确时,应重新书写。

(6)发布有关线路、道岔限速的调度命令,必须注明具体地点、里程及限速值。

(7)发布救援调度命令,必须注明被救援列车或车列的救援端里程。

(8)使用常用行车调度命令模板、常用运行揭示调度命令模板拟写调度命令时,可根据需要对命令模板内容进行增加或删减。

铁路局集团公司列车调度员发布行车调度命令时,除严格执行《技规》有关要求外,还应遵守以下规定:

①发布行车调度命令,要一事一令,不得发布无关内容。一事一令是指对一个独立事件发布一个命令,该独立事件包括单因素事件和多因素事件两类。单因素事件是指不与其他工作发生关联的简单事件;多因素事件是指涉及两项及其以上工作内容,且因此及彼、因果相关、时间相连的复杂事件,均可发布一个调度命令。

②设有双线双向闭塞设备且作用良好的区间,需要连续反方向行车时,可发布一个调度命令。

③发布行车调度命令时,涉及限速内容应一并下达(司机已有限速调度命令除外)。

④发布行车调度命令,涉及邻局管辖的分界站,本铁路局集团公司列车调

度员可发令至分界站,同时抄送邻局列车调度台。

四、发布施工调度命令的规定

施工调度命令是指施工作业当日由列车调度员发布的准许施工作业开始、确认施工作业结束等与实际施工作业有关的调度命令。发布施工调度命令时,除严格执行《技规》有关要求外,还应遵守以下规定:

(1)施工调度员负责拟写次日施工调度命令,经一人拟写、另一人核对后,传(交)列车调度员。

(2)施工开通后启用新版本 LKJ 数据涉及径路、线路允许速度变化的第一列列车,列车调度员应发布调度命令。

(3)施工涉及邻线限速的,遇施工提前、推迟、延迟时,列车调度员根据施工部门登记的行车条件及时发布相关调度命令。

(4)临时封锁要点的施工需邻线限速时,设备管理单位应在"行车设备检查登记簿"内登记邻线限速里程及限速值,列车调度员根据登记的行车条件及时发布邻线临时限速调度命令。

五、发布运行揭示调度命令

发布运行揭示调度命令时,除严格执行《技规》有关要求外,还应遵守以下规定:

(1)施工调度员依据施工日计划和主管业务部室提报的灾害、故障涉及限速、行车方式变化和设备变化的申请编制运行揭示调度命令。

(2)国铁集团发布的"常用运行揭示调度命令模板"未涉及的项目,由铁路局集团公司制定"补充常用运行揭示调度命令模板"。

(3)运行揭示调度命令须一人拟写、另一人核对,施工办主管科室主任(副主任)、施工办主任(副主任)逐级审核签认,于施工前 1 日 12:00 前(其中0:00—4:00 执行的运行揭示调度命令于前 1 日 8:00 前)发布至有关业务部室、机务(机辆)段、车务段(直属站),并传(交)相关列车调度台,其中涉及邻局的车务段(直属站)和相关调度台,传(交)邻局施工办并由其转达。主管业务部室负责转交施工单位、自轮运转特种设备管理单位,车务段(直属站)负责转交相关车站。

(4)列车运行途中遇跨越运行揭示调度命令有效时段或其他原因,造成列车运行没有可依据的运行揭示调度命令时,司机应提前向列车调度员报告,列车调度员安排交付书面调度命令(可在一个行车调度命令中转发有关运行揭示调度命令),跨局(调度台)运行时,须通知邻局(调度台)列车调度员。

(5)运行揭示调度命令发布的限速条件需转变为 LKJ 基础数据时,除按有关 LKJ 数据管理规定程序办理外,本着"谁申请(登记)、谁取消"的原则,由申请(登记)部门在 LKJ 数据换装生效时刻后,向施工办、车站申请取消限速。施工调度员须在得到申请(登记)部门取消限速的申请后,方准取消该限速运行揭示调度命令。以上情况涉及列控基础数据需要更新时,按有关规定执行。

(6)因施工产生的邻线限速应纳入施工计划,按运行揭示调度命令流程管理,施工调度员依据施工计划中提报的限速申请及时发布运行揭示调度命令。

六、常用运行揭示调度命令模板

1.限速调度命令模板

限速调度命令模板见表6-2。

调度命令   ⑪   表6-2
[限速]

＿＿＿＿年＿＿＿＿月＿＿＿＿日＿＿＿＿时＿＿＿＿分   第 号

受令处所		调度员姓名	
内容	＿＿＿＿月＿＿＿＿日＿＿＿＿时＿＿＿＿分至＿＿＿＿月＿＿＿＿日＿＿＿＿时＿＿＿＿分(另有命令时),＿＿＿＿线＿＿＿＿站(含、＿＿＿＿道、＿＿＿＿号道岔)至＿＿＿＿站(含、＿＿＿＿道、＿＿＿＿号道岔)间＿＿＿＿行线＿＿＿＿km＿＿＿＿m至＿＿＿＿km＿＿＿＿m处施工(灾害、故障),限速＿＿＿＿km/h。		

受令车站＿＿＿＿＿＿车站值班员＿＿＿＿＿＿

注:使用项内不用字句划掉,不用项圈掉该项号码。

2.封锁施工限速调度命令模板

封锁施工限速调度命令模板见表6-3。

调度命令   ⑫   表6-3
[封锁施工限速]

＿＿＿＿年＿＿＿＿月＿＿＿＿日＿＿＿＿时＿＿＿＿分   第 号

受令处所		调度员姓名	
内容	因＿＿＿＿月＿＿＿＿日＿＿＿＿时＿＿＿＿分至＿＿＿＿月＿＿＿＿日＿＿＿＿时＿＿＿＿分,＿＿＿＿线＿＿＿＿站(含、＿＿＿＿道、＿＿＿＿号道岔)至＿＿＿＿站(含、＿＿＿＿道、＿＿＿＿号道岔)间＿＿＿＿行线封锁,＿＿＿＿km＿＿＿＿m至＿＿＿＿km＿＿＿＿m处施工。 开通后＿＿＿＿线＿＿＿＿站(含、＿＿＿＿道、＿＿＿＿号道岔)至＿＿＿＿站(含、＿＿＿＿道、＿＿＿＿号道岔)间＿＿＿＿行线＿＿＿＿km＿＿＿＿m至＿＿＿＿km＿＿＿＿m处第1列限速＿＿＿＿km/h,第2列限速＿＿＿＿km/h,第3列限速＿＿＿＿km/h,(……);＿＿＿＿月＿＿＿＿日＿＿＿＿时＿＿＿＿分至＿＿＿＿月＿＿＿＿日＿＿＿＿时＿＿＿＿分限速＿＿＿＿km/h运行。 其中开通后第1、2、3……列限速由列车调度员发布调度命令。 设备变化:＿＿＿＿。		

受令车站＿＿＿＿＿＿车站值班员＿＿＿＿＿＿

注:使用项内不用字句划掉,不用项圈掉该项号码。

七、临时限速调度命令的管理

(1)需临时限速时,应由有关单位(人员)提出限速申请或由自然灾害及异物侵限监测系统报警提示。列车调度员应按规定发布临时限速调度命令(纳入运行揭示调度命令或本务机车、动车组自身设备原因限速时除外,下同),并设置列控限速(针对某一列车的限速除外);来不及时,应立即通知司机限速运行,司机按列车调度员通知的限速要求控制列车运行。对于当日天窗结束未取消或登记限速单位不能答复预计取消(变更限速条件)时间的临时限速,值班副主任应及时通知施工调度室。

(2)对于24h内不能取消的临时限速,限速登记单位或设备管理单位应提出限速申请,报告主管业务部室,由主管业务部室审核后提交调度所发布运行揭示调度命令。列车调度员确认在途列车司机已收到该运行揭示调度命令后,方可不再向该列车司机发布临时限速调度命令。

(3)需变更已纳入运行揭示调度命令管理的限速时,设备管理单位应及时登记,同时向铁路局集团公司主管业务部室提出新的限速条件或恢复常速申请,调度所施工调度员根据主管业务部室提出的申请,重新发布运行揭示调度命令。

八、救援列车(救援队)出动的调度命令

铁路局集团公司管内发生铁路交通事故等,需出动救援列车时,由机车调度员发布救援列车出动的调度命令;需出动救援队时,由值班主任(值班副主任)发布救援队出动的调度命令;需出动外局救援力量时,应及时通知相关铁路局集团公司调度所,并向国铁集团调度申请,由国铁集团机车调度员发布救援列车跨局出动的调度命令(国铁集团已批准的除外),由国铁集团行车调度员发布救援队跨局出动的调度命令。

九、调度命令号码

铁路局集团公司调度所行车调度命令按日循环,运行揭示调度命令及其他专业调度命令按月循环;国铁集团各工种的调度命令按月循环。

调度命令日期的划分,以0:00为界。调度命令循环号码的起止时间,以0:00区分。

各级调度命令应保管一年。

(1)国铁集团高铁调度命令号码。

①计划调度命令号码6001~6999。

②行车调度命令号码7001~7999。

③动车调度命令号码8001~8999。

④备用命令号码9001~9999。

(2)铁路局集团公司与国铁集团调度命令号码不得重复,具体由铁路局集团公司规定。

任务4　调度指挥方法

列车调度员是一个调度区段的日常运输工作的具体组织者、指挥者,负责组织实现按图行车、安全正点,以及完成运输工作的数量指标和质量指标。所以,本区段有关行车人员均应严格执行列车调度员的命令和口头指示。

列车调度员负责组织、指挥本区段车务、机务、工务、电务、车辆、供电等部门有关行车人员,实现列车运行图行车。为此必须做到:

(1)随时通过列车运行图和有关调度设备、电话等,检查有关车站是否按列车运行图规定的时刻组织接发列车;机务部门是否按计划准备机车;车辆部门是否按规定时间标准进行技术检查作业;客运(列车)段是否按计划安排列车乘务人员;如发现问题及时发布行车命令或口头指示进行纠正和处理。

(2)列车调度员应熟悉车站和有关机车、车辆、线路、供电、通信、信号、桥隧等设备情况,随时掌握列车运行和天气变化。根据本区段设备特点和有关列车运行具体情况,有预见地指挥列车安全正点运行。对晚点列车应采取合理会让、组织区间赶点、缩短站停时间等措施,积极恢复列车正点。当列车不能按图运行时,除特殊情况外,应按列车等级顺序等规定进行调整,保证列车按图行车。

(3)列车调度员应注意列车在车站到发及区间的运行情况,及时正确处理临时发生的问题。如发生机车、车辆、线路、桥隧、供电、通信、信号、联锁、闭塞等技术设备故障或天气不良变化时,应根据有关规定和实际情况,及时通知有关部门和人员,正确采取相关应急措施。

一、列车运行整理符号

1. 列车运行及运行整理符号

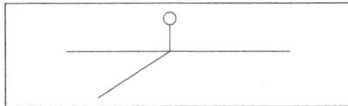

(1)列车始发、终止、在中间站临时停运及由邻接区段转来或开往邻区段。

①列车始发(图6-2)。

②列车终止(图6-3)。

③列车在中间站临时停运(图6-4)。

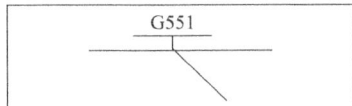

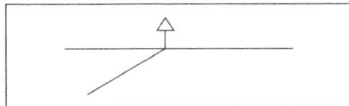

图6-2　列车始发　　　　图6-3　列车终止　　　图6-4　列车在中间站临时停运

④列车由邻接区段转来(图6-5)。

⑤列车开往邻接区段(图6-6)。

列车到开时分记在钝角内。早点用红圈、晚点用蓝圈记于锐角内,圈内注明早、晚点时分。晚点原因可用简明略号注明,如因编组晚点可只写"编"字。

(2)列车合并运行(在列车运行线上注明某次列车被合并)(图6-7)。

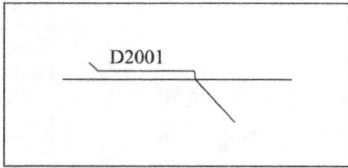

图6-5 列车由邻接区段转来   图6-6 列车开往邻接区段   图6-7 列车合并运行

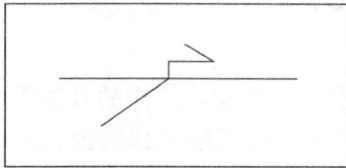

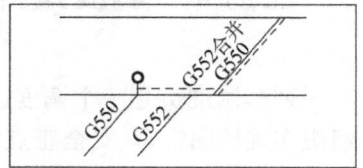

(3)列车让车(图6-8)。

(4)列车反方向运行时,在反方向运行区间的运行线上填写车次及"(反)"字(图6-9)。

(5)列车在区间内分部运行(图6-10)。

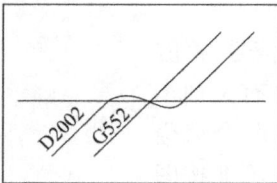

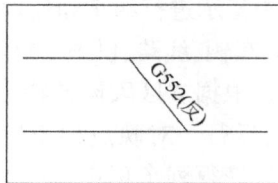

图6-8 列车让车   图6-9 列车反向运行   图6-10 列车在区间内分部运行

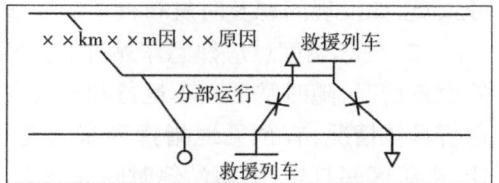

(6)补机途中折返(图6-11)。

(7)线路中断或施工封锁区间时,应在该区间内画一红横线,表示单线区间中断或封锁(图6-12)。

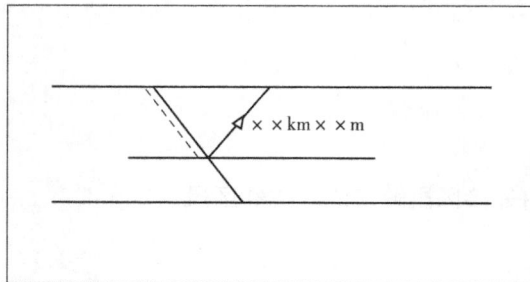

图6-11 补机途中折返   图6-12 单线区间中断或封锁

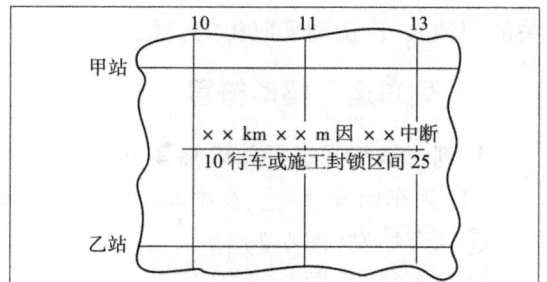

双线区间上下行线路全部中断或封锁时,表示方法与单线区间相同;有一线中断或封锁时,以在红横线上或下画的蓝断线表示上行线或下行线中断或封锁(图6-13)。

(8)因施工或其他原因区间内需要慢行时,由开始时起至终了时止,用红色断线表示,并标明地点(双线应标明行别)、原因、限制速度(图6-14)。列车调度员可在CTC/TDCS运行图终端选择标识隐藏功能予以隐藏相关文字内容。

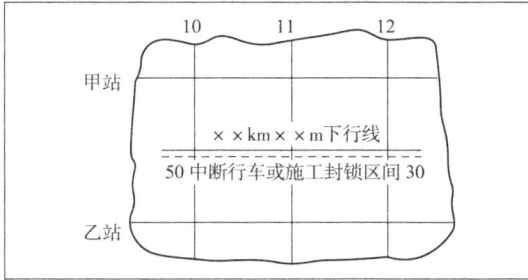

图 6-13　双线区间上下行全部中断或封锁

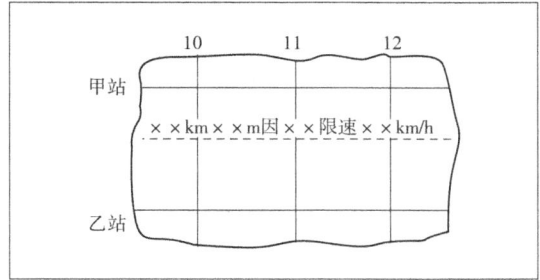

图 6-14　因施工或其他原因区间内需要慢行时

（9）列车在区间内有装卸作业时，应标明车次、作业地点和装卸货物品名（图 6-15）。

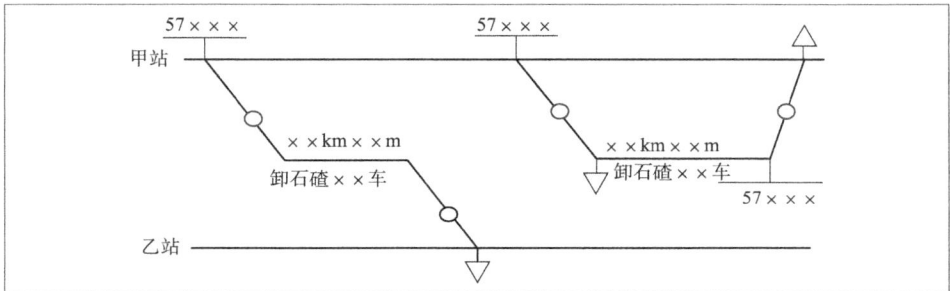

图 6-15　列车在区间内有装卸作业时

（10）列车在中间站不摘车作业，用红色表示。

$$\frac{6}{9} \quad \begin{array}{l} \text{分子表示装车数} \\ \\ \text{分母表示卸车数} \end{array}$$

（11）列车在中间站甩挂作业，用蓝色表示，"＋"表示挂，"－"表示甩。

$$\frac{-3}{+6} \quad \begin{array}{l} \text{分子表示重车} \\ \\ \text{分母表示空车} \end{array}$$

（12）列车运缓时，在列车运行线上方用蓝色标明运缓时分；赶点时在列车运行线上方用红色标明赶点时分。

（13）列车在进站信号机外停车时，用红色"△"表示，并标明停车时分（图 6-16）。

（14）机车交路及机车出入库时间的表示方法：机车在本段交路用蓝色，在折返段用黑色实线，并在交路上逐列标明出入库时间（图 6-17）。

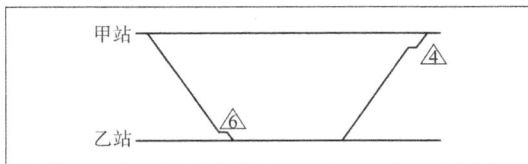

图 6-16　列车在进站信号机外停车时

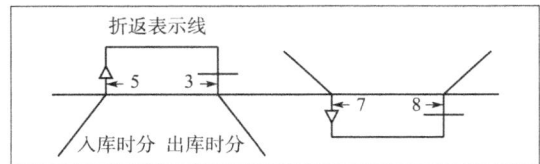

图 6-17　机车交路及机车出库时间

2. 铁路局集团公司列车工作计划表填记规定

(1)纳入日计划开行的列车,在其车次上用蓝色"√"表示。

(2)日计划调整开行的列车,在其车次上部用红色"√"表示。

(3)停运的车次用蓝色"–"表示,并简要注明停运原因。

(4)班计划以外临时加开的列车,用红色"+"表示。

(5)按照列车性质,另行指定车次而利用列车运行图(车次)时刻运行,在编制日计划时,用蓝色括上原车次,在原车次上部写指定的新车次;日计划调整时,用红色表示,方法同前。

二、调度指挥的原则

调度指挥必须坚持安全生产的原则。各级调度人员应做到:

(1)熟悉有关站段及列车的技术设备、作业过程、各项技术作业标准及各站接发列车的有关规定,正确地组织指挥列车运行。

(2)值班中应精力集中、坚守岗位、严格落实安全生产责任、遵守安全生产规章制度和操作规程,及时正确处理问题。

(3)遇有铁路交通事故、设备故障、自然灾害、天气不良、施工维修、临时限速等情况和对区间封锁、开通的处理时,列车调度员要严格遵守有关规定,值班主任(值班副主任)应加强检查。

(4)遇有铁路车辆运行安全监控系统报警时,红外线(5T)、车辆、动车调度员应立即按规定进行处理;列车调度员接到报告后,必须确认车次,并按规定处理。

(5)当得到现场危及行车安全的报告时,应及时指示有关人员立即采取停车等安全措施,查明情况,妥善处理。

(6)限速机车车辆,应根据限速机车车辆挂运电报及规章制度有关规定安排挂运。纳入调度日计划的按计划挂运、交接。未纳入调度日计划的,铁路局集团公司管内应经调度所主任(副主任)准许后方可安排挂运;跨局交接时,由相邻铁路局集团公司计划调度员共同确认挂运电报及规章制度有关规定,并经两局调度所值班主任协商同意后方准安排交接。

三、限速管理

(一)临时限速管理

列车应按列车运行图规定的线路允许速度和机车车辆构造速度运行,需要临时限速的情况:

(1)固定设备不良,如线路基础、轨道、道岔、桥隧、站台等引起的线路限速,信号通信及接触网供电设备不良、邻线施工作业等引起的限速等。

(2)移动设备不良或达不到规定的技术条件,如机车车辆故障、动车组牵引力或制动力切除、空气弹簧故障、车窗玻璃破损密闭失效等需自身限速运行。

(3)灾害天气、天气不良等情况下,如地震、大风、雨天、冰雪等引起的限速。

（4）如塌方、落石、树木倒伏等影响列车正常运行安全的各种异物侵限引起的限速。

（5）其他情形如列车中特殊车辆、装载货物需要限速，动车组使用过渡车钩无动力回送等需要列车限速运行。

上述第（1）、（3）、（4）款情况需对所有通过该区段的列车限速，第（2）、（5）款情况需对该列车限速。

需临时限速时，应当由有关单位（人员）提出限速申请或者由自然灾害及异物侵限监测系统报警提示。列车调度员应当按规定发布临时限速调度命令，并设置列控限速（针对某一列车的限速除外）；来不及时，应当立即通知司机限速运行，司机按列车调度员通知的限速要求控制列车运行。

在同一处所（地段），当多个单位、自然灾害及异物侵限监测系统提出的限速要求不一致时，列车调度员按最低限速值发布临时限速调度命令。

对于24h内不能取消的临时限速，限速登记单位或者设备管理单位应当提出限速申请，报告铁路局集团公司主管业务部门，由主管业务部门审核后提交调度所发布运行揭示调度命令。列车调度员确认在途列车司机已收到该运行揭示调度命令后，方可不再向该列车司机发布临时限速调度命令。

需变更已纳入运行揭示调度命令管理的限速时，设备管理单位应当及时登记，同时向铁路局集团公司主管业务部门提出新的限速条件或者恢复常速申请，调度所根据主管业务部门提出的申请，重新发布运行揭示调度命令。

（二）列控限速管理

1. 列控限速

列控限速是由列控系统对某一范围（区段）内采用列控车载设备控制运行的动车组列车实施限速控制的手段。

（1）用于列控系统的限速设置（数据格式）称为列控限速。列控限速由列车调度员通过CTC进行设置或者取消，并采用双重口令，由列控系统执行。

（2）列控限速数据包括线路号、相关受令车站、限速位置、限速值、限速执行方式、限速开始和结束时间等，侧线列控限速应当增加车站号信息。

（3）列控中心控制的每个有源应答器只管辖一定范围内的限速，限速区可以设置在区间、站内正线、站内侧线或者区间跨站内正线。

2. 列控限速设置

（1）列控限速按档分为不同的限速等级，最低为45km/h。

（2）设置列控限速时，应当按照不高于限速值的原则选择相应限速等级进行设置，但低于45km/h的限速按45km/h设置。

（3）列控限速的设置和取消按规定流程办理。

（4）如调度命令的限速值低于列控车载设备显示的目标速度时，动车组列车司机应当按调度命令控制列车运行。遇实际限速与运行揭示调度命令（临时限速调度命令）限速相符，而列控限速归档造成列控限速与运行揭示调度命令

(临时限速调度命令)限速不符时,列车调度员不再向动车组列车司机发布临时限速调度命令。

(5)对低于45km/h的限速,装备LKJ的动车组列车,限速命令已写入集成电路卡时,动车组列车司机应当根据调度命令在限速地段前一站停车改按LKJ方式运行,司机按限速调度命令和LKJ设置控制列车通过限速地段;未写入IC卡时,动车组列车司机应当根据限速调度命令人工控制列车通过限速地段。未装备LKJ的动车组列车,动车组列车司机应当根据限速调度命令人工控制列车通过限速地段。

(三)列控限速设置不成功时的处理

1.装备LKJ的动车组列车

对装备LKJ的动车组列车,列控限速设置不成功时,列车调度员应当关闭(车站控制时为通知车站值班员关闭)进入该限速地段前一站的出站信号,发布动车组列车改按LKJ方式行车的调度命令。司机在该站停车转换为LKJ方式,按以下方式运行:

(1)动车组列车司机在出乘前已收到该限速的运行揭示调度命令时,列车调度员与司机核对限速的运行揭示调度命令无误后,方可放行列车,司机按运行揭示调度命令和LKJ设置控制列车运行速度,通过限速地段。

(2)动车组列车司机在出乘前未收到该限速的运行揭示调度命令时,列车调度员应当向司机发布限速调度命令(最高不超过40km/h),核对无误后,方可放行列车。司机按限速调度命令人工控制列车通过限速地段。

2.未装备LKJ的动车组列车

对未装备LKJ的动车组列车,列控限速设置不成功时,列车调度员应当关闭(车站控制时为通知车站值班员关闭)进入该限速地段前一站的出站信号,向司机发布限速调度命令(最高不超过40km/h),核对无误后,方可放行列车。司机按限速调度命令人工控制列车通过限速地段。

复习思考

1.铁路运输调度的基本任务是什么?
2.铁路运输调度机构是如何设置的?
3.什么是调度日计划?
4.调度日计划编制的依据是什么?
5.遇哪些情况时须发布调度命令?
6.发布行车调度命令应遵循哪些规定?
7.什么是运行揭示调度命令?
8.列车调度员应做好哪些工作?
9.什么是列控限速?
10.列控限速设置不成功时应如何处理?

非正常行车与救援

⊛ 项目内容

    本项目主要介绍高速铁路灾害天气行车、设备故障行车、非正常行车以及高速铁路救援等内容。

◎ 学习目标

1. 能力目标

能根据高速铁路各种非正常情况,正确、及时地进行处置,确保铁路运输畅通。

2. 知识目标

    了解和掌握天气不良、设备故障、行车条件变化等情况下的行车组织方法,掌握高速铁路救援办法。

3. 素质目标

培养作风优良、认真负责、思维敏捷、处事果断的工作作风。

❈ 建议学时

4~6学时。

任务1 灾害天气行车

一、大风天气行车

高速运行的列车,在大风特别是侧向风环境中,运行稳定性降低,车体侧向偏移量加大,不利于行车安全,为此,我国高速铁路安装了自然灾害及异物侵限监测系统风速监测子系统,根据系统监测到的风速报警信息,行车人员应采取相应的措施,确保行车安全。

1. 动车组列车遇大风行车时的限速要求

(1)在环境风速不大于15m/s时,动车组列车可以按正常速度运行;环境风速不大于20m/s时,运行速度不大于300km/h;环境风速不大于25m/s时,运行速度不大于200km/h;环境风速不大于30m/s时,运行速度不大于120km/h;环境风速大于30m/s时,严禁动车组列车进入风区。

(2)动车组高速运行时,受线路平纵面及风力等影响,车体会有一定的侧向偏移。高速铁路均为1250mm的高站台,动车组在邻靠站台的线路上运行时,存在与站台接触摩擦危及行车安全的风险,所以必须根据站台限界情况限制列车运行速度。正线、到发线中心线距站台边缘为1750mm办理动车组列车通过时,在环境风速不大于15m/s情况下,速度不得超过80km/h;当环境风速超过15m/s时,动车组运行速度不得超过45km/h,并注意运行。

2. 接到风速监测子系统大风报警信息时的处置

风速监测子系统中的风速计安装在轨面上4m左右,监测的风速数据为3s滑动平均瞬时风速,未考虑风向的因素,该监测风速数据暂作为环境风速值采用。同时,既有系统中大风报警及解除时限暂采用以下阈值设定:风速值达到报警门限10s报警,风速值低于报警门限10min解除报警。列车调度员接到风速监测子系统大风报警信息时,应及时进行处置。

(1)遇风速监测子系统提示大风报警信息时,列车调度员根据报警限速提示及时组织列车临时限速运行,向相关列车发布临时限速调度命令。列车已进入或即将进入限速区段,来不及发布调度命令时,列车调度员应立即通知司机限速运行。司机接到限速运行的通知或收到限速调度命令后,均应按要求采取降速措施。

(2)当风速监测子系统发出禁止运行的报警信息时,列车调度员(车站控制时为列车调度员通知车站值班员)应及时关闭有关信号,拦停、扣停列车,对于在区间运行的列车应立即通知司机停车,司机接到通知后,应立即采取停车措施。

(3)风速监测子系统监测点是固定设置,没有全部覆盖监测所有地点,列车运行途中,司机遇大风后,应根据情况控制列车运行速度,并报告列车调度员。列车调度员通知后续首列列车司机在该地段注意运行;司机控制列车驶离大风区域后,应及时向列车调度员报告情况,以便列车调度员掌握大风区域和风速情况,组织后续列车安全运行。

(4)在大风天气,列车调度员按风速监测子系统报警提示发布限速调度命令,遇风速不稳或同一地段多处风速报警时,列车调度员可合并设置,按最低限速值发布限速调度命令。

(5)风速监测子系统限速报警解除后,列车调度员应当及时取消前发限速调度命令,恢复正常行车。

3.风速监测子系统故障时的处置

风速监测子系统故障(如调度监控终端黑屏、灰屏、死机、通信中断、风速风向现场监测设备故障等)时,系统不能提供大风报警及限速、禁止运行等报警信息,一方面要立即组织修复,另一方面要按照天气预报信息继续组织列车运行,具体信息由工务部门提供。

(1)列车调度员发现风速监测子系统故障时,应立即通知设备管理单位,并在"行车设备检查登记簿"内登记,设备管理单位应立即查明原因、尽快修复。设备管理单位发现风速监测子系统故障时,应立即报告列车调度员,并在调度所"行车设备检查登记簿"内登记,迅速组织查明原因、尽快修复。

(2)列车调度员发现或接到设备管理单位通知风速监测子系统故障时,应根据天气预报信息组织列车运行。

故障区段如遇天气预报7级及以上大风天气时,工务部门应及时向列车调度员提交天气预报信息,列车调度员按照天气预报的最大风级向相关列车发布限速调度命令。相关限速规定如下:当最大风速达7级时,运行速度不大于300km/h;8级、9级时,运行速度不大于200km/h;10级时,运行速度不大于120km/h;11级及以上时,禁止列车进入风区。限速里程由工务部门根据故障情况以及天气预报信息确定后,通知列车调度员。

二、雨天行车

工务部门应根据现场环境、气候特点、设备状况等,结合历年防洪经验,确定并公布防洪重点地段。

1.防洪重点地段限速要求

(1)遇有降雨天气,重点防洪地段1h降雨量达到45mm及以上时,列车限速120km/h。

(2)1h降雨量达到60mm及以上时,列车限速45km/h。

(3)当1h降雨量降至20mm及以下,且持续30min以上时,可逐步解除限速。

2.列车通过防洪重点地段时的安全措施

防洪重点地段多是汛期灾害多发区域,如洪水、泥石流、山体滑坡、塌方落石等,线路、桥隧、路基、道床等稳定性会受到影响。因此,列车通过防洪重点地段时,司机要加强瞭望,并随时采取必要的安全措施。

(1)动车组列车运行中,司机发现积水高于轨面时,应立即停车,根据现场情况与随车机械师共同确认行车条件或请求救援,并立即报告列车调度员(车站值班员),车站值班员报告列车调度员。列车调度员(车站值班员)立即通知已进入区间的后续列车停车,并不再向该区间放行列车。司机接到通知应立即采取停车措施,避免将动车组列车停在隧道内等有潜在危险的地段。

(2)当洪水漫到路肩时,列车司机应按规定操纵列车限速运行,并立即报告列车调度员(车站值班员),车站值班员报告列车调度员。列车调度员(车站值班员)立即通知已进入区间的后续列车注意运行;遇有落石、倒树等障碍物危及行车安全时,司机应立即停车,并报告列车调度员,列车调度员立即通知已进入区间的后续列车停车,并不再向该区间放行列车。障碍排除并确认安全无误后,方可恢复运行。

(3)列车遇到线路塌方、道床冲空等危及行车安全的突发情况时,司机应立即停车或采取其他应急处置措施,并立刻通知追踪列车、邻线列车及列车调度员(邻近车站),有关人员得到报告后,应立即采取措施。配备列车防护报警装置的列车应立即使用列车防护报警。

3. 自然灾害及异物侵限监测系统雨量监测子系统报警时的处置

遇强降雨天气时,路基、桥隧、通信信号、供电等铁路基础设施会受到影响,可能危及行车安全,必须根据不同的雨量采取相应的安全措施。

遇雨量监测子系统提示雨量监测报警信息时,列车调度员根据报警提示要求及时组织列车临时限速运行,及时向相关列车发布限速运行的调度命令,并通知工务、电务、车辆、供电等专业调度,及时通知有关设备管理单位检查设备。列车已进入或即将进入限速区段,来不及发布调度命令时,列车调度员应立即通知司机限速运行。司机接到限速运行的通知或收到限速调度命令后,无论列控限速设置与否,均应采取降速措施。

列车调度员在得到工务及其他相关专业调度台检查无异常的报告后,及时取消限速或解除线路封锁。

4. 自然灾害及异物侵限监测系统雨量监测子系统故障时的处置

雨量监测子系统故障(如调度监控终端黑屏、灰屏、死机、通信中断、雨量现场监测设备故障等)时,系统不能提供雨量报警及限速运行的信息,一方面要立即组织修复,另一方面要根据工务部门提供的降雨信息组织列车运行。

(1)列车调度员发现雨量监测子系统故障时,应立即通知设备管理单位,并在"行车设备检查登记簿"内登记,设备管理单位应立即查明原因、尽快修复;设备管理单位发现雨量监测子系统故障时,应立即报告列车调度员,并在调度所"行车设备检查登记簿"内登记,迅速组织查明原因、尽快修复。

(2)列车调度员发现或接到设备管理单位通知雨量监测子系统故障时,由工务部门根据降雨情况在调度所"行车设备检查登记簿"内登记限速或封锁,列车调度员根据工务部门的登记组织列车限速运行或封锁线路。

三、冰雪天气行车

冰雪天气下,积雪或结冰等会导致设备稳定性降低,动车组下部积雪、结冰会降低转向架高速运行的性能,脱落时会击打地面设备,地面应答器、接触网受流、车地通信等会受到影响,动车组高速运行中还可能出现被冰雪击打等情况,影响列车运行和行车安全,必须根据不同的情况采取相应的安全措施。

1. 冰雪天气限速要求

(1)当运行区段降中雪或积雪覆盖轨枕板或道砟面时,无砟轨道区段限速 250km/h 及以下,有砟轨道区段限速 200km/h 及以下;当运行区段降大雪、暴雪时,无砟轨道区段限速 200km/h 及以下,有砟轨道区段限速 160km/h 及以下。中雪、大雪、暴雪的界定,以气象部门公布或观测为准。

当无砟轨道区段轨枕板积雪厚度 100mm 以上时,限速 200km/h 及以下;有砟轨道区段道砟面积雪厚度 50mm 以上时,限速 160km/h 及以下。

(2)接触网导线结冰受电弓取流不畅时,限速 160km/h 及以下。

(3)动车组转向架结冰需要列车限速时,无砟轨道区段限速 250km/h 及以下,有砟轨道区段限速 200km/h 及以下。

2. 自然灾害及异物侵限监测系统雪深监测子系统报警时的处置

列车调度员接到雪深监测子系统报警信息、有关设备管理单位或司机、随车机械师等有关人员的冰雪天气报告后,应按规定进行快速、准确的处置,加强信息传递、相互联系和协作配合,确保列车运行安全。

(1)雪深监测子系统报警雪深值达到警戒值时,系统发出报警信息和限速提示,列车调度员应根据提示信息,及时对即将进入报警区域的列车发布限速运行的调度命令。来不及发布调度命令时,列车调度员应立即通知司机限速运行。

(2)安装动车组运行故障动态图像检测系统(TEDS)的区段,TEDS 监控中心要加强对动车组转向架结冰、积雪等情况的监测分析,发现动车组转向架结冰需限速运行时,应立即将车次及限速要求等按规定报告动车调度员,动车调度员应立即通知列车调度员,由列车调度员通知相关列车司机限速运行。司机接到通知应立即按要求限速运行,并通知随车机械师。

列车运行过程中,随车机械师发现动车组车底异响、动车组被击打等异常情况需要列车限速时,应立即通知司机限速。司机根据随车机械师的限速要求运行,并向列车调度员报告被击打地点里程,列车调度员不再发布限速调度命令,通知动车调度员并提示后续首列列车司机(通过司机通知随车机械师),在该被击打地点注意列车运行状态,动车调度员应立即通知前方 TEDS 监测点进行重点监测。列车通过该被击打地点后,司机(随车机械师将检查情况报告司机)应及时上报有关运行情况,以便列车调度员组织后续列车运行。

(3)我国绝大多数高速铁路在设计、建设时都考虑降雪问题,设有电加热的道岔融雪装置,降雪时应根据线路积雪情况及时启用道岔融雪装置。

当降雪量较大、达到中雪及以上,车站道岔转动困难时,应尽可能减少道岔扳动,车站可采取固定接发车进路的方式办理接发列车作业,上下行各固定一条进路接发列车;始发、终到列车较多的车站执行有困难时,可选择交叉干扰少、道岔位置改变少的几条线路相对固定办理接发车作业。较大客运站尽量停靠便于上水、吸污的线路。

(4)需人工上道除雪时,上道、下道作业应执行登记签认制度。列车调度员应当根据相关单位的申请,停止本线接发列车及调车作业,邻线列车限速160km/h及以下。

(5)道床积雪时,在高速运行列车的带动下,可能影响动车组列车车地通信(如应答器和应答器信息接收单元)和电子监测设备正常使用;接触网结冰会引起动车组或电力机车受电弓取流不畅,产生电流电压不足、瞬间断电、电弧等问题,影响正常受电和牵引运行。列车在运行过程中,司机发现道床积雪、接触网结冰受电弓取流不畅时,应先采取减速措施,并及时向列车调度员汇报。列车调度员通知工务、电务、车辆、供电等相关专业调度,由专业调度及时通知有关设备管理单位,设备管理单位及时查明情况,需要列车限速时,按规定办理限速申请,列车调度员根据各设备管理单位的限速申请,发布限速调度命令。

(6)供电部门应加强降雪天气下的设备巡视检查,掌握接触网导线结冰情况,需要列车限速时,应立即在"行车设备检查登记簿"内登记,向列车调度员提出限速申请,列车调度员及时发布限速调度命令。需要对接触网进行除冰作业时,供电部门应在"行车设备检查登记簿"内登记,向列车调度员提出除冰作业申请,列车调度员应按登记要求和条件及时安排接触网除冰车辆上线运行。

遇接触网导线覆冰时,为防止接触网长时间停电,加重导线覆冰,根据需要可停止天窗停电作业,并在天窗时间内开行动车组、电力机车,通过接触网导线与受电弓的摩擦、受流进行热滑融冰。

(7)随车机械师在始发、折返站发现动车组转向架结冰、受电弓无法升起、动车组被击打等异常情况需要处理时,应及时通知司机,由司机报告列车调度员,列车调度员通知动车调度员,动车调度员根据随车机械师反映情况和车辆运用情况提出更换车底或限速申请,并组织入库动车组除雪融冰。

(8)降雪结束后,提出限速的设备管理单位应根据现场实际做好对有关行车条件的检查确认,及时提速或恢复常速运行。在具备提速条件或限速情况消除时,应向列车调度员提出申请,列车调度员及时发布相关调度命令。铁路局集团公司应当规定雪后恢复常速运行的具体程序和办法。

3. 自然灾害及异物侵限监测系统雪深监测子系统故障时的处理

雪深监测子系统故障(如调度监控终端黑屏、灰屏、死机、通信中断、雪深现场监测设备故障等)时,系统不能检测和提供降雪报警及限速运行的信息,一方面要立即组织修复,另一方面要根据降雪信息组织列车运行,具体信息由工务、电务部门提供。具体处理如下:

(1)列车调度员发现雪深监测子系统故障时,应立即通知设备管理单位,并在"行车设备检查登记簿"内登记,设备管理单位应立即查明原因、尽快修复;设备管理单位发现雪深监测子系统故障时,立即报告列车调度员,并在调度所的"行车设备检查登记簿"内登记,迅速组织查明原因、尽快修复。

(2)列车调度员发现或接到设备管理单位通知雪深监测子系统故障时,由工务、电务部门根据降雪情况和需要,提出限速或提速申请,并在调度所的"行车设备检查登记簿"内登记,可根据积雪量变化情况,提出提速或进一步限速的申请。列车调度员按规定发布相关调度命令。

四、地震监测报警时的行车

地震是危害极大的自然灾害,发生地震时,高速铁路轨道、路基、道床、边坡、挡墙、桥隧、通信及信号设备极可能受到损害,列车运行稳定性降低,直接危及行车安全,必须立即停车,采取应急处置措施。具体措施如下:

(1)列车调度员接到地震监测子系统地震监控报警信息或接到现场地震报告后,应立即关闭有关信号(车站控制时为通知车站值班员关闭有关信号),通知相关列车停车。列车司机组织列车乘务人员根据现场实际情况,采取应急处置措施。

(2)列车调度员立即报告调度所值班主任(值班副主任),通知工务、电务、供电、通信、房建等设备管理单位检查。设备管理单位检查处理后,根据设备管理单位登记的行车限制条件组织行车。

五、天气恶劣难以辨认信号行车

1.接到天气恶劣报告时的处置

遇天气恶劣,信号机显示距离不足200m时,司机或车站值班员须立即报告列车调度员。列车按地面信号显示运行时,列车调度员应及时发布调度命令,改按天气恶劣难以辨认信号的办法行车。

2.天气恶劣难以辨认信号行车办法

(1)列车按机车信号的显示运行。当接近地面信号机时,司机应确认地面信号,遇地面信号与机车信号显示不一致时,应立即采取减速或停车措施。

(2)当无法辨认出站(进路)信号机显示时,在列车具备发车条件后,司机凭机车信号的显示起动列车,在确认出站(进路)信号机显示正确后,再行加速。

(3)天气转好时,应及时报告列车调度员发布调度命令,恢复正常行车。

任务2　设备故障行车

一、信号通信设备故障行车

1.列控车载设备不能正常使用

(1)动车组列车运行中遇列控车载设备故障并导致列车停车后,司机应当报告列车调度员(车站值班员),并通知随车机械师。车站值班员报告列车调度员。司机转换冗余切换开关(开关不在司机室时,司机通知随车机械师进行转换)启动冗余设备或者将列控车载设备断电30s后重新启动,设备恢复正常时,报告列车调度员,继续运行。

(2)已在区间内运行的装备LKJ的动车组列车因列控车载设备故障,不能恢复正常运行但能提供机车信号时,司机应当报告列车调度员(车站值班员),车站值班员报告列车调度员。在信号机常态点灯的CTCS-2级区段,列车调度员发布改按LKJ方式行车的调度命令,动车组列车改按LKJ方式运行。在CTCS-3级及信号机常态灭灯的CTCS-2级区段,列车调度员在确认该列车至前方站(线路所)间空闲后,发布改按LKJ方式行车的调度命令,动车组列车改按LKJ方式运行。

(3)已在区间内运行的未装备LKJ的动车组列车列控车载设备故障,不能恢复正常运行时,司机应当报告列车调度员(车站值班员),车站值班员报告列车调度员。列车调度员(车站值班员)不再向该区间放行列车,并通知已进入区间的后续列车立即停车。确认该列车至前方站(线路所)间空闲后,列车调度员发布改按隔离模式运行的调度命令,列车改按隔离模式,按地面信号显示以不超过40km/h的速度运行至前方站(线路所)。该列车到达前方站(线路所)后,列车调度员方可通知后续列车恢复运行。

(4)动车组列控车载设备故障不能恢复正常运行在车站出发时,装备LKJ的动车组列车改按LKJ方式运行,未装备LKJ的动车组列车改按隔离模式运行。

(5)因设备故障,动车组列控车载设备在CTCS-3级与CTCS-2级间进行转换时,司机应当报告列车调度员。

2.LKJ、GYK、机车信号故障

(1)动车组列车改按LKJ方式运行,在自动闭塞区间内遇机车信号或者LKJ故障时,司机应当报告列车调度员(车站值班员),车站值班员报告列车调度员。列车调度员(车站值班员)不再向该区间放行列车,并通知已进入区间的后续列车立即停车。列车调度员确认该列车至前方站(线路所)间空闲后通知司机,列车按地面信号显示以不超过40km/h的速度运行至前方站(线路所)。该列车到达前

方站(线路所)后,列车调度员方可通知后续列车恢复运行。

(2)按 LKJ 方式运行的动车组列车遇机车信号或者 LKJ 故障在车站出发时,改按隔离模式运行。

(3)动车组以外的列车,在自动闭塞区间内运行遇机车信号或者 LKJ(GYK)故障时,司机应当立即报告列车调度员(车站值班员),车站值班员报告列车调度员。列车调度员(车站值班员)不再向该区间放行列车,并通知已进入区间的后续列车立即停车。列车调度员确认该列车至前方站(线路所)间空闲后通知司机,列车按地面信号显示以不超过 20km/h 的速度运行至前方站停车处理或者更换机车。该列车到达前方站(线路所)后,列车调度员方可通知后续列车恢复运行。

3. CTC 故障

(1)列车车次号错误或者丢失。

①列车调度员发现 CTC 终端列车车次号错误或者丢失时,应当进行核对确认,重新输入正确的车次号。

②车站值班员发现 CTC 终端列车车次号错误或者丢失时,应当报告列车调度员,与列车调度员核对确认后,重新输入正确的车次号。

(2)CTC 不能下达列车运行计划。

①CTC 不能下达列车运行计划时,列车调度员通知电务部门进行检查处理,并在"行车设备检查登记簿"中登记。

②通知车站转为非常站控。

③采取电话等方式下达列车运行计划。

(3)CTC 不能自动触发进路时,列车调度员(车站控制时为车站值班员)应当采取人工触发进路或者人工排列进路方式办理,并通知电务部门进行处理,在"行车设备检查登记簿"中登记。

(4)当 CTC 设备登记停用或者全站表示信息中断未及时恢复时,应当转为非常站控。

(5)调度所及车站 CTC 设备均不能正确显示列车占用状态。

①调度所及车站 CTC 设备均不能正确显示列车占用状态时,列车调度员应当立即通知已进入区间的列车司机立即停车,并通知电务部门进行处理。

②CTC 设备不能正确显示列车占用状态的故障暂时无法修复,具备放行列车条件时,列车调度员根据电务部门登记的行车限制条件放行列车,通知车站转为非常站控。对已进入区间的列车,列车调度员确认列车至前方站(线路所)间空闲后,通知列车司机逐列恢复运行,指示后列恢复运行前应当确认前列已完整到达前方站(线路所)。司机按信号显示运行,逐列运行至前方站(线路所)。

区间空闲后,按站间组织行车。

③CTC 设备不能正确显示列车占用状态故障修复,列车调度员根据电务部

门的销记,通知有关列车司机恢复正常行车。

4. 信号机故障

进站、出站信号机故障,线路所通过信号机故障或者车站(线路所)道岔失去表示、轨道电路非列车占用红光带。

(1)进站(接车进路)信号机故障或者接车进路上道岔失去表示、轨道电路非列车占用红光带。

①列车调度员(车站控制时为车站值班员)通知设备管理单位进行检查处理,并在"行车设备检查登记簿"中登记。

②设备故障修复,列车调度员(车站控制时为车站值班员)根据设备管理单位的销记,开放进站(接车进路)信号办理接车。

③设备故障暂时无法修复,具备放行列车条件时,列车调度员(车站控制时为车站值班员)根据设备管理单位登记的行车限制条件组织行车。

a. 进站(接车进路)信号机引导信号能够开放时,在确认接车进路空闲、进路准备妥当后,开放引导信号办理接车。

b. 进站(接车进路)信号机引导信号不能开放时,在确认接车进路空闲、进路准备妥当后,列车调度员发布准许越过该信号机的调度命令,司机凭调度命令越过该信号机。动车组列车在进站(接车进路)信号机前停车后,装备LKJ的动车组列车将列控车载设备隔离,按LKJ方式运行,速度不超过40km/h;未装备LKJ的动车组列车改按隔离模式进站停车。动车组以外的列车按LKJ(GYK)方式运行,速度不超过20km/h。

(2)出站(发车进路)信号机故障或者发车进路上道岔失去表示、轨道电路非列车占用红光带。

①列车调度员(车站控制时为车站值班员)通知设备管理单位进行检查处理,并在"行车设备检查登记簿"中登记。

②设备故障修复,列车调度员(车站控制时为车站值班员)根据设备管理单位的销记,开放出站(发车进路)信号机办理发车。

③设备故障暂时无法修复,具备放行列车条件时,列车调度员(车站控制时为车站值班员)根据设备管理单位登记的行车限制条件组织行车。

出站信号机不能开放时:

a. 出站信号机引导信号能够开放时,在确认第一个闭塞分区空闲(CTCS-3级及信号机常态灭灯的CTCS-2级自动闭塞区间对LKJ或者GYK控车的列车和自动站间闭塞区间为确认区间空闲)和发车进路空闲,进路准备妥当后,开放引导信号办理发车。

b. 出站信号机未设引导信号或者引导信号不能开放时,按以下方式办理发车:

在CTCS-3级及信号机常态灭灯的CTCS-2级自动闭塞区段,信号机应当点灯,在确认区间空闲和发车进路空闲,进路准备妥当后,列车调度员发布准许进入区间的调度命令,司机凭调度命令进入区间。装备 LKJ 的动车组列车将列控车载设备隔离,按 LKJ 方式运行至前方站进站信号机(线路所通过信号机),按其显示的要求执行;未装备 LKJ 的动车组列车改按隔离模式运行至前方站进站信号机(线路所通过信号机),按其显示的要求执行;动车组以外的列车按 LKJ(GYK)方式运行,运行至前方站进站信号机(线路所通过信号机),按其显示的要求执行。

在信号机常态点灯的 CTCS-2 级自动闭塞区段,确认第一个闭塞分区空闲(未装备 LKJ 的动车组列车为确认区间空闲)和发车进路空闲,进路准备妥当后,列车调度员发布准许进入区间的调度命令,司机凭调度命令进入区间。装备 LKJ 的动车组列车将列控车载设备隔离,按 LKJ 方式运行,以不超过 40km/h 的速度运行至区间第一架通过信号机,按其显示的要求执行;未装备 LKJ 的动车组列车改按隔离模式运行至前方站进站信号机(线路所通过信号机),按其显示的要求执行;动车组以外的列车按 LKJ(GYK)方式运行,以不超过 20km/h 的速度运行至区间第一架通过信号机,按其显示的要求执行。

自动站间闭塞区段,在确认区间空闲后,应当停止使用基本闭塞法改按电话闭塞法行车,确认发车进路空闲和进路准备妥当后,发布调度命令,司机凭调度命令进入区间。装备 LKJ 的动车组列车(需将列控车载设备隔离)、动车组以外的列车,按 LKJ(GYK)方式运行至前方站进站信号机(线路所通过信号机),按其显示的要求执行;未装备 LKJ 的动车组列车改按隔离模式运行至前方站进站信号机(线路所通过信号机),按其显示的要求执行。

发车进路信号机不能开放时:

a. 发车进路信号机能开放引导信号时,在确认发车进路空闲和进路准备妥当后,开放引导信号办理发车。

b. 列车由车站开往区间,发车进路信号机未设引导信号或者引导信号不能开放时,在确认发车进路空闲和进路准备妥当后,列车调度员发布准许越过该信号机的调度命令,司机凭调度命令越过该信号机。装备 LKJ 的动车组列车将列控车载设备隔离,按 LKJ 方式,以不超过 40km/h 的速度运行至次一信号机前停车,转回列控车载方式控车;未装备 LKJ 的动车组列车改按隔离模式,运行至次一信号机前停车,转回列控车载方式控车;动车组以外的列车按 LKJ(GYK)方式,以不超过 20km/h 的速度运行至次一信号机,按其显示要求执行。

④出站信号机不能开放时,除按规定交付行车凭证外,对通过列车应当预告司机。装有进路表示器或者发车线路表示器的出站信号机,当该表示器不良时,由列车调度员(车站控制时为车站值班员)通知司机;司机发现表示器不良时,应当及时报告列车调度员(车站值班员)。

(3)线路所通过信号机故障或者进路上道岔失去表示、轨道电路非列车占用红光带。

①列车调度员(车站控制时为车站值班员)通知设备管理单位进行检查处

理,并在"行车设备检查登记簿"中登记。

②设备故障修复,列车调度员(车站控制时为车站值班员)根据设备管理单位的销记,恢复正常组织行车。

③设备故障暂时无法修复,具备放行列车条件时,列车调度员(车站控制时为车站值班员)根据设备管理单位登记的行车限制条件组织行车。

a. 线路所通过信号机引导信号能够开放时,在确认第一个闭塞分区空闲(CTCS-3 级及信号机常态灭灯的 CTCS-2 级自动闭塞区间,对 LKJ 或者 GYK 控车的列车和自动站间闭塞区间为确认区间空闲)和进路空闲,进路准备妥当后,开放引导信号办理行车。

b. 线路所通过信号机引导信号不能开放,列车开往 CTCS-3 级及信号机常态灭灯的 CTCS-2 级自动闭塞区间时,信号机应当点灯,在确认区间空闲和进路空闲,进路准备妥当后,列车调度员发布准许越过该信号机的调度命令,司机凭调度命令越过该信号机。装备 LKJ 的动车组列车将列控车载设备隔离,改按 LKJ 方式运行,运行至前方站进站信号机(线路所通过信号机),按其显示的要求执行;未装备 LKJ 的动车组列车改按隔离模式运行,运行至前方站进站信号机(线路所通过信号机),按其显示的要求执行;动车组以外的列车按 LKJ (GYK)方式运行,运行至前方站进站信号机(线路所通过信号机),按其显示的要求执行。

线路所通过信号机引导信号不能开放,列车开往信号机常态点灯的 CTCS-2 级自动闭塞区间时,在确认区间第一个闭塞分区空闲(未装备 LKJ 的动车组列车为确认区间空闲)和进路空闲,进路准备妥当后,列车调度员发布准许越过该信号机的调度命令,司机凭调度命令越过该信号机。装备 LKJ 的动车组列车将列控车载设备隔离,按 LKJ 方式运行,以不超过 40km/h 的速度运行至区间第一架通过信号机,按其显示的要求执行;未装备 LKJ 的动车组列车改按隔离模式运行,运行至前方站进站信号机(线路所通过信号机),按其显示的要求执行;动车组以外的列车按 LKJ(GYK)方式运行,以不超过 20km/h 的速度运行至区间第一架通过信号机,按其显示的要求执行。

线路所通过信号机引导信号不能开放,列车开往自动站间闭塞区间时,在确认区间空闲后,应当停止使用基本闭塞法改按电话闭塞法行车,确认进路空闲和进路准备妥当后,发布调度命令,司机凭调度命令越过线路所通过信号机。装备 LKJ 的动车组列车(需将列控车载设备隔离)、动车组以外的列车,按 LKJ(GYK)方式运行至前方站进站信号机(线路所通过信号机),按其显示的要求执行;未装备 LKJ 的动车组列车改按隔离模式运行至前方站进站信号机(线路所通过信号机),按其显示的要求执行。

5. 信号机其他特殊故障

区间通过信号机故障或者闭塞分区轨道电路非列车占用红光带(异物侵限报警红光带除外)。

（1）列车调度员（车站值班员）发现及得到区间通过信号机故障或者闭塞分区非列车占用红光带的信息时,列车调度员（车站值班员）应当立即通知区间内已进入故障地点及尚未经过故障地点的列车司机立即停车,通知设备管理单位进行检查处理,并在"行车设备检查登记簿"中登记。车站值班员应当立即报告列车调度员。

设备管理单位未销记确认可以放行列车前,不得再向该区间放行列车。

设备故障修复,列车调度员根据设备管理单位的销记,通知有关列车司机恢复正常行车。

（2）区间通过信号机（闭塞分区非列车占用红光带）故障暂时无法修复,具备放行列车条件时,根据设备管理单位登记的行车限制条件组织行车。待故障地点（发生两处及以上故障时,为运行方向第一故障地点）前的列车运行至前方站（线路所）,对区间内已进入故障地点及尚未经过故障地点的列车,列车调度员确认列车至前方站（线路所）间空闲后,通知列车司机故障闭塞分区起止里程及防护该闭塞分区的通过信号机号码,逐列恢复运行至前方站（线路所）,指示后列恢复运行前应当确认前列已完整到达前方站（线路所）。列车恢复运行时,司机在该闭塞分区通过信号机（区间信号标志牌）前停车等候 2min 后,以遇到障碍能随时停车的速度,最高不超过 20km/h（动车组列车不超过 40km/h）,越过该闭塞分区,按次一架通过信号机的显示（列控车载设备显示）运行,司机应当加强瞭望。司机在停车等候同时,应当与列车调度员联系,如确认前方闭塞分区内有列车时,不得进入。

区间空闲后,按站间组织行车。

6. 站内轨道电路分路不良

（1）站内轨道电路出现分路不良时,电务部门检测确认后,由电务部门及时在车站、调度所的"行车设备检查登记簿"中登记,并在 CTC 终端上进行标注。

（2）列车调度员（车站控制时为车站值班员）办理经由分路不良区段的进路时,执行以下规定:

①办理进路前,列车调度员（车站值班员）应当亲自或者指派其他人员（集控站为车务应急值守人员组织电务、工务人员）确认与进路有关的所有分路不良区段空闲后,方可准备进路,并将分路不良区段的道岔单独锁闭;列车（机车车辆）未全部出清轨道电路分路不良区段前,严禁操纵有关道岔及其防护道岔,不得解除分路不良区段道岔单独锁闭。

②调车作业时,询问并得到调车人员或者司机汇报机车车辆出清道岔轨道电路分路不良区段后,方可扳动道岔,开放信号。

③在轨道电路分路不良的股道上停放车辆时,应当对股道两端信号进行钮封。

④遇有列车（机车车辆）通过后进路漏解锁、光带不消失时,应当确认列车（机车车辆）已通过该区段后,方可对该区段进行人工解锁。

7. 列车占用丢失

（1）区间列车占用丢失。

①区间列车占用丢失报警或列车调度员（车站值班员）发现及得到区间列车占用丢失信息时，列车调度员（车站值班员）应当立即通知已进入区间的后续列车立即停车。车站值班员应立即报告列车调度员。

②列车调度员（车站值班员）联系占用丢失的列车司机，询问列车位置及现场情况，通知电务部门检查处理，并在"行车设备检查登记簿"内登记。

③电务部门未销记确认可以放行列车前，不得再向该区间放行列车。

④设备故障修复，列车调度员根据电务部门的销记，通知有关列车司机恢复正常行车。

⑤设备故障暂时无法修复，占用丢失的列车运行无异常，具备放行列车条件时，根据电务部门登记的行车限制条件组织行车。对已进入区间的后续列车，列车调度员确认列车至前方站（线路所）间空闲后，通知司机逐列恢复运行，指示后列恢复运行前必须确认前列已完整到达前方站（线路所）。司机按信号显示运行，逐列运行至前方站（线路所）。区间空闲后，按站间组织行车。

（2）站内股道列车占用丢失。

①站内股道列车占用丢失报警或者列车调度员（车站控制时为车站值班员）发现及得到站内股道列车占用丢失信息时，应当立即停止使用该故障区段。

②列车调度员（车站值班员）联系占用丢失的列车司机，询问列车位置及现场情况，通知电务部门检查处理，并在"行车设备检查登记簿"中登记。

③设备故障修复，列车调度员（车站值班员）根据电务部门的销记，恢复正常行车。

④设备故障暂时无法修复时，经电务部门检查处理后，根据电务部门登记的行车限制条件组织行车。

8. 列车无线调度通信设备故障

（1）FAS（固定用户接入交换机）故障。

①调度台 FAS 均故障。

a. 列车调度员通知通信部门检查处理，并在"行车设备检查登记簿"中登记。

b. 列车调度员指示车务应急值守人员转为车站控制办理行车。

c. 设备故障修复后，列车调度员根据通信部门在"行车设备检查登记簿"中的销记，恢复设备正常使用和正常行车组织。

②车站 FAS 故障。

a. 车站值班员（车务应急值守人员）通知通信部门检查处理，并在"行车设备检查登记簿"中登记，报告列车调度员。

b. 车站值班员（车务应急值守人员）使用 GSM-R 手持终端或者有语音记录装置的自动电话办理行车通话。

c.故障修复后,车站值班员(车务应急值守人员)根据通信部门在"行车设备检查登记簿"中的销记,恢复设备正常使用。

(2)GSM-R故障。

①列车调度员(车站值班员)得到GSM-R故障的报告后,应当立即通知通信部门检查处理,并在"行车设备检查登记簿"中登记。车站值班员接到报告后应当及时报告列车调度员,列车调度员报告调度所值班主任(值班副主任)。

②根据通信部门在"行车设备检查登记簿"中登记的停用内容、影响范围及行车限制条件,按下列规定办理:

a.GSM-R故障导致CTCS-3级降为CTCS-2级时,按CTCS-2级行车。

b.影响调度命令无线传送功能时,向司机发布的调度命令,按规定采用列车无线调度通信设备发布、转达或者采用人工书面交递方式。

c.遇无进路预告信息,司机应当报告列车调度员(车站值班员),列车由正线通过改为侧线接车时,列车调度员(车站控制时为车站值班员)应当提前预告司机。

③设备故障修复后,列车调度员(车站值班员)根据通信部门在"行车设备检查登记簿"中的销记,恢复设备正常使用。

(3)机车综合无线通信设备故障。

①司机报告列车调度员(车站值班员),车站值班员报告列车调度员。

a.影响调度命令无线传送功能时,向司机发布的调度命令,按规定采用列车无线调度通信设备发布、转达或者采用人工书面交递方式。

b.遇无进路预告信息,司机应当报告列车调度员(车站值班员),列车由正线通过改为侧线接车时,列车调度员(车站控制时为车站值班员)应当提前预告司机。

c.机车综合无线通信设备不能通话时,司机应当立即使用GSM-R手持终端报告列车调度员(车站值班员)。如GSM-R手持终端也不能进行通话时,司机应当在前方站停车报告;机车综合无线通信设备或者GSM-R手持终端修复(更换)后,方准继续运行。

②设备故障修复后,恢复设备正常使用。

(4)列车调度员、车站值班员因无线通信设备故障,均无法与司机取得联系。

①不得向区间放行列车。

②列车调度员(车站值班员)通知通信部门检查处理,并在"行车设备检查登记簿"中登记。

③通信部门抢修完毕后,列车调度员根据通信部门在"行车设备检查登记簿"中的销记,恢复正常行车组织。

二、供电设备故障行车

1.接触网停电

(1)遇接触网停电时,司机应当立即停车并降弓,报告列车调度员(车站值班员)停车原因及停车位置,通知随车机械师(车辆乘务员)、列车长,车站值班员报告列车调度员。供电调度员发现接触网停电时,应当立即确认停电范围并通知列车调度员。

(2)列车调度员(车站值班员)接到接触网停电的报告后,应当立即扣停未进入停电区域的相关列车,对已进入停电区域的列车应当通知司机停车。列车调度员并立即通知供电调度员确认停电范围,通知供电部门检查处理,在 CTC上设置停电标识。

(3)电力机车牵引的旅客列车因接触网停电在区间停车后,司机应当采取保压措施,长时间停车风压不足时,司机通知车辆乘务员组织客运乘务组拧紧全列人力制动机。

(4)接触网跳闸重合或者送电成功,原因不明时,供电调度员应当立即将接触网跳闸情况、故障标定装置指示地点的里程及限速要求通知列车调度员。列车调度员立即向尚未经过该地点的本线及邻线首列列车发布口头指示限速80km/h 注意运行,限速位置原则上按故障标定装置指示地点前后各 2km 确定。司机应当注意观察接触网设备状态,发现影响行车异常情况时应当立即停车并向列车调度员报告,列车调度员立即通知尚未经过异常地点的后续列车停车,不得再向该区间放行列车,并立即通知供电部门检查处理,列车调度员按供电部门登记的行车限制条件组织行车;无异常时,司机在通过限速地点后立即向列车调度员报告。列车调度员根据本线司机确认本线无异常的报告组织本线后续列车正常运行,根据邻线司机确认邻线无异常的报告组织邻线后续列车正常运行。

同时,供电调度员应当立即组织供电人员登乘本线或者邻线列车巡视检查设备。供电人员根据需要及时向列车调度员提出利用动车组列车运送人员处理故障的申请,列车调度员应当及时安排。

2. 接触网上挂有异物

(1)司机在运行中发现本线或者邻线接触网上挂有异物时,应当立即采取措施并向列车调度员(车站值班员)汇报异物情况和故障地点,列车调度员(车站值班员)及时通知供电部门检查处理,并在"行车设备检查登记簿"中登记,车站值班员报告列车调度员。列车调度员转报供电调度员。

(2)本线挂有异物时,如异物情况不影响行车,司机按正常行车方式通过。本线降弓可以通过时,司机按降弓方式通过该地点,列车调度员向该线后续列车发布限速 160km/h 降弓通过故障地点的调度命令(不设置列控限速),限速降弓位置原则上按司机汇报故障地点前后各 2km 确定。不能降弓通过时司机应当立即停车并报告,列车调度员(车站值班员)应当立即通知本线后续列车停车,不得再向该区间放行列车。

(3)邻线挂有异物时,如司机汇报邻线异物不能降弓通过,列车调度员(车站值班员)应当立即通知邻线尚未经过该地点的列车停车,不得再向邻线该区间放行列车。如司机汇报邻线异物可降弓通过或者异物情况不影响行车,邻线按(2)款规定执行。

如司机汇报不能确定异物是否影响邻线行车,列车调度员应当立即向邻线尚未经过该地点的首列列车司机发布口头指示限速80km/h注意运行,限速位置原则上按司机汇报故障地点前后各2km确定。司机应当注意观察接触网设备状态。根据该司机确认情况,后续处理按(2)款规定执行。

(4)供电调度员接到报告后,应当立即组织供电人员登乘本线或者邻线列车巡视检查设备并处理。供电人员根据需要及时向列车调度员提出利用动车组列车运送人员处理故障的申请,列车调度员应当及时安排。

供电部门检查处理后,列车调度员按供电部门登记的行车限制条件组织行车。故障处理完毕后,列车调度员根据供电部门在"行车设备检查登记簿"中的销记,恢复正常行车组织。

3. 受电弓挂有异物

(1)列车运行途中,司机接到受电弓挂有异物通知时,应当立即降弓、停车,向列车调度员(车站值班员)报告,车站值班员报告列车调度员。需下车检查或者登顶作业时,司机(动车组列车为随车机械师通过司机提出的)及时向列车调度员提出请求。

(2)列车调度员(车站值班员)得到报告后,应当立即通知区间内后续列车停车,不得再向该区间放行列车。列车调度员根据下车检查或者登顶作业的请求,发布邻线列车限速160km/h及以下调度命令;需登顶作业时,列车调度员还应当通知该供电臂内的列车停车并降弓,与供电调度员办理接触网停电手续,得到供电调度员接触网已停电的通知后,发布准许登顶作业的调度命令。

(3)司机在接到邻线列车限速160km/h及以下调度命令已发布的口头指示后,下车检查(动车组列车为司机通知随车机械师下车检查)。司机根据准许登顶作业的调度命令和邻线列车限速160km/h及以下调度命令已发布的口头指示登顶作业(动车组列车为司机通知随车机械师登顶作业)。

(4)异物处理完毕后,司机应当报告列车调度员,列车调度员与供电调度员办理接触网送电手续,通知该停电供电臂内的列车升起受电弓,取消邻线限速,恢复正常行车。需限速运行时,司机(动车组列车根据随车机械师的通知)限速运行。

(5)司机(动车组列车为随车机械师)现场检查发现受电弓滑板及托架有损伤或者接触网有异状时,应当及时报告列车调度员,列车调度员扣停后续列车,并通知供电部门对接触网设备进行检查处理,根据供电部门在"行车设备检查登记簿"中登记的行车限制条件组织行车。

4. 运行途中自动降弓

(1)列车在运行途中,因不明原因降弓,司机应当立即切断主断路器并停车,同时查看降弓地点公里标,向列车调度员(车站值班员)报告,车站值班员报告列车调度员。列车调度员(车站值班员)应当立即通知区间内后续列车停车,不再向该区间放行列车,列车调度员将降弓情况转报供电调度员。动车组列车随车机械师应当根据故障信息记录,及时向司机反馈故障发生时间等信息,由司机报告列车调度员,列车调度员及时转报供电调度员。

(2)列车调度员根据司机(动车组列车为随车机械师通过司机提出的)下车检查或者登顶作业的请求,发布邻线列车限速160km/h及以下调度命令;需登顶作业时,列车调度员还应当通知该供电臂内的列车停车并降弓,与供电调度员办理接触网停电手续,得到供电调度员接触网已停电的通知后,发布准许登顶作业的调度命令。

(3)司机在接到邻线列车限速160km/h及以下调度命令已发布的口头指示后,下车检查(动车组列车为司机通知随车机械师下车检查)。司机根据准许登顶作业的调度命令和邻线列车限速160km/h及以下调度命令已发布的口头指示登顶作业(动车组列车为司机通知随车机械师登顶作业)。

(4)经检查处理,列车恢复运行后,司机应当立即报告列车调度员,列车调度员应当立即向本线尚未经过该地点的首列列车发布口头指示限速80km/h注意运行,限速位置原则上按司机汇报故障地点前后各2km确定。司机应当注意观察接触网设备状态,发现影响行车异常情况时应当立即停车并向列车调度员报告,列车调度员立即通知尚未经过异常地点的后续列车停车,不再向该区间放行列车,并立即通知供电部门检查处理,列车调度员按供电部门登记的行车限制条件组织行车。无异常时,司机在通过限速地点后立即向列车调度员报告,列车调度员根据司机确认无异常的报告组织后续列车正常运行。

(5)供电调度员接到报告后,应当立即组织供电人员登乘本线或者邻线列车巡视检查设备。供电人员根据需要及时向列车调度员提出利用动车组列车运送人员处理故障的申请,列车调度员应当及时安排。

5. 自动过分相地面设备故障

(1)司机发现不能自动过分相时,应当立即报告列车调度员(车站值班员),列车调度员(车站值班员)接到报告后,通知后续列车注意运行,通知设备管理单位检查处理,并在"行车设备检查登记簿"中登记;设备管理单位发现自动过分相地面设备故障时,应当立即报告列车调度员(车站值班员),同时在"行车设备检查登记簿"中登记,写明行车限制条件。

在故障修复前,列车调度员(车站值班员)根据设备管理单位的登记,通知司机采用手动过分相。

(2)自动过分相地面设备修复后,列车调度员根据设备管理单位在"行车设备检查登记簿"中的销记,恢复正常行车组织。

三、机车车辆设备故障行车

1. 动车组列车空调失效

(1)空调失效超过20min不能恢复但列车能够正常运行时,列车长可视情况通知司机向列车调度员提出在前方最近客运站停车的请求,列车调度员安排列车在前方最近客运站停车。列车在停车站安装好防护网、打开部分车门后,列车调度员根据司机的报告,向司机(救援时还包括救援司机)及沿途各站发布打开车门限速 60km/h(通过邻靠高站台的线路时限速 40km/h)运行的调度命令。

(2)列车因故停车不能维持运行且空调失效超过 20min 不能恢复时,列车长应当及时与司机、随车机械师沟通,视情况做出打开车门决定,并通知司机转报列车调度员。

(3)安装防护网、打开车门由列车长组织列车乘务员进行,司机、随车机械师配合。防护网的安装需在列车停车状态下进行,安装位置为运行方向左侧(非会车侧)车门处。防护网安装完毕,打开车门后,由列车长组织列车工作人员值守,直到车门关闭。列车长确认防护网安装牢固、看护到位后报告司机。

(4)需要组织旅客下车或者换乘其他列车时,应当在车站站台进行。必须在站内不邻靠站台的线路或者区间组织旅客下车或者换乘时,需经铁路局集团公司主管运输负责人(或者总调度长)同意。

2.动车组列车运行途中发生车辆故障应急处理

(1)动车组列车运行中出现故障,司机应当按车载信息监控装置的提示,按规定及时处理;需要由随车机械师处理时,司机应当通知随车机械师。经处置确认无法正常运行时,司机应当按车载信息监控装置的提示和随车机械师的要求,选择维持运行或者停车等方式,并报告列车调度员(车站值班员),车站值班员报告列车调度员。

(2)司机发现或者得到基础制动装置故障致使车轮抱死不缓解的报告时,应当立即停车,报告列车调度员(车站值班员)停车原因和停车位置,车站值班员报告列车调度员。列车调度员(车站值班员)应当立即通知区间内后续列车停车,不再向该区间放行列车。司机在接到列车调度员已发布邻线列车限速 160km/h 及以下调度命令的口头指示后,通知随车机械师下车检查处理。当动车组列车制动系统故障应当切除单车制动力时,随车机械师应当将切除制动力的情况及限速要求通知司机,司机报告列车调度员(车站值班员)后,按限速要求运行;车站值班员接到报告后,应当及时报告列车调度员,列车调度员及时通知本调度区段相关车站值班员,跨调度区段运行时还应当通知邻台列车调度员。

全列车制动不缓解,司机、随车机械师按故障应急手册或者车载信息系统的提示处理;全列常用制动不施加,司机立即将制动手柄拉到紧急制动位或者按压紧急停车按钮,使动车组紧急停车。动车组停车后,司机复位紧急制动,由随车机械师进行故障处理。司机在开车前应当进行一次完整的制动试验,确认制动系统功能正常。动车组发生制动系统失效情况时,由司机请求救援。

(3)动车组车窗玻璃破损导致车厢密封失效时,列车长或者随车机械师应当通知司机,司机控制动车组列车限速 160km/h 运行并报告列车调度员(车站值班员),车站值班员报告列车调度员。

(4)动车组空气弹簧故障时,随车机械师应当通知司机限速要求(CRH2/CRH380A/CRH380AL 型限速 120km/h,其余车型限速 160km/h),司机控制动车组列车限速运行并报告列车调度员(车站值班员),车站值班员报告列车调度员。

(5)当车载信息监控装置提示轴承温度超过报警温度时,司机应当立即停车,报告列车调度员(车站值班员)停车原因和停车位置,通知随车机械师处理,车站值班员报告列车调度员。列车调度员(车站值班员)应当立即通知区间内后续列车停车,并不得再向该区间放行列车。随车机械师检查后,需要限速运行时,通知司机限速要求,司机报告列车调度员(车站值班员)后,按限速要求运行。不能继续运行时,及时请求救援。

(6)发现或者接到转向架监测故障、车辆下部异音、异状的通知时,司机(列车工作人员)应当立即采取紧急停车措施,司机向列车调度员(车站值班员)报告,车站值班员报告列车调度员。列车调度员(车站值班员)应当立即通知区间内后续列车停车,不再向该区间放行列车。司机在接到列车调度员已发布邻线列车限速 160km/h 及以下调度命令的口头指示后,通知随车机械师下车检查处理。随车机械师检查后,需要限速运行时,通知司机限速要求,司机报告列车调度员(车站值班员)后,按限速要求运行。不能继续运行时,及时请求救援。

3. 动车组以外的旅客列车运行途中发生车辆故障应急处理

(1)发现客车车辆轮轴故障、车体下沉(倾斜)、车辆剧烈震动等危及行车安全的情况时,应当立即采取停车措施,并报告列车调度员(车站值班员),车站值班员报告列车调度员。列车调度员(车站值班员)应当立即通知区间内后续列车停车,不再向该区间放行列车。司机在接到列车调度员已发布邻线列车限速 160km/h 及以下调度命令的口头指示后,通知车辆乘务员下车检查。对抱闸车辆应当关闭截断塞门,排除副风缸中的余风,确认安全无误后,方可继续运行;如车轮踏面损坏超过限度或者车辆故障不能继续运行时,应当甩车处理。

(2)列车调度员接到热轴报告后,应当按热轴预报等级要求果断处理。必要时,立即安排停车检查(司机应当采用常用制动,列车停车后由车辆乘务员负责检查,无车辆乘务员的由司机确认能否继续安全运行)或者就近站甩车处理。

(3)遇客车安全监控系统报警或者其他故障需要列车限速运行时,车辆乘务员应当通知司机限速要求,司机按限速要求运行并报告列车调度员(车站值班员),车站值班员及时报告列车调度员。

(4)空气弹簧故障时,列车运行速度不得超过 120km/h。

(5)采用密接式车钩的旅客列车,在运行途中因故障更换 15 号过渡车钩后,运行速度不得超过 140km/h。

(6)双管供风旅客列车运行途中发生双管供风设备故障或者用单管供风机

车救援接续牵引需改为单管供风时,双管改单管作业应当在站内进行。旅客列车在区间发生故障需双管改单管供风时,由车辆乘务员通知司机向列车调度员(车站值班员)提出在前方站停车处理的请求,并通知司机以不超过120km/h速度运行至前方站,列车调度员发布双管改单管供风的调度命令,车辆乘务员根据调度命令在站内将客车风管路改为单管供风状态。旅客列车改为单管供风运行时,应当发布调度命令通知有关铁路局集团公司,按单管供风办理,直至终到站。

任务3　非正常行车

一、双线区间反方向行车

我国铁路规定双线区间按左侧单方向行车,这个运行方向称为正方向,相应的闭塞设备、列车信号机(区间信号标志牌)等行车设备也是按此设置的,行车安全有可靠的保证。同时,列车在各自的线路上运行时,互不干扰,能够保证通过能力,发挥最大的效益。

1.反方向行车的时机

(1)旅客列车以外的列车整理列车运行。双线区间列车反方向运行时,改变了线路正常运行方向,对运输安全、效率都有不利影响。

(2)旅客列车遇特殊情况。旅客列车在正方向区间的线路封锁、发生自然灾害、因事故中断行车,以及正方向设备故障严重影响列车运行秩序而反方向自动站间闭塞设备良好等特殊情况下,经调度所值班主任(副主任)准许,方可反方向运行。旅客列车反方向运行应严加限制。

2.反方向行车要求

(1)必须有调度命令。在双线区段,由于正常情况下列车按左侧正方向运行,当需要反方向行车时,为使司机及有关人员掌握行车方式变化,列车调度员应当发布调度命令,使有关人员按规定作业,确保行车安全。

(2)列车按站间间隔运行。

(3)区间空闲。列车调度员(车站控制时为车站值班员)在发车前必须确认反方向运行的线路上无迎面列车运行,区间空闲。

3.动车组列车反方向运行速度

(1)动车组列车反方向运行时,在CTCS-3级区段,CTCS-3级列控系统最高允许速度为300km/h,CTCS-2级列控系统最高允许速度为250km/h;

(2)在CTCS-2级区段,在250km/h线路上最高允许速度为200km/h;

(3)在200km/h线路上最高允许速度为160km/h。

二、列车被迫停车后的处理

1. 列车被迫停车

列车在区间被迫停车是指列车在区间因线路中断、接触网停电、动车组(电力机车)停在分相无电区、制动失效及其他机车车辆故障等原因,导致列车不能按信号显示(行车凭证)继续向前运行的情况。列车在区间因作业需要、信号(包括地面信号和车载信号)显示停车信号或显示不明、接到停车的通知而停车,以及发现线路上有行人、异物等而临时停车,不属于列车在区间被迫停车。

2. 列车被迫停车后的处理方法

(1)列车被迫停车后的处理流程。

列车被迫停车不能继续运行时,司机应立即使用列车无线调度通信设备通知列车调度员(或两端站车站值班员)及随车机械师(动车组以外的旅客列车为车辆乘务员),报告停车原因及停车位置。司机应根据需要立即请求救援。需要防护时,列车前方由司机负责,列车后方由随车机械师(动车组以外的旅客列车为车辆乘务员)负责,配备列车防护报警装置的列车应首先使用列车防护报警装置进行防护。单班单司机值乘方式不具有普遍性,其列车防护作业办法由铁路局集团公司结合实际情况规定。

列车调度员(车站值班员)在接到司机被迫停车的报告后,应将该区间内运行列车的情况通知被迫停车司机,并立即通知该区间内后续列车停车,在被迫停车列车停车原因消除前不得再向该区间放行列车。

已请求救援的列车,不得移动位置,并按规定进行防护。

列车在区间被迫停车后,应保证就地制动,防止列车溜逸。被迫停车后,如遇自动制动机发生故障时,动车组以外的旅客列车司机应立即通知车辆乘务员,迅速组织列车乘务人员拧紧全列车辆的人力制动机,以使列车就地制动。其他列车的司机,应立即采取一切安全措施,如放置铁鞋、拧紧人力制动机等,并向列车调度员报告。

(2)妨碍邻线时的防护。

列车在区间发生脱轨、颠覆等事故或因其他原因被迫停车时,司机及随车机械师(车辆乘务员)应认真观察,注意是否妨碍邻线。可能妨碍邻线时:

①配备列车防护报警装置的列车应首先使用列车防护报警装置进行防护。

②司机应立即用列车无线调度通信设备通知邻线上运行的列车,并通知列车调度员(或两端站车站值班员)。

③司机与随车机械师(动车组以外的旅客列车为车辆乘务员)分别在列车头部或尾部附近对邻线来车方向短路轨道电路。

④司机亲自或指派人员沿邻线一侧对列车进行检查,发现妨碍邻线时,立即报告列车调度员(或两端站车站值班员),如发现邻线有车开来时,司机应鸣示紧急停车信号。

⑤列车调度员(或两端站车站值班员)接到列车被迫停车可能妨碍邻线的通知后,应立即通知邻线有关列车停车,在妨碍邻线行车的原因消除前不得向邻线放行列车。

3. 被迫停车后的防护

为保证列车运行安全,列车被迫停车后,应按规定对列车进行防护。

使用响墩设置防护时的设置方法:每组为三枚,其中两枚扣在来车方向的左侧钢轨上,一枚扣在右侧钢轨上,彼此间隔20m。当机车压上响墩后,司机一侧可先听到响墩爆炸声,便于司机采取停车措施。每个响墩放置间隔20m,是为了使其爆炸声分清三响,不致与其他爆炸声相混淆。

在不同情况下放置响墩的要求是:

(1)已请求救援的列车,应在救援列车开来方向(不明时,从列车前后两方向)距停留车列不小于300m处放置响墩(在仅运行动车组列车的线路除外),如图7-1所示。

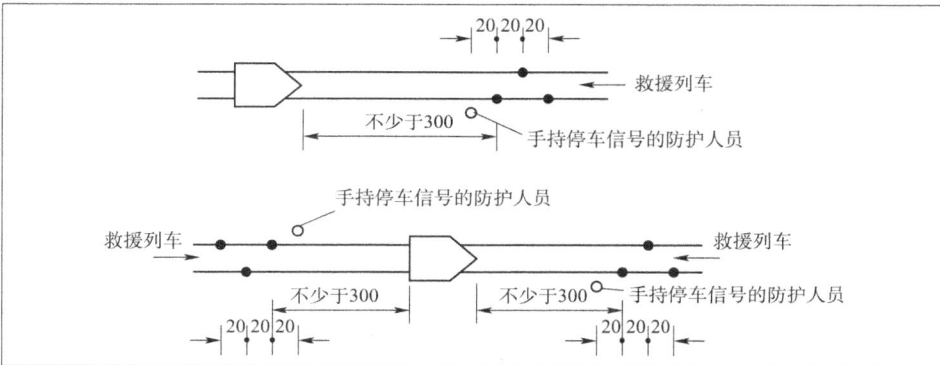

图7-1 已请求救援列车的防护(尺寸单位:m)

在仅运行动车组列车的线路上,列车在区间被迫停车后已请求救援时,由随车机械师在救援列车开来方向,距离列车不小于300m处人工进行防护,不再放置响墩防护。

(2)列车分部运行,机车进入区间挂取遗留车辆时,因其已知停留车地点,能提前减速及停车,故在车列前方不小于300m处放置响墩防护,如图7-2所示。

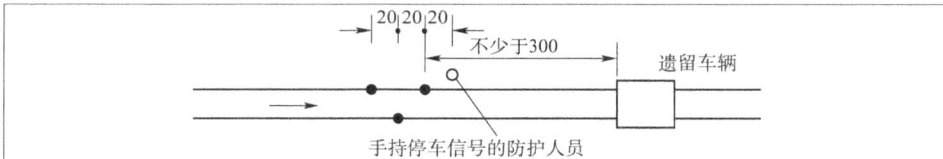

图7-2 分部运行时机车挂取遗留车辆的防护(尺寸单位:m)

由于动车组轴重轻、运行速度高,响墩防护对动车组列车运行存在安全隐患,因此规定仅运行动车组列车的线路上,不放置响墩防护;对于其他线路设置响墩防护时,在停车原因消除后,由防护人员撤除响墩防护。

4. 列车在区间退行、返回

(1)列车在区间退行。

①在不得已情况下,列车必须在区间退行时,列车调度员应当扣停后续列车,并确认退行距离内的闭塞分区空闲后通知司机允许退行。随车机械师(车辆乘务员)或者指派的胜任人员应当站在列车尾部注视运行前方,发现危及行车或者人身安全时,应当立即使用紧急制动装置(紧急制动阀)或者通知司机,使列车停车。列车退行速度不得超过 15km/h。

②列车若需退行至站内,列车调度员还应当确认列车至后方站间已空闲。动车组列车若需退行至站内,列车调度员应当发布调度命令。列车调度员(车站控制时为车站值班员)根据线路占用情况,可开放进站信号机或者按引导办法将列车接入站内。

③动车组列车退行时,改按隔离模式退行。

④在降雾、暴风雨雪及其他不良条件下,难以辨认信号时,列车不准退行。

(2)列车在区间返回。动车组列车在区间被迫停车后必须返回后方站时,列车调度员必须确认动车组列车至后方站间已空闲,方可发布调度命令。司机根据调度命令,在动车组列车运行方向(折返)前端操作,列车改按隔离模式返回,运行速度不得超过 40km/h。

5. 列车分部运行

(1)列车分部运行的处理。列车在区间内发生断钩、制动主管破裂、脱轨、坡停等被迫停车,必须分部运行时,应按下列要求办理:

①司机应立即通过列车无线调度通信设备,将被迫停车的原因及需要分部运行的要求报告列车调度员或车站值班员,车站值班员接到司机的报告后应立即报告列车调度员。司机组织和指挥有关人员做好遗留车辆的防溜工作,并按要求做好防护,遗留车辆派人看守,记明遗留车辆辆数和停留位置,牵引前部车辆开往前方站。在运行中仍应按信号显示运行。

②列车调度员根据遗留车辆情况和列车运行情况确定救援方案,按规定发布调度命令封锁区间,开行救援列车,取回遗留车辆。

③救援列车到达或返回车站,列车调度员确认遗留车辆全部取回、区间空闲后,开通区间。

(2)列车分部运行时,司机应当检查试验列车制动主管的贯通状态,确认具备开车条件后,方可起动列车。

(3)不准分部运行的情况。列车在区间发生断钩、制动主管破裂、脱轨、坡停等情况,根据需要可采用分部运行办法。但以下情况不准分部运行:

①经采取措施可整列运行时。如发生坡停后,派救援机车以双机牵引或后部补推的方式运行至车站,或在区间因车辆故障停车后,可由车辆乘务人员对车辆进行临修后继续运行等。

②对遗留车辆未采取防护、防溜措施时。遗留车辆未采取防护、防溜措施时,可能造成停留车辆溜逸等,酿成新的事故。

③遗留车辆无人看守时。如遗留车辆无人看守,车辆的防护、防溜措施或车辆状态可能遭到意外破坏。

④司机与列车调度员及车站值班员均联系不上时。此时列车调度员、车站值班员对于区间遗留车辆情况不清楚,对行车安全带来极大隐患,故不能分部运行。

⑤遗留车辆在超过6‰坡度的线路上无动力停留时。遗留车辆停留在超过6‰坡度的线路上,即使采取防溜措施,但由于坡度大也存在停留车辆溜逸的危险,因此也不能分部运行。该处超过6‰坡度是指遗留车辆所在线路的实际坡度。

三、列车运行遇特殊情况的处置

1.列车冒进信号机

(1)列车冒进信号机后,司机应立即停车报告列车调度员或车站值班员,以便列车调度员或车站值班员采取措施,组织有关行车工作;同时为了防止挤岔后移动造成脱轨或与其他作业产生冲突等情况,冒进后不得擅自动车。如果列车冒进进站或接车进路信号机时,列车调度员或车站值班员应立即通知已进入区间的后续列车停车,不再向该区间放行列车,以便组织对冒进列车进行处置。

(2)列车冒进进站(接车进路)、出站(发车进路)信号机时,列车调度员(车站控制时为车站值班员)得到报告后,在确认列车具备动车条件时,按以下规定处理:

①列车冒进进站(接车进路)信号机时,列车调度员(车站控制时为车站值班员)在确认接车进路准备妥当和列车运行条件具备后,使用列车无线调度通信设备通知司机进站。

②列车冒进出站(发车进路)信号机时,列车调度员(车站控制时为车站值班员)应在具备条件后,布置列车后退。但对出发或通过列车,列车调度员(车站控制时为车站值班员)根据实际情况,可在确认发车进路准备妥当、第一个闭塞分区空闲(自动站间闭塞区段为区间空闲)、列车运行条件具备后,使用列车无线调度通信设备通知司机继续运行。

2.列车运行晃车

(1)列车在运行途中司机发现晃车时,必须立即采取减速运行的措施,确保本列运行安全,本列运行无异常状况后恢复常速运行。为保证后续列车运行安全,应立即向列车调度员或车站值班员报告,以便对后续列车采取措施。车站值班员接到司机有关晃车的报告应报告列车调度员。

(2)列车运行速度为160km/h以下时发生晃车,有可能是线路设备、环境出现对行车安全影响较大的不利情况,为确保后续列车运行安全,应立即通知区间内后续列车停车,不再向该区间放行列车,由工务部门上道检查,并确定放行列车条件。

(3)列车运行速度在160km/h及以上时发生晃车,采取后续首列限速120km/h运行的方式,进一步确定是否是由于固定行车设备异常引起的晃车,如果后续首列不晃车,可以采取逐级逐列提速方式恢复行车。如果后续首列或者在逐级提速过程中,再次发生晃车,有可能是由于固定行车设备异常引起的,此时要立即通知区间内后续列车停车,不再向该区间放行列车,通知工务部门进行检查、处理,确定列车放行条件。在逐级逐列提速过程中,如列车运行速度达不到逐列提速的速度等级时,应依次后推(经工务部门检查、处理时除外),直至达到相应的速度等级方可提速或恢复常速。

3. 列车停在接触网分相无电区

(1)电力机车牵引的列车、动车组停在分相无电区时,司机应立即降弓,同时应报告列车调度员或车站值班员。列车调度员或车站值班员立即通知区间内的后续列车停车,并不再向该区间放行列车,以便列车运行调整和后续救援工作。

(2)由于电力机车、动车组有两个或多个受电弓,当停在分相无电区时,可以根据具体的停车位置、本身的设备条件、牵引供电设备状况等,确定是否可以采用换弓、退行闯分相等方式自救。当具备自救条件时,司机应准确报告电力机车(动车组)停车位置,由列车调度员、供电调度员、机车调度员(动车司机调度员)共同根据电力机车(动车组)类型、停车位置、牵引供电设备状况等确定自救方案,组织自救。

(3)当不具备自救条件时,可根据是否具备向中性区送电条件,来进一步确定救援方案。

①当具备向中性区远动送电时,可在该分相后方接触网供电臂办理停电后,由列车调度员向供电调度员办理向中性区远动送电手续,通知停在该分相的列车升弓,待该列车驶出分相区后,再通知供电调度员恢复原供电方式并向后方接触网供电臂送电,恢复后续列车正常运行。

②当不具备向中性区远动送电时,此时只能利用机车或动车组进行救援。救援前,相关人员按规定对列车进行防护,司机确认列车前、后方接触网无电区长度并向列车调度员报告。列车调度员根据前后无电区长度以及列车运行情况,确定具体救援方案。

4. 异物侵限报警时的行车

自然灾害及异物侵限监测系统异物侵限子系统通过现场监测设备对上跨铁路的道路桥梁等处所进行实时监测,一旦监测到异物侵入限界时,异物侵限子系统会发出异物侵限灾害报警信息,并联动触发信号系统,使报警地点所在的轨道电路显示红光带。

（1）异物侵限子系统灾害报警时的处置。

①列车调度员接到异物侵限子系统异物侵限灾害报警信息后，应当立即通知区间内已进入报警地点及尚未经过报警地点的列车立即停车，不再向该区间放行列车，同时向调度所值班主任(值班副主任)汇报，值班主任(值班副主任)应当立即通知设备管理单位赶赴现场检查处理。

②在设备管理单位检查人员到达报警点前，列车调度员通过视频监控系统查看现场情况，有异状或者不能确认时，应当经设备管理单位检查处理并具备放行列车条件后，方可组织列车运行。无异状时，按下列规定办理：

a. 列车调度员确认报警地点次一个闭塞分区空闲后，对区间内已进入报警地点及尚未经过报警地点的列车，口头通知司机逐列恢复运行，以遇到障碍能随时停车的速度(动车组列车最高不超过40km/h，其他列车最高不超过20km/h)越过报警点所在闭塞分区，指示后列恢复运行前应当确认前列已完整越过报警点次一个闭塞分区并得到前列无异状的报告。

b. 司机在报警点所在闭塞分区通过信号机(区间信号标志牌)前停车等候2min后，以遇到障碍能随时停车的速度(动车组列车最高不超过40km/h，其他列车最高不超过20km/h)越过该闭塞分区，按次一通过信号机显示(列控车载设备显示)运行。司机应当加强瞭望，发现异状立即停车，并报告列车调度员；如无异状，司机确认列车完全越过报警点次一个闭塞分区后应当及时报告列车调度员。司机在停车等候的同时，应当与列车调度员联系，如确认前方闭塞分区内有列车时，不得进入。

c. 区间空闲后，在报警点所在闭塞分区红光带取消前，按站间组织行车。

③经设备管理单位现场检查处理，列车调度员根据设备管理单位在"行车设备检查登记簿"中登记的行车限制条件组织列车运行。具备条件时，列车调度员根据设备管理单位允许取消报警点所在闭塞分区红光带的登记，使用临时行车按钮取消异物侵限灾害报警红光带。

④在故障未修复前，设备管理单位应当派人在现场看守，并及时向列车调度员报告现场情况，在报警点所在闭塞分区红光带取消后，列车调度员应当下达限速120km/h及以下注意运行的调度命令，限速位置为报警点所在闭塞分区，司机应当加强瞭望。

⑤故障修复后，列车调度员将自然灾害及异物侵限监测系统中复原按钮解锁，使系统恢复到正常状态，恢复正常行车组织。

（2）异物侵限子系统一路电网断线报警时的处置。异物侵限子系统一路电网断线报警时，属双电网的一路供电中断，根据系统设置，异物侵限子系统会发出异物侵限传感器故障报警信息，自然灾害及异物侵限监测系统不向列控系统发送灾害报警信息，属于电网断线故障引起的，不影响正常行车。列车调度员接到异物侵限子系统一路电网断线报警信息后，应按正常组织行车，并立即通知设备管理单位检查处理。

（3）异物侵限子系统故障导致系统不能反映现场情况时的处置。

①列车调度员发现异物侵限子系统故障（调度监控终端黑屏、灰屏、死机、通信中断等）导致系统不能反映现场情况时,应当立即通知设备管理单位,并在"行车设备检查登记簿"中登记;设备管理单位发现异物侵限子系统故障时,应当立即报告列车调度员,并在调度所"行车设备检查登记簿"中登记。

②异物侵限子系统故障未修复前,设备管理单位应当派人在现场看守,并及时向列车调度员报告现场情况,列车调度员应当下达限速 120km/h 及以下注意运行的调度命令,限速位置为监测点所在闭塞分区,司机应当加强瞭望。遇有异物侵限时,看守人员应当立即通知列车调度员,列车调度员呼叫列车停车。

③在看守人员未到达异物侵限监测点前,列车调度员应当下达限速 120km/h 及以下（异物侵限监测点为隧道口时,限速 40km/h 及以下）注意运行的调度命令,限速位置为监测点所在闭塞分区,司机在该处注意运行。

5. 列车碰撞异物

（1）本线列车运行。当列车运行中碰撞异物影响行车安全时,为确保本列运行安全,司机应立即采取停车措施,并向列车调度员（车站控制时为车站值班员）报告碰撞异物地点、碰撞异物情况及停车地点,动车组列车司机还应通知随车机械师对列车进行检查。车站值班员接到司机的报告后应报告列车调度员。为防止后续列车再次发生碰撞,同时考虑到发生碰撞的列车不能正常运行等情况,列车调度员或车站值班员应立即通知本线已进入区间的后续列车停车,并不再向该区间放行列车。需下车检查时,司机（动车组为随车机械师通过司机）向列车调度员申请邻线限速 160km/h 及以下,司机在接到列车调度员已发布相关调度命令的口头指示后,下车检查（动车组列车为司机通知随车机械师下车检查）。

①经检查列车可以继续运行时,本列恢复运行,其中动车组列车司机按随车机械师的要求运行,司机及时向列车调度员报告检查情况。如检查未发现异常情况,由于原因不明,为确保后续列车运行安全,列车调度员向后续首列列车发布 160km/h 限速运行的口头指示,限速位置按碰撞异物地点前后各 2km 确定。后续首列列车司机运行时应加强瞭望,确认线路和接触网有无异常状态,在通过限速地点后立即向列车调度员报告,列车调度员在得到司机无异常的报告后,再组织本线后续列车恢复正常运行;如果有影响行车异常情况时,列车调度员根据司机报告的具体情况,采取扣停后续列车或组织后续列车限速运行的措施,通知有关部门按规定上道检查处理。

②如经下车检查确认不能继续运行时,司机及时请求救援,并按规定进行防护。

（2）邻线列车运行。

①异物侵入邻线影响邻线行车安全时,为防止邻线列车运行发生意外,列车调度员或车站值班员在接到报告后,应立即通知邻线尚未经过该地点的列车

停车,不再向邻线该区间放行列车,并通知有关部门按规定上道检查处理。

②碰撞异物情况不明,不能确定是否影响邻线时,列车调度员接到报告后,应立即向邻线尚未经过该地点的首列发布口头指示限速160km/h运行,限速位置按碰撞异物地点前后各2km确定。

③邻线首列列车司机应加强瞭望,确认线路和接触网有无异常状态,在通过限速地点后立即向列车调度员报告,列车调度员在得到司机无异常的报告后,组织邻线后续列车正常运行。有影响行车异常情况时,列车调度员根据司机报告,扣停后续列车或组织后续列车限速运行,及时通知有关部门按规定上道检查处理。

④为防止碰撞异物后对固定行车设备正常使用带来影响,工务、电务、供电部门应利用天窗时间对碰撞异物地点前后2km范围内的设备进行重点检查。

6. 列车发生火灾、爆炸

发现列车发生火灾、爆炸或接到列车发生火灾、爆炸的通知及报警时,司机应立即停车,向列车调度员或车站值班员报告。列车乘务人员发现火灾、爆炸时,应立即通知司机。为避免因地形限制,导致旅客疏散、救援工作不易开展,停车地点应尽量不在长大隧道内,选择便于旅客疏散的地点。由于火灾爆炸可能影响邻线行车安全,为确保邻线列车运行安全、便于开展救援工作,列车调度员或车站值班员在接到报告后,应立即通知邻线相关列车及本线后续列车停车,不再向区间放行列车。当现场需停电时,列车调度员通知供电调度员停电。需组织旅客疏散时,为防止旅客人身伤害,应在邻线列车已扣停后,再行组织将旅客疏散到安全地带。

(1)重联动车组列车需解编时,由随车机械师负责引导,司机确认并拉开安全距离。解编后,动车组应分别按规定采取防溜措施。

(2)动车组以外的列车需要分隔甩车时,应根据风向等情况而定。一般为先甩下列车后部的未着火车辆,再甩下着火车辆,然后将机后未着火车辆拉至安全地段。对甩下的车辆,在车站由车站人员负责采取防溜措施;在区间由司机、车辆乘务员负责采取防溜措施。

任务4 高速铁路救援

当区间发生冲突、脱轨、颠覆等事故,机车车辆等发生故障不能继续运行时,列车乘务人员按规定及时报告列车调度员并请求救援,需要防护时按规定采取防护措施。

一、使用机车、救援列车救援

(1)列车调度员接到救援申请,按规定下达调度命令,封锁区间。同时,列车调度员要报告值班主任(值班副主任)。

(2)列车调度员接到救援请求后,根据区段内列车运行、救援列车、机车分布等情况,确定使用内燃机车、电力机车或救援列车担当救援,并将救援方案通知车站值班员和请求救援列车司机,以便列车乘务人员采取防护设施,车站值班员做好相关准备工作。由于司机是按固定区段担当值乘,担当救援的列车需要跨区段担当救援任务时,司机不熟悉该区段线路、信号、分相等设备情况,列车调度员须通知机车调度员(动车司机调度员)指派带道人员。

(3)列车调度员要及时下达相应的调度命令。如需要使用救援列车,调度要下达救援列车出动的命令。救援列车(单机)在关系站进入封锁区间前,列车调度员要下达进入封锁区间救援的调度命令。调度命令应指明救援列车进入封锁区间往返的运行车次、被救援列车停车地点、任务及注意事项等。

(4)担当救援的司机接到救援命令后,应当认真确认。命令不清、停车位置不明确时,不准动车。

(5)向封锁区间发出救援列车时,不办理行车闭塞手续,以列车调度员的命令,作为进入封锁区间的许可。

(6)为使列车调度员准确掌握救援进度,安排救援人员和材料,及时做好区间开通后的列车运行计划,救援列车开往封锁区间或由封锁区间返回车站时,车站控制时车站值班员应向列车调度员报告。为使封锁区间对方站掌握有关情况,亦应将上述内容通知对方站,如本站和邻站为列车调度员(车站值班员)同一人办理时除外。

如因救援需要现场设有临时线路所,该线路所车站值班员负责与相邻站(所)或列车调度员办理行车手续。车站向线路所开行救援列车时,必须取得线路所车站值班员同意,以便线路所及时做好接车前的准备工作。线路所向区间两端车站发车时,亦必须取得接车站的同意。

(7)在事故调查组人员到达前,关系区间发车站的站长(副站长)应随乘发往事故地点的第一列救援列车到事故现场。必要时,由列车调度员指定该区间一端车站的站长或临时指派的胜任人员尽快赶赴现场。到达事故现场后,应立即了解事故实际情况,随时与列车调度员联系,汇报事故情况,并就地指挥列车有关工作。

列车分部运行时,机车开往区间挂取遗留的车辆,由于处理比较简单,车站站长(副站长)不必前往,由司机进行处理。机车、动车组故障使用单机救援时,由于处理比较简单,站长(副站长)不必前往,由司机(随车机械师)处理。

(8)救援列车进入封锁区间后,司机要注意运行,在接近被救援列车或车列2km时,严格控制速度。同时使用列车无线调度通信设备与请求救援列车司机进行联系,或以在瞭望距离内能随时停车的速度运行,最高不超过20km/h,在防护人员处或在压上响墩后停车,按要求进行作业。

(9)使用机车救援动车组时,在机车和动车组间要加装过渡车钩和专用风管,开闭相关塞门。为保证制动主管贯通,要进行制动试验,列车制动主管压力 600kPa。

部分动车组当蓄电池电压低于规定值时,会自动抱死车轮,造成动车组无法运行,同时,动车组不升弓取电会影响动车组内空调、照明、电热饮水机等用电设备正常使用。因此,使用机车救援时,动车组具备升弓供电条件时,允许升弓供电。使用电力机车担当救援,如动车组升弓,机车受电弓与动车组两受电弓间距离不能满足通过接触网分相的要求,因此动车组司机需升弓时,要通知救援机车司机,以便救援机车司机在通过分相前通知动车组司机断电并降弓。

使用机车救援动车组连挂作业时,为保证作业人员人身安全,作业人员要根据现场情况申请邻线列车限速 160km/h 及以下,如妨碍邻线或需组织旅客疏散,要在扣停邻线列车后,方可开始作业。

救援机车司机在救援作业过程中,要严格遵守有关限速规定,保证救援安全,并与动车组司机保持联系,如有异常情况及时采取减速或停车措施,救援运行中尽可能避免实施紧急制动。

(10)使用机车救援动车组,由于安装了过渡车钩或车辆自身等原因需限速运行时,由随车机械师通过司机报告列车调度员限制速度,列车调度员发布限速调度命令。

(11)在使用机车救援动车组或救援后动车组列车能够恢复运行时,被救援动车组转入或退出隔离模式,列车调度员不发布调度命令,由动车组司机自行转换。

(12)列车因机车车辆故障等情况申请救援后,如在救援前修复了故障设备可继续运行时,被救援列车司机要向列车调度员报告,列车调度员根据司机报告,取消前发救援命令,组织列车恢复运行。司机在未得到列车调度员的准许前,不得动车。

二、动车组救援动车组

(1)列车调度员接到救援申请,要按有关规定下达调度命令,封锁区间。同时,列车调度员要报告值班主任(值班副主任)。

(2)列车调度员接到救援申请,根据热备动车组、备用动车组及区段内动车组列车运行等情况,确定救援动车组。列车调度员要将相关情况及从前部或后部救援通知车站值班员和请求救援列车司机,以便列车乘务人员采取防护设施,车站值班员做好相关准备工作。

司机需要跨区段担当救援任务,由于司机不熟悉该区段线路、信号、分相等设备情况,为了防止发生次生事故,列车调度员须通知机车调度员(动车司机调度员)指派带道人员。

(3)列车调度员要及时下达相应的调度命令。救援动车组在关系站进入封锁区间前,列车调度员要下达救援列车进入封锁区间救援的调度命令。调度命令应指明救援列车进入封锁区间往返的运行车次、被救援列车停车地点、任务及注意事项等。

(4)担当救援的司机接到救援命令后,应当认真确认。命令不清、停车位置不明确时,不准动车。

(5)向封锁区间发出救援动车组时,不办理行车闭塞手续,以列车调度员的命令,作为进入封锁区间的许可。

(6)为使列车调度员准确掌握救援进度,安排救援人员和材料,及时做好区间开通后的列车运行计划,救援列车开往封锁区间或由封锁区间返回车站时,车站控制时车站值班员应向列车调度员报告。为使封锁区间对方站掌握有关情况,亦应将上述内容通知对方站,如本站和邻站为列车调度员(车站值班员)同一人办理时除外。

如因救援需要现场设有临时线路所,该线路所车站值班员负责与相邻站(所)或列车调度员办理行车手续。车站向线路所开行救援列车时,必须取得线路所车站值班员同意,以便线路所及时做好接车前的准备工作。线路所向区间两端车站发车时,亦必须取得接车站的同意。

(7)在事故调查组人员到达前,发车站的站长(副站长)应随乘发往事故地点的第一列救援列车到事故现场。必要时,由列车调度员指定该区间一端车站的站长或临时指派的胜任人员尽快赶赴现场。到达事故现场后,应立即了解事故实际情况,随时与列车调度员联系,汇报事故情况,并就地指挥列车有关工作。

(8)在故障动车组前部救援时,区间闭塞方向与救援动车组运行方向相反,列车进入区间后,列控车载设备会收到停车信号,因此需将动车组列控车载设备转为隔离模式。救援动车组进入封锁区间后,司机要注意运行,在接近被救援列车2km时,以在瞭望距离内能够随时停车的速度运行,最高不超过20km/h,在距被救援列车不少于300m处一度停车,与被救援列车联系确认后进行作业。在故障动车组尾部救援时,为使救援列车尽快运行至救援地点,列车调度员应提前通知担当救援的动车组司机担当救援任务,在排列列车进路、开放出站信号后,向担当救援的动车组司机发布调度命令。担当救援的动车组司机在收到允许运行的信号和列车调度员发布的调度命令后,方可按完全监控模式进入区间,在行车许可终点停车,与被救援列车联系确认后,按目视行车模式进入前方闭塞分区,以在瞭望距离内能够随时停车的速度运行,最高不超过20km/h,在距被救援列车不少于300m处一度停车,与被救援列车联系确认后进行作业。如行车许可终点距被救援列车不足300m时,在行车许可终点停车后,与被救援列车联系确认后进行作业。

连挂作业时,为保证作业人员人身安全,作业人员要根据现场情况申请邻线列车限速160km/h及以下,如妨碍邻线或需组织旅客疏散,要在扣停邻线列车后,方可开始作业。

（9）在救援过程中或救援后动车组列车能够恢复运行时，被救援动车组转入或退出隔离模式，列车调度员不发布调度命令，由动车组司机自行转换。

（10）遇动车组发生故障等情况申请救援后，如在救援前故障修复可继续运行时，被救援动车组司机要向列车调度员报告，列车调度员根据司机报告，取消前发救援命令，组织列车恢复运行。司机在未得到列车调度员的准许前，不得动车。

三、启用热备动车组

（1）为给动车组旅客提供更好的服务，避免或减少动车组晚点，动车组故障无法及时修复时需及时启用热备动车组。因各线运行的动车组型号不同，定员人数不同，如热备动车组定员少于故障动车组实际人数时，有条件时，优先使用定员能满足需要的其他动车组组织旅客换乘。

（2）出动热备动车组时，由调度向相关单位发布调度命令。

（3）有关单位在接到调度命令后，应当迅速完成热备动车组出动前的各项准备工作，具备条件后及时发车。

（4）对担当换乘任务的动车组列车应当优先放行，确保及时到位及返回归位。

（5）在站内组织旅客换乘时，应当尽量安排在同一站台的两个站台面进行。

（6）在区间组织旅客换乘时，列车调度员组织担当换乘任务的动车组列车进入邻线指定位置停车。担当换乘任务的列车到达邻线指定位置停妥后，司机向列车调度员报告。列车调度员通过申请换乘的列车司机通知列车长组织旅客换乘。担当换乘任务的列车长确认旅客换乘完毕后通知司机，司机得到列车长通知，确认车门关闭，具备开车条件后起动列车，并向列车调度员报告。

复习思考

1. 动车组列车遇大风行车如何限速？

2. 风速监测子系统故障时，列车调度员应如何处理？

3. 动车组列车运行中，司机发现积水高于轨面时，应如何处置？

4. 需人工上道除雪时，上、下道有哪些要求？

5. 冰雪天气限速有哪些要求？

6. 地震监测报警时如何组织行车？

7. 天气恶劣难以辨认信号时如何行车？

8. CTC 故障导致列车车次号错误或者丢失时应如何处理？

9. 列车调度员（车站值班员）办理经由分路不良区段的进路时，应执行哪些规定？

10. 车站 FAS 故障应如何处理？

项目8

施工维修

✿ 项目内容

本项目主要介绍高速铁路施工维修的基本要求、施工维修防护、路用列车和确认列车开行、设备故障及抢修等内容。

◎ 学习目标

1. 能力目标

了解高速铁路施工维修的作用和作业要求，会正确地组织施工维修作业。

2. 知识目标

了解高速铁路施工维修流程和防护方法，熟悉施工维修时的运输组织方法。

3. 素质目标

培养责任意识和施工维修安全思想。

❈ 建议学时

4~6 学时。

任务1　施工维修认知

铁路营业线施工是指影响营业线设备稳定、使用和行车安全的各种施工作业,按组织方式、影响程度分为施工和维修两类。天窗是指列车运行图中不铺画列车运行线或调整、抽减列车运行线为施工和维修作业预留的时间,按用途分为施工天窗和维修天窗。

一、施工维修的要求

(1)影响行车的施工(特别规定的慢行施工除外)、维修作业必须纳入天窗,不得利用列车间隔时间进行。线路、桥隧、信号、通信、接触网及其他行车设备的施工、维修,力争开通后不降低行车速度。

(2)各项维修作业,应提前做好准备,保证不影响正常的列车运行,开始前不限速,结束后须达到正常放行列车条件。

二、施工维修的登、销记

在列车调度台需设置"行车设备施工登记簿""行车设备检查登记簿",办理施工维修、设备故障等的登、销记工作,是列车调度员对行车设备情况进行掌握和交接的重要工具。同样,车站也应设置"行车设备施工登记簿""行车设备检查登记簿",办理施工维修、设备故障等的登销记工作。

(1)集控站转为车站控制时,列车调度员须根据"行车设备施工登记簿""行车设备检查登记簿"的登记,与车站值班员办理有关行车设备状态交接。车站转回集中控制时,车站值班员应向列车调度员汇报设备状态。

(2)装备施工维修登、销记信息系统时,行车设备施工维修及设备故障的登记和销记工作、设备使用状态或检修状态以及调度所和车站间行车设备状态的交接,都能通过系统实现。

(3)在调度台办理登、销记手续时,铁路局集团公司工务、信号、通信、供电、车辆、房建部门须各指定一名本专业具有协调能力、熟悉作业情况的胜任人员,作为作业单位驻调度所联络员;在车站办理登、销记手续时,由相关单位在车站安排驻站联络员。驻调度所(驻站)联络员办理登、销记手续,负责向本部门的作业单位(配合单位)作业负责人传达有关命令,了解、掌握施工进度和设备状态。

(4)施工维修作业完毕,确认行车设备达到开通条件,符合施工计划规定的运行速度后,由驻调度所(驻站)联络员在"行车设备施工登记簿"内进行开通登记,并向列车调度员提出开通申请。在车站办理登、销记手续时,通过车站值班员向列车调度员提出开通申请。

(5)因施工作业中出现特殊情况,施工作业完毕后行车设备达不到正常放行列车的条件或达不到施工计划规定的列车运行速度时,施工负责人或设备管理单位负责人应确定开通后的行车限制条件,并通知驻调度所(驻站)联络员,由驻调度所(驻站)联络员在"行车设备施工登记簿"内登记行车限制条件;在设备达到正常放行列车条件后,及时销记。

三、联络员、现场防护人员的要求

(1)在运营线施工维修作业时,应在列车调度台设驻调度所联络员或在车站行车室设驻站联络员,施工维修地点设现场防护人员。

(2)驻调度所(驻站)联络员和现场防护人员应由指定的、经过考试合格的人员担任。施工负责人可指派驻调度所(驻站)联络员负责在列车调度台(车站行车室)办理施工维修登、销记手续,驻调度所(驻站)联络员向施工负责人传达调度命令,通报列车运行情况。

(3)驻调度所(驻站)联络员和现场防护人员在执行防护任务时,应佩戴标志,携带通信设备;现场防护人员还应携带必备的防护用品,随时观察施工现场和列车运行情况。发现异常情况时及时通报列车调度员(车站值班员)和施工负责人。

(4)驻调度所(驻站)联络员应与现场防护人员保持联系,如联系中断,现场防护人员应立即通知施工负责人停止作业,必要时将线路恢复到准许放行列车的条件。

任务2　施工维修防护

一、施工维修防护的要求

机车车辆进入影响行车的施工及故障地点容易发生意外,危及施工人员的人身安全,应在施工与故障地段按规定设置防护。

1.影响行车的施工维修防护的设置

(1)施工前,施工负责人应充分做好一切准备,在接到列车调度员命令,并确认施工起止时间与具体要求后,方可指示设置防护。在确认施工防护已符合规定要求后,方可开工。

(2)施工后,经检查已达到准许放行列车的条件时,方可指示撤除防护。经确认防护已全部撤除后,方可通知驻调度所(驻站)联络员,报告列车调度员或通过车站值班员报告列车调度员请求开通设备。

(3)综合利用天窗的施工,应加强施工主体单位与参与施工的各单位施工负责人的联系,施工主体单位的施工负责人统一指挥,及时协调施工过程中存在的问题。每一施工项目,都要单独设好防护,未设好防护,禁止开工。

(4)在区间线路、站内线路、站内道岔上维修时,应在维修作业地点附近设置现场防护员,设驻调度所(驻站)联络员。现场防护员应根据维修作业现场地形条件、列车运行特点、施工人员和机具布置等情况确定站位和移动路径,并做好自身防护。作业过程中,现场防护员与驻站联络员必须保持通信畅通,掌握有关机车车辆动态。钢轨、道岔大型养路机械打磨和路用列车卸砟等长距离走行的维修作业,宜在作业地点两端或随车设置防护人员。

2.封锁区间施工

(1)施工开始前应充分做好各项准备工作。施工负责人应确认施工前期工作、人员、设备、机具、防护用品及配合单位的工作等都已准备完毕。

(2)施工负责人在确认已做好一切施工准备后,按施工计划规定的施工内容,并在"行车设备施工登记簿"内登记,按规定向列车调度员或通过车站值班员向列车调度员申请开始施工。

(3)在调度所办理登、销记时,列车调度员确认施工部门登记内容符合施工计划,具备条件后,及时向施工负责人发出实际施工调度命令,该命令可由驻调度所联络员向施工负责人转达。在车站办理登、销记时,车站值班员确认施工部门登记内容符合施工计划后,向列车调度员申请封锁区间,在接到实际施工调度命令并确认正确后,由驻站联络员及时向施工负责人等相关人员转达。

(4)施工负责人必须确认调度命令内容,按指定的施工起止时刻,按规定设置防护后,方可开始施工,并保证在规定时间内完成施工作业,恢复行车条件。

(5)施工负责人和设备管理单位负责人,对施工作业过程要认真检查、监督,严格掌握设备质量状态及开通行车的技术条件。施工完毕,经施工单位和设备管理负责人共同检查,确认行车设备达到放行列车的条件,通知驻调度所(驻站)联络员在"行车设备施工登记簿"内销记。在车站行车室办理登、销记手续时,通过车站值班员向列车调度员申请开通区间。施工负责人在申请开通区间前应撤除防护。

(6)因施工中出现特殊情况,不能按时开通区间或虽能开通区间但行车设备达不到施工计划规定的列车运行速度时,施工负责人或设备管理单位负责人应提前向列车调度员汇报,请求列车调度员延长施工封锁时间或发布列车限速运行的调度命令。

3.邻线行车时的要求

(1)施工维修作业时,应严格遵守作业人员和机具避车制度,采取措施保证邻线列车和作业人员安全。

(2)为避免施工维修作业时邻线列车高速通过可能造成的人身伤害,在线间距不足6.5m地段邻线列车应限速160km/h及以下。

4.备用轨料堆放要求

线路备用轨料应在车站范围内码放整齐,线路两侧散落的旧轨料、废土废渣应及时清理。因施工等原因线路两侧临时摆放的轨料,要码放整齐,并进行必要的加固。有栅栏的地段要置于两侧的封闭栅栏内;需临时拆除封闭栅栏时,应设置临时防护设施并派人昼夜看守。

5.设备上道使用的要求

养路机械包括大型养路机械和小型养路机械;防护设备主要指对讲机、报警器等设备。

养路机械、机具、防护设备均应制定严格的技术标准和上道使用规定,以满足运用和安全要求。大型养路机械、小型养路机械及防护设备应专管专用,加强日常检修和定期检查,经常保持良好状态,状态不良的严禁上道使用。

6.区间装卸作业

(1)列车必须在区间装卸车时,装卸车负责人应根据调度命令的要求,指挥列车停于区间指定地点。列车未停稳时,不得打开车门。在装卸车作业过程中,装卸车负责人根据现场实际情况,变更装卸车地点时,可指挥列车适当移动位置,但必须在确认货物堆放距离不妨碍车辆移动和货物不偏重后,才可显示信号移动。

(2)装卸车负责人必须严格掌握装卸车时间。装卸车完毕后,由装卸车负责人认真检查车上及车下装卸货物的装载、堆码状态,确认限界,清好道沿,关好车门,经确认已无妨碍行车安全的情况后,方可通知司机开车。在站内装卸时,经确认已无妨碍行车安全的情况后,方可通知司机和列车调度员(车站值班员)。

二、使用移动停车信号的防护办法

1.在区间线上施工的防护距离

在区间线路上施工时,其防护距离为:自施工地点边缘起,向外方20m处设移动停车信号,距施工地点边缘800m处、来车方向左侧,设有显示停车手信号的防护人员,防护人员负责向驶来的列车显示停车手信号。使用移动停车信号的防护办法如下:

(1)单线区间线路施工时,自施工地点边缘起,向两端分别设置防护,如图8-1所示。

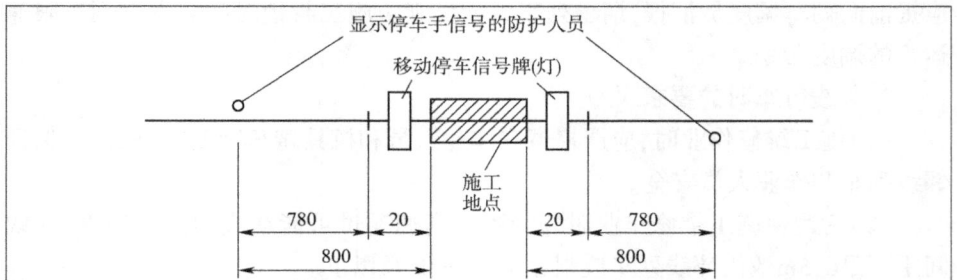

图8-1　单线区间线路施工时的防护(尺寸单位:m)

（2）双线区间一条线路施工时，防护办法与单线相同，但对其邻线距施工地点边缘两端各800m处设置作业标，如图8-2所示。

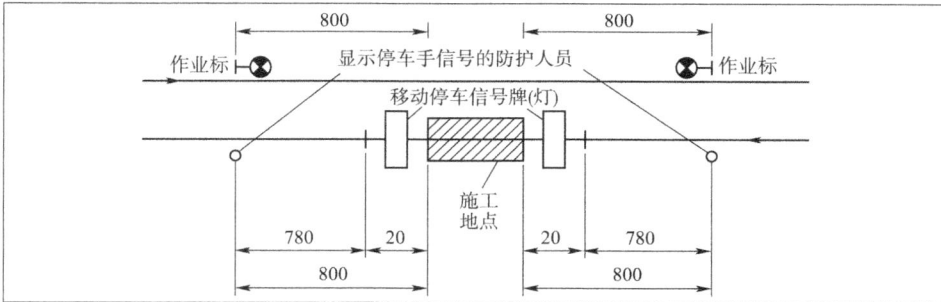

图8-2 双线区间一条线路施工时的防护（尺寸单位：m）

（3）双线区间两条线路同时施工时，防护办法与单线相同，只是在每端来车方向左侧各设一名显示停车手信号的防护人员，负责两条线路的防护，如图8-3所示。

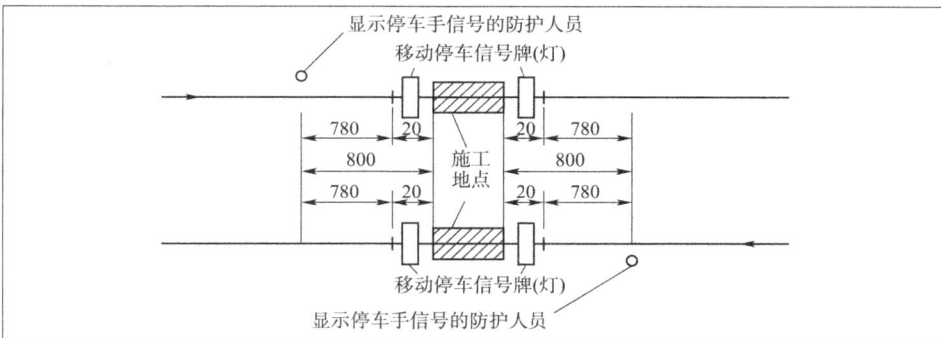

图8-3 双线区间两条线路同时施工时的防护（尺寸单位：m）

（4）作业地点在站外，当靠近车站一端由施工地点边缘至进站信号机（反方向进站信号机）的距离小于820m时，对区间方向仍按区间线路上施工防护办法进行防护。对车站方向的防护，在进站信号机（反方向进站信号机）处设移动停车信号，现场防护人员应站在距进站信号机（反方向进站信号机）20m附近，如图8-4所示。

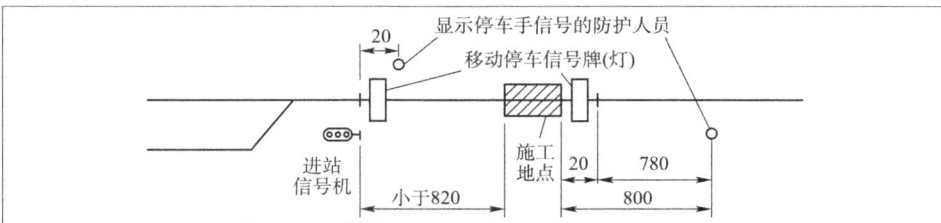

图8-4 作业地点在站外时的防护（尺寸单位：m）

（5）关于防护中应注意的问题：

①施工防护人员应站在距离施工地点800m附近瞭望条件较好的地点，显

示停车手信号。施工地点与防护员间应有良好的瞭望条件并设电话联系。如实现以上要求有困难时,应设中间防护人员,以免往返派人联络,耽误时间。

②在尽头线上施工,施工负责人经与列车调度员(车站值班员)联系确认尽头一端无列车、轨道车时,则尽头一端可不设防护。

③凡用停车信号防护的施工地段,在停车信号撤除后,如还需列车减速通过施工地点时,应设置移动减速信号和减速地点标进行防护。

2. 在站内线路上施工的防护办法

在站内线路上施工时,使用移动停车信号防护,防护办法如下:

(1)将施工线路两端道岔扳向不能通往施工地点的位置,并加锁或紧固,可不设置移动停车信号牌(灯)。当施工线路两端道岔只能通往施工地点的位置时,在施工地点两端各50m处线路上,设置移动停车信号牌(灯)防护,如图8-5所示;当施工地点距离道岔小于50m时,在该端警冲标相对处线路上,设置移动停车信号牌(灯)防护,如图8-6所示。

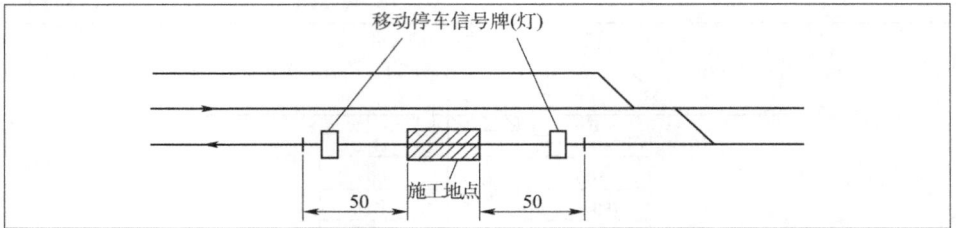

图8-5 当施工线路两端道岔只能通往施工地点时的防护(尺寸单位:m)

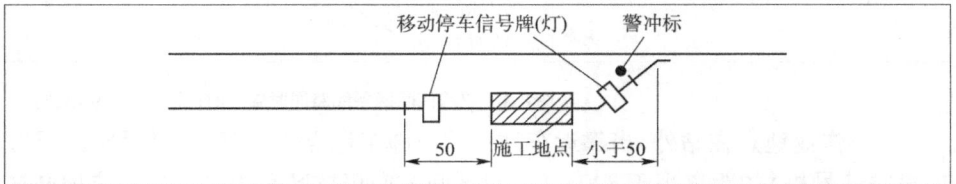

图8-6 当施工地点距离道岔小于50m时的防护(尺寸单位:m)

(2)在进站道岔外方线路上施工,对区间方向,以关闭的进站信号机防护;对车站方向,在进站道岔外方基本轨接头处(顺向道岔在警冲标相对处)线路上,设置移动停车信号牌(灯)防护,如图8-7所示。

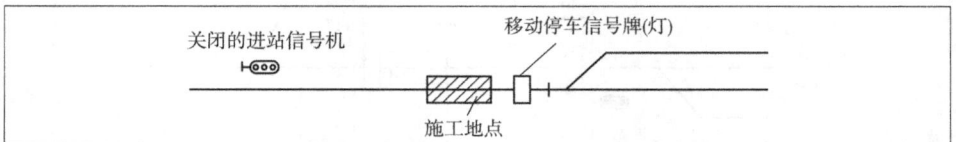

图8-7 在进站道岔外方线路上施工时的防护

(3)双线区段,在反方向进站信号机至出站道岔的线路上施工,对区间方向,以关闭的反方向进站信号机防护。对车站方向,在出站道岔外方基本轨接头处(对向道岔在警冲标相对处)线路上,设置移动停车信号牌(灯)防护,如图8-8所示。

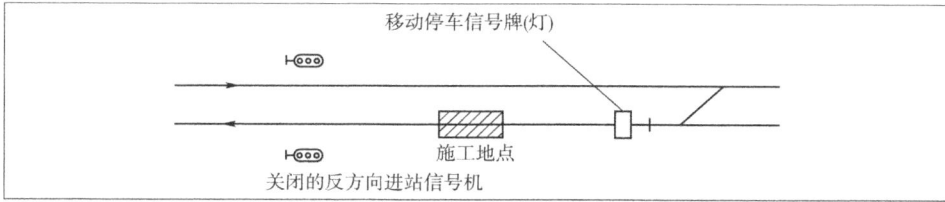

图 8-8 双线区段在反方向进站信号机至出站道岔的线路上施工时的防护

3.在站内道岔上施工的防护办法

在站内道岔上(含警冲标至道岔尾部线路、道岔间线路)施工时,使用移动停车信号防护,防护办法如下:

(1)在站内道岔上施工,一端距离施工地点50m,另一端两条线路距离施工地点50m(距出站信号机不足50m时,为出站信号机处),分别在线路上设置移动停车信号牌(灯)防护,如图8-9所示;如一端距离外方道岔小于50m时,将有关道岔扳向不能通往施工地点的位置,并加锁或紧固。

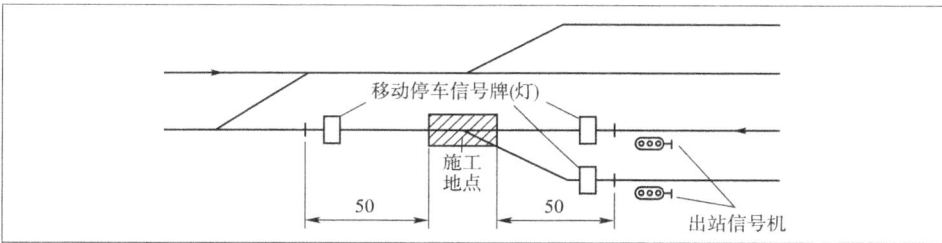

图 8-9 在站内道岔上施工时的防护(尺寸单位:m)

(2)在进站道岔上施工,对区间方向,以关闭的进站信号机防护;对车站方向,在距离施工地点50m线路上,设置移动停车信号牌(灯)防护,如图8-10所示。距邻近道岔不足50m时,在邻近道岔基本轨接头处设置移动停车信号牌(灯)防护,将有关道岔扳向不能通往施工地点的位置,并加锁或紧固。

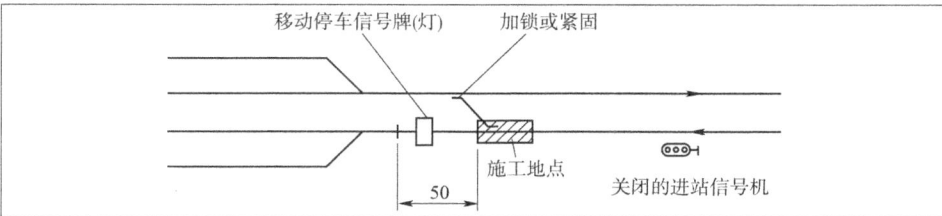

图 8-10 在进站道岔上施工时的防护(尺寸单位:m)

(3)在出站道岔上施工,对区间方向,以关闭的反方向进站信号机防护;对车站方向,在距离施工地段不少于50m线路上,设置移动停车信号牌(灯)防护,如图8-11所示。距邻近道岔不足50m时,将有关道岔扳向不能通往施工地点的位置,并加锁或紧固。

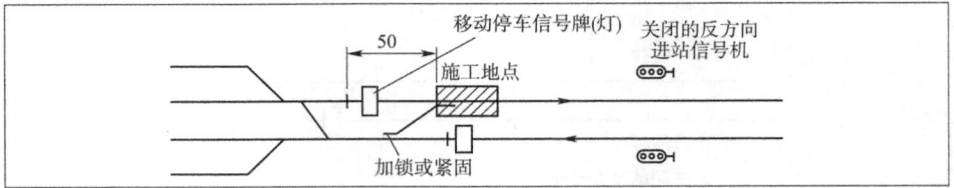

图 8-11　在出站道岔上施工时的防护(尺寸单位:m)

(4)在交分道岔上施工,将有关道岔扳向不能通往施工地点的位置,并加锁或紧固,在距离施工地点两端 50m 处线路上,设置移动停车信号牌(灯)防护,如图 8-12 所示。

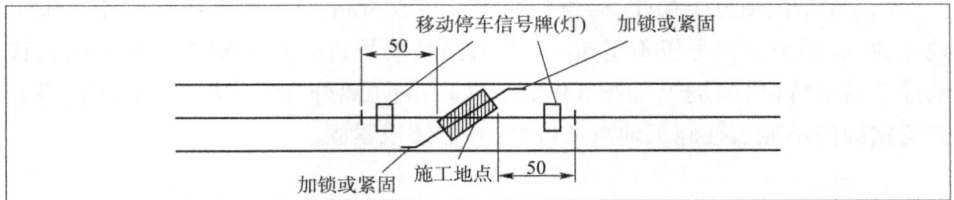

图 8-12　在交分道岔上施工时的防护(尺寸单位:m)

(5)在交叉渡线的一组道岔上施工,一端在菱形中轴相对处线路上,另一端在距离施工地点 50m 处线路上,分别设置移动停车信号牌(灯)防护,将有关道岔扳向不能通往施工地点的位置,并加锁或紧固,如图 8-13 所示。

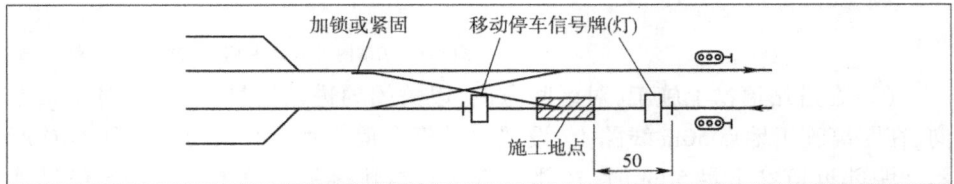

图 8-13　在交叉渡线的一组道岔上施工时的防护(尺寸单位:m)

(6)在道岔上进行大型养路机械施工时,如延长移动停车信号牌(灯)防护距离后占用其他道岔时,对相关道岔应一并防护。

4. 在 ATP 控车方式下仅运行动车组列车的区段

仅运行动车组列车的区段,在 ATP 控车方式下,列车运行以车载信号为主,并实现了自动控制,地面防护信号可予取消,不设置移动减速信号防护。在其余区间正线上,使用带"T"字和"减速"字的移动减速信号的防护办法如下:

(1)单线区间施工,自施工地段边缘两端各 20m 处,设减速地点标,800m 处设移动减速信号,1400m 处增设带"T"字的移动减速信号牌,均设在来车方向线路左侧。设立位置如图 8-14 所示。

(2)双线区间一条线路施工,施工线路上的防护与单线施工防护距离相同,只是按列车运行方向的左侧设减速防护地段终端信号牌。设立位置如图 8-15 所示。

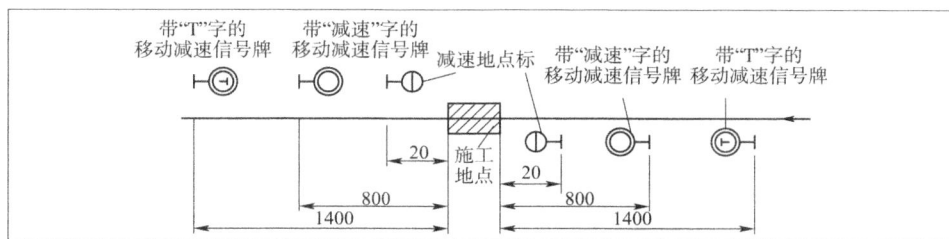

图 8-14　在单线区间施工时的防护(尺寸单位:m)

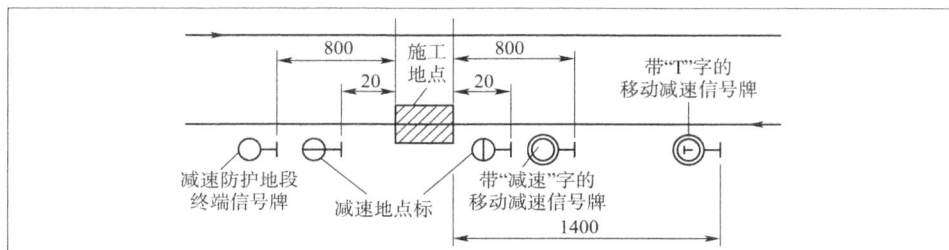

图 8-15　双线区间一条线路施工时的防护(尺寸单位:m)

(3)双线区间两条线路同时施工,与双线区间一条线路施工时施工线路上的防护相同,只是按各该线运行方向左侧分别设置防护。设立位置如图 8-16所示。

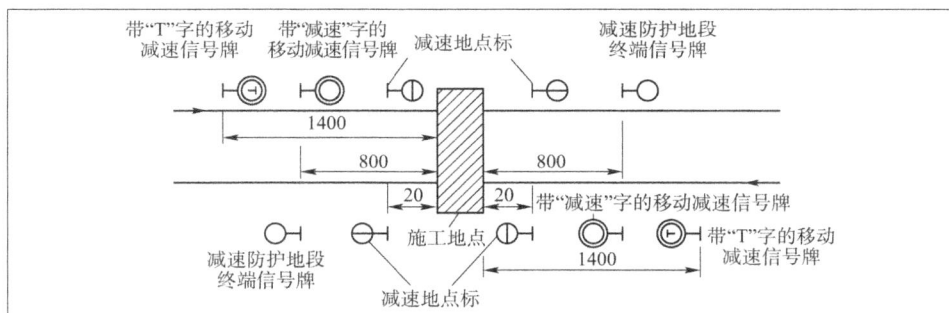

图 8-16　双线区间两条线路同时施工时的防护(尺寸单位:m)

(4)施工地点距离进站信号机(或者站界标)小于 800m 时,区间方向防护与单线区间防护相同,对车站方向除距施工地点边缘 20m 处设减速地点标外,还应在有关发车线警冲标处和线路左侧设移动减速信号防护,起到预告减速的作用。设立位置如图 8-17 所示。

5.仅运行动车组列车的站内线路或道岔

仅运行动车组列车的站内线路或道岔不设置移动减速信号防护。在其余站内线路或道岔上,使用带"T"字和"减速"字的移动减速信号的防护办法如下:

（1）在站内正线线路上施工，当施工地点距进站信号机大于或等于800m时，单线设立位置如图8-18所示，双线设立位置如图8-19所示。

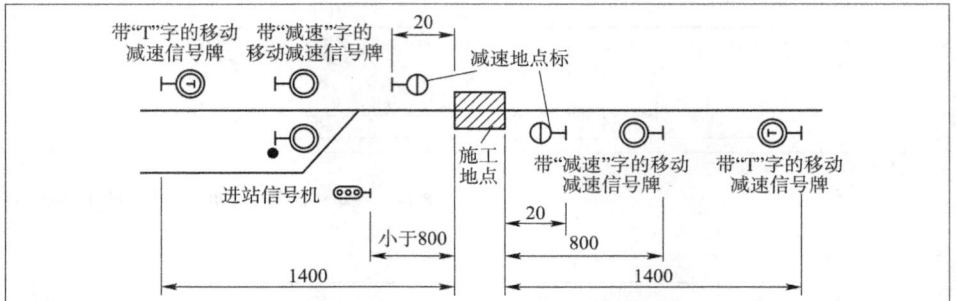

图8-17 施工地点距进站信号机小于800m时的防护（尺寸单位：m）

注：1.当站内正线警冲标距离施工地点小于800m时，按800m设置移动减速信号牌；

2.当站内正线警冲标距离施工地点大于或等于1400m时，不设置带"T"字的移动减速信号牌。

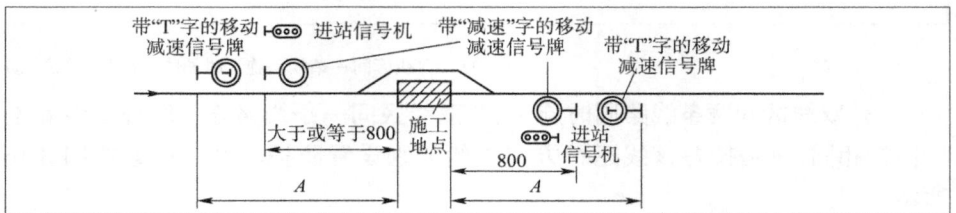

图8-18 在站内正线上施工（单线）时的防护（尺寸单位：m）

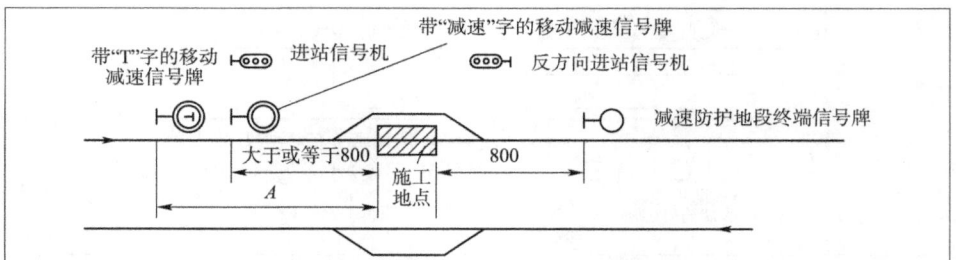

图8-19 在站内正线上施工（双线）时的防护（尺寸单位：m）

注：当施工地点距进站信号机不足800m时，自施工地点起至800m处区间线路列车运行方左侧，设移动减速信号牌防护；当施工地点距进站信号机大于或等于A时，不设置带"T"字的移动减速信号牌，A取1400m；当施工地点距反方向进站信号机不足800m时，自施工地点起至800m处区间线路列车运行方左侧，设减速防护地段终端信号牌；当施工地点距反方向进站信号机大于或等于800m时，在反方向进站信号机处，设减速防护地段终端信号牌。

（2）在站内正线道岔上施工，当施工地点距进站信号机大于或等于800m时，单线设立位置如图8-20所示，双线设立位置如图8-21所示。

（3）在站线线路上施工，设立位置如图8-22所示。

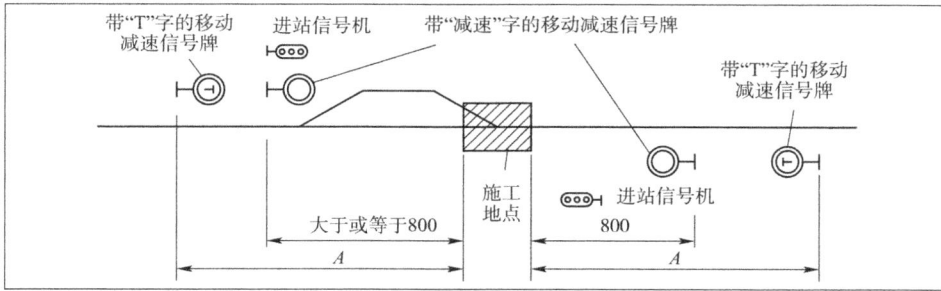

图8-20 在站内正线道岔上施工(单线)时的防护(尺寸单位:m)

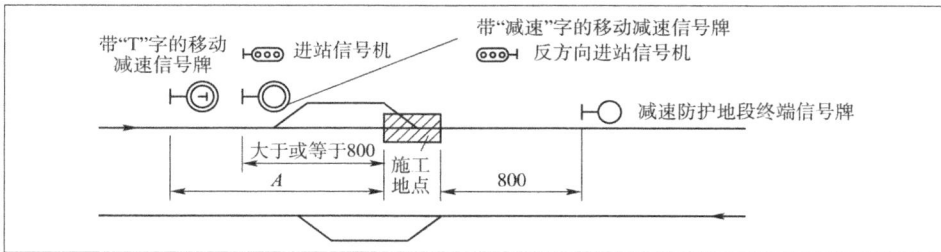

图8-21 在站内正线道岔上施工(双线)时的防护(尺寸单位:m)

注:当施工地点距进站信号机不足800m时,自施工地点起至800m处区间线路列车运行方左侧,设移动减速信号牌防护;当施工地点距进站信号机大于或等于A时,不设置带"T"字的移动减速信号牌,A取1400m;当施工地点距反方向进站信号机不足800m时,自施工地点起至800m处区间线路列车运行方左侧,设减速防护地段终端信号牌;当施工地点距反方向进站信号机大于或等于800m时,在反方向进站信号机处,设减速防护地段终端信号牌。

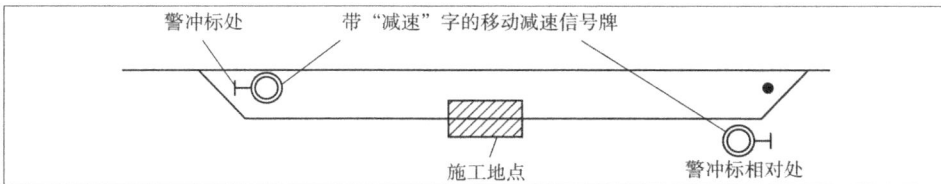

图8-22 在站线线路上施工时的防护

(4)在站线道岔上施工,该道岔中部线路旁,设置两面黄色的带"减速"字的移动减速信号牌,设立位置如图8-23所示。

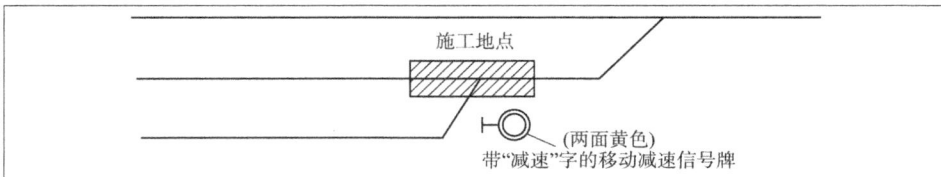

图8-23 在站线道岔上施工时的防护

凡线间距离不满足规定时,应设置矮型(1m高)的移动减速信号牌。

任务3 路用列车和确认列车开行

一、路用列车开行

1.路用列车开行的条件

(1)高速铁路施工维修作业需开行路用列车时,路用列车开行方案必须纳入施工、维修日计划。

(2)向调度所提供"自轮运转特种设备运行、作业计划表",必须注明发站、到站、编组、运行径路、作业地点及转线计划并经主管业务部门审核批准。未提供"自轮运转特种设备运行、作业计划表"或内容不全的,禁止进入高速铁路运行。

(3)路用列车进入高速铁路运行必须装备 LKJ 或 GYK、机车综合无线通信设备,未装设或设备故障的禁止进入高速铁路运行。

(4)在 GSM-R 区段,路用列车司机及有关人员应配备 GSM-R 手持终端,开车前将联系号码报告列车调度员和相关车站值班员。施工路用列车有关人员间应相互通报联系方式,并进行通话试验。

2.行车凭证

(1)路用列车在非封锁区间运行时,仍按该区间的行车闭塞法行车。

(2)路用列车进入施工封锁区间时,不办理行车闭塞手续,以调度命令作为进入施工封锁区间的凭证。命令中应包括列车车次、停车地点、到达车站的时刻等有关事项,需限速运行时在命令中一并注明。

3.路用列车接发

(1)路用列车装备 LKJ(GYK),但未装备列控车载设备,需按地面信号的显示运行。在常态灭灯的区段,接发施工路用列车时,信号机应点灯。

(2)路用列车在车站开车前需进行自动制动机简略试验时,由施工负责人指派胜任人员负责。

4.路用列车安全

(1)天窗内所有影响路用列车运行的施工维修作业必须在路用列车通过后方可进行,并须在路用列车返回前结束。

(2)路用列车进入封锁区间的规定:

①施工单位应指派胜任人员携带列车无线调度通信设备值乘,并在区间协助司机作业。路用列车或施工机械进入施工地段时,应在防护人员显示的停车手信号前停车,再根据施工负责人的要求,按调车办法,进入指定地点。

②在区间推进运行时,必须安装简易紧急制动阀,施工单位指定胜任人员登乘列车前端,认真瞭望,及时与司机联系,必要时使用简易紧急制动阀停车或

通知司机停车。

③同一封锁区间原则上每端只开行一列路用列车,如超过时,其安全措施及运行办法由铁路局集团公司规定。

(3)路用列车由封锁区间进站时,司机须得到列车调度员(车站控制时为车站值班员)的同意后,方可进站。

(4)施工作业完毕,驻调度所(驻站)联络员须确认施工作业车全部到达车站后,方可申请办理开通。

二、确认列车开行

1.确认列车开行要求

(1)高速铁路仅运行动车组列车的区段,天窗结束后开行动车组列车前,应开行确认列车,确认列车开行必须纳入列车运行图。

(2)其他区段,天窗结束后首趟列车不准为动车组列车。

(3)扰动道床不能预先轧道的线路、道岔施工区段,施工开通后第一趟列车不准为旅客列车。

2.确认列车运行

(1)确认列车应由工务、电务、供电部门各指派专业技术人员随车添乘,但有相应地面、车载监测设备的电务、供电部门可根据需要添乘。

(2)随车机械师负责开启和关闭操纵端司机室后车厢站台侧门,供添乘人员上下车。随车机械师关闭车门后应及时通知司机。

(3)司机在确认行车凭证和开车时间,车门关闭后,即可起动列车。

(4)添乘人员必须服从司机的管理,不得干扰司机的正常操作。

3.确认信息反馈

(1)所有参加确认的人员应当按规定的时间、确认事项和内容并报告确认情况。

(2)确认信息报告程序及时间。

①异常情况:影响列车运行的确认信息由添乘人员通过司机随时向列车调度员报告,添乘人员同时还应当向铁路局集团公司专业调度报告。

②正常情况:添乘人员于添乘到达确认区段终点后及时分别向铁路局集团公司专业调度汇报。

任务4 设备故障及抢修

一、固定设备故障时的处理

高速铁路的列车调度台和车站行车室设有"行车设备检查登记簿",用于列车调度员(车站值班员)掌握固定行车设备状态和进行设备交接。

（1）列车调度员（车站值班员）发现或接到线路、信号、通信、供电等固定行车设备故障的报告后，应立即通知设备管理单位相关人员，并在"行车设备检查登记簿"内登记行车设备故障的现象或接到的设备故障报告的内容，如可能危及列车运行安全时，应及时采取措施拦停列车。

（2）设备管理部门（单位）接到通知后，应在"行车设备检查登记簿"内签认，查明故障原因，确定故障影响范围，尽快组织修复。对暂时不能修复的，应在"行车设备检查登记簿"内登记停用设备的内容和影响范围，并注明行车限制条件。如设备故障危及行车安全需立即抢修时，设备管理单位按规定采取措施，并在"行车设备检查登记簿"内登记，经调度所值班主任（副主任）批准，根据调度命令进行抢修。

（3）设备管理单位人员发现行车设备故障时，应判断设备故障的影响范围和有关行车要求，立即通知列车调度员，由列车调度员根据影响范围和行车要求采取限速、拦停列车等行车处置措施。非集控站和转为车站控制的集控站，应通知车站值班员，由车站值班员直接采取措施或汇报列车调度员，由列车调度员采取措施。设备管理单位人员应报告工长、车间主任或设备管理单位调度，以便组织人力、物力尽快赶赴现场采取紧急措施修复故障设备。设备管理单位还应在列车调度台或车站行车室"行车设备检查登记簿"内登记，积极设法修复；对暂时不能修复的，应由设备管理单位登记停用内容和影响范围，写明行车限制条件。

（4）铁路职工和其他人员，发现线路塌方、钢轨折断、钢轨变形、线路桥梁遭受自然灾害、信号机柱或电杆倒斜侵入限界、线路有障碍物、接触网异常等危及行车和人身安全的故障时，均有义务通知铁路有关部门，并积极采取保证行车安全的措施和协助做好故障地点的防护工作。通知时应利用一切可利用的通信工具，如无线调度通信设备、移动或固定电话、无线对讲设备等，或前往就近的车站、工区等处所通知。有关人员接到通知应立即报告列车调度员、通知设备管理单位，必要时立即采取应急措施，扣停列车、通知区间运行的列车停车或限速运行。

二、高速铁路设备故障时的检修

（1）高速铁路线路实行全封闭、全立交，线路两侧按标准进行封闭。特殊情况下在天窗时间以外需进入封闭网对固定设备临时上道检查、故障抢修作业时，由设备管理单位提出申请，并在列车调度台或车站"行车设备检查登记簿"内登记，提出邻线限速条件，并经列车调度员同意后，方可上道作业。设备管理单位人员在检查、故障抢修作业完毕后，确认人员、机具已全部撤至封闭网外后，在"行车设备检查登记簿"内销记。

（2）对处于使用状态的行车设备严禁进行维修作业。

（3）高速铁路处理设备故障需临时开行路用列车、轨道车时，由设备管理单位提出申请,调度所值班主任(值班副主任)准许,列车调度员发布调度命令。

(4)当设备发生故障,需在双线区间的一线上道检查、处理设备故障时,本线应封锁、邻线列车限速160km/h及以下。设备管理单位应在"行车设备检查登记簿"内登记,提出本线封锁、邻线列车限速160km/h及以下的申请,在得到列车调度员(车站值班员)签认后,方可上道作业,本线、邻线可不设置防护信号。司机应加强瞭望。

(5)抢修作业时,邻线列车接近前,防护人员通知现场作业负责人停止作业。作业机具、材料等不得侵限且严禁摆放在两线间。

(6)故障处理后需要现场看守时,设备管理单位应在"行车设备检查登记簿"内登记,提出本线及邻线行车限制条件,并按规定设置防护。

复习思考

1.影响行车的施工维修作业应如何进行?

2.区间装卸作业有哪些要求?

3.铁路营业线施工维修登记和销记有何规定?

4.施工维修时防护的设置与撤除由谁负责?

5.双线区间一条线路施工时,使用移动停车信号防护,请描述其防护方法。

6.路用列车开行有哪些条件?

7.确认列车开行有哪些要求?

8.列车调度员(车站值班员)发现固定行车设备故障后,应如何处理?

参 考 文 献

[1] 中国铁路总公司.铁路技术管理规程(高速铁路部分)[M].北京:中国铁道出版社有限公司,2014.

[2] 中国国家铁路集团有限公司.铁路运输调度规则(高速铁路部分)[M].北京:中国铁道出版社有限公司,2022.

[3] 《技规》条文说明编写组.铁路技术管理规程(高速铁路部分)条文说明[M].北京:中国铁道出版社有限公司,2018.

[4] 中华人民共和国国务院.铁路安全管理条例[M].北京:中国铁道出版社有限公司,2013.

[5] 中华人民共和国铁道部.列车运行图编组规则[M].北京:中国铁道出版社,2008.

[6] 国家铁路局.铁路行车组织词汇:GB/T 8568—2013[S].北京:中国标准出版社,2014.

[7] 国家铁路局.铁路接发列车作业:TB/T 30001—2020[S].北京:中国铁道出版社有限公司,2021.

[8] 国家铁路局.铁路调车作业:TB/T 30002—2020[S].北京:中国铁道出版社有限公司,2021.

[9] 国家铁路局.铁路车机联控作业:TB/T 30003—2020[S].北京:中国铁道出版社有限公司,2021.